U0935657

伏尔泰与中国文化

VOLTAIRE AND CHINESE CULTURE

乐黛云／主编◎陈宣良／著

首都师范大学出版社
CAPITAL NORMAL UNIVERSITY PRESS

图书在版编目(CIP)数据

伏尔泰与中国文化 / 陈宣良著. —2版. —北京:首都师范大学出版社, 2019.12

(中学西渐丛书 / 乐黛云主编)

ISBN 978-7-5656-5343-8

Ⅰ. ①伏…　Ⅱ. ①陈…　Ⅲ. ①伏尔泰(Voltaire,Francois-Marie, Arouet 1694—1778)—哲学思想—研究 ②传统文化—研究—中国　Ⅳ. ①B565.25②K203

中国版本图书馆 CIP 数据核字(2019)第 257115 号

中学西渐丛书
FUERTAI YU ZHONGGUO WENHUA
伏尔泰与中国文化
陈宣良　著

项目统筹　杨林玉　　　　责任编辑　杨林玉　钱　浩
责任设计　王征发
首都师范大学出版社出版发行
地　址　北京西三环北路 105 号
邮　编　100048
电　话　68418523(总编室)　68982468(发行部)
网　址　http://cnupn.cnu.edu.cn
印　刷　中煤(北京)印务有限公司
经　销　全国新华书店
版　次　2019 年 12 月第 2 版
印　次　2019 年 12 月第 1 次印刷
开　本　710mm×1000mm　1/16
印　张　14.75　　插页　2
字　数　234 千
定　价　52.00 元

伏尔泰（Voltaire）

（1694–1778）

总 序

乐黛云

经历了20世纪的两次世界大战，经历了原子弹轰炸广岛，经历了“古拉格群岛”“文化大革命”等无可言状的精神苦难，人类曾梦想21世纪将是一个和平发展的美好的世纪；然而没有想到头一年就发生了“9·11”这样的恐怖袭击。战乱、暴动、屠杀仍然随处可见。为什么会如此？原因当然多种多样，然而，深刻的文化冲突不能不说是众多原因中很重要的一个方面。目前，“文化霸权主义”和“文化割据主义”的冲突无疑已给世界带来了严重的灾难。前者企图以强大军事力量为后盾，强行推广他们的意识形态，以图覆盖甚至泯没其他民族文化；后者则采取文化隔绝封闭的孤立政策，不惜以恐怖灭绝手段，维护其停滞与不变，并与一切和他们的看法相悖的力量拼死抗争。随着高科技发展所带来的日益增强的武器杀伤力及其对自然生态无可挽回的破坏，这种冲突所带来的灾难还会越来越严重。

目前，全世界的有识者都在考虑如何才能化解这一场有可能将人类引向毁灭的冲突。法国前总理米歇尔·罗卡尔(Michel Rocard)曾指出：策划和平要比策划战争困难得多。同样，实行引向战争的“对抗”，也比实行引向和平的“对话”困难得多！事实告诉我们：“文化霸权主义”和“文化割据主义”的“死硬派”，恐怕是很难对话，也不大可能“化干戈为玉帛”的。但是，希望仍在于两者之间的、极其广大的、不同层次的反对战争、要求和平的人民。他们对文化冲突的遏制和对文化共存的自觉将决定世界的前程。

西方已有学者提出必须在经济全球化和科技全球化之外，寻求另一种全球化，即文化多元共生的全球化。“共生”不是“融合”，也不是简单的和平共处，而是各自保持并发扬自身的特点，相互依存，互相得益。多元文化共生的全球化，反对以一种文化打压或覆盖另一种文化，主张多种文化保持“共生”互利的状态，以收和平共处、相得益彰之效。多元文化共生的前提就是各民族对自身的文化有充分的自觉。

近世以来，西方文化始终处于强势文化的地位，西方的文化自觉首先表现在审视自己文化发展中的弱点和危机方面。早在20世纪初奥斯瓦尔德·斯宾格勒在《西方的没落——世界历史的透视》一书中已相当全面地开始了对西方文化的反思和批判，到了21世纪，这种反思和批判达到了更加深刻的程度。例如，法国著名思想家、高等社会科学院研究员埃德加·莫兰(Edgar Morin)指出，西方文明的福祉正好包藏了它的祸根：它的个人主义包含了自我中心的闭锁与孤独；它的盲目的经济发展给人类带来了道德和心理的迟钝，造成各领域的隔绝，限制了人们的智慧，使人们在复杂问题面前束手无策，对根本的和全局的问题视而不见；科学技术促进了社会进步，同时也带来了对环境、文化的破坏，造成了新的不平等，以新式奴役取代了老式奴役，特别是城市的污染和科学的盲目，给人们带来了紧张与危害，将人们引向核灭亡与生态死亡。[①] 波兰社会学家齐格蒙特·鲍曼在《现代性与大屠杀》一书中更是强调，在西方，高度文明与高度野蛮其实是相通的和难以区分的……现代性是现代文明的结果，而现代文明的高度发展超越了人所能调控的范围，导向高度的野蛮！

有的学者不仅对上述以贪欲和聚敛为核心的文明进行了深入的反思，还进一步指出以物质为基础的现代发展观本身即将受到修正。可持续性的全球经济之目标应该是：通过将人类的生产和消费与自然界的能力联系在一起，通过废品利用和资源的重新补充，不断再生产出高质量的生活。在这样的生活中，重要的并非个人的物质积累，而是自我修养；并非聚敛财富，而是精神的提升；并非拓宽疆土，而是拓宽人类的同情(empathy)。[②] 可以说这是西方更深入、更触及精神方面的文化自觉。

---

① 参见《超越全球化发展：社会世界还是帝国世界?》见乐黛云：《迎接新的文化转型时期》，202页，上海，上海文化出版社，2005。

② [美]J. 里夫金：《欧洲梦：欧洲梦是如何悄悄地使美国梦黯然失色》，杨治宜译，重庆，重庆人民出版社，2006。

如果说西方文化数百年来处于强势地位，其文化自觉在文化多元发展的大趋势下更多地倾向于审视自己文化的危机和弱点；那么，中国文化近百年来，作为一种弱势文化，不断受到西方文化的轻视和压抑，当代中国的文化自觉，首先就是与本民族文化复兴的强烈愿望结合在一起。正如我国著名的社会学家、人类学家、民族学家费孝通所说：中国的文化自觉首先是要了解自身文化的种子(基因)，也就是民族繁衍生息的最基本的特点；其次，必须创造条件，对这些基本特点加以现代解读，这种解读融会古今中外，让原有的文化基因继续发展，使其在今天的土壤上，向未来展开一个新的起点；另外，还要将中国文化置于全球化的语境之中，研究它与其他文化的关系，使其成为正在进行的全球文化多元建构的一个组成部分。这是我们过去从未遭遇，也全无经验的一个崭新的领域。

近年来，西方文化显示了对他种文化的强烈兴趣，特别是对中国文化的兴趣。他们首先把中国文化作为一个新的参照系，即新的“他者”，以之作为参照，重新反观自己的文化，找到新的认识角度和新的诠释。法国学者弗朗索瓦·于连(Francois Jullien)写了一篇题为《为什么我们西方人研究哲学不能绕过中国?》[①]的著名文章！他认为，要全面认识自己，必须离开封闭的自我，从外在的不同角度来考察。在他看来，“穿越中国也是为了更好地阅读希腊”，他认为，“我们对希腊思想已有某种与生俱来的熟悉，为了了解它，也为了发现它，我们不得不暂时割断这种熟悉，构成一种外在的观点”，而中国正是构成这种“外在观点”的最好参照系，因为“中国的语言外在于庞大的印欧语言体系，这种语言开拓的是书写的另一种可能性；中国文明是在与欧洲没有实际的借鉴或影响关系之下独自发展的、时间最长的文明……中国是从外部正视我们的思想——由此使之脱离传统成见——的理想形象”[②]。他强调指出：“我选择从一个如此遥远的视点出发，并不是为异国情调所驱使，也不是为所谓比较之乐所诱惑，而只是想寻回一点儿理论迂回的余地，借一个新的起点，把自己从种种因为身在其中而无从辨析的理论纷争之中解放出来。”[③]

---

① 参见乐黛云：《迎接新的文化转型时期》，566页，上海，上海文化出版社，2005。

② 参见[法]于连：《迂回与进入》前言，杜小真译，3页，北京，生活·读书·新知三联书店，1998。

③ 参见[法]于连：《道德奠基：孟子与启蒙哲人的对话》，宋刚译，北京，北京大学出版社，2002。

其次，不但是作为参照，还要从非西方文化中吸收新的内容。2004 年里查·罗蒂访问复旦大学哲学系时说：“我隔了 20 年再次来到上海，中国的变化简直可以用奇迹来形容。这个奇迹不是改变了我的思考，而是进一步印证和强化了我已有的看法，那就是中国是未来世界的希望。”[①]在北京大学比较文学与比较文化研究所举办的“多元之美”国际学术讨论会上，法国比较文学大师巴柔(Daniel-Henri Pageaux)教授特别提出：“弗郎索瓦·于连对于希腊文化与中国文化的研究是一个很好的例子，它正好印证了我已经讲过的经由他者的‘迂回’所体现出来的好处。”他还强调说：“从这次研讨会的提纲中，我看到‘和谐’(‘和实生物，同则不继’)概念的重要性……中国的‘和而不同’原则定将成为重要的伦理资源，使我们能在第三个千年实现差别共存与相互尊重。”[②]一些美国汉学家的著作也体现了这种认识论的改变，如安乐哲(Roger Ames)和大卫·霍尔(David Hall)合作的《通过孔子而思》(*Thinking Through Confucius*)、斯蒂芬·显克曼编撰的《早期中国与古代希腊——通过比较而思》等。类似观点的著作还很多。

另外，改变殖民心态，自省过去的西方中心论，理顺自己对非西方文化排斥、轻视的心理，这一点也很重要。意大利罗马大学的尼兹教授认为克服西方中心论的过程是一种困难的“苦修”过程。他把比较文学这一学科称为“非殖民化学科”。在《作为非殖民化学科的比较文学》一文中，他说：“如果对于摆脱了西方殖民的国家来说，比较文学学科代表一种理解、研究和实现非殖民化的方式；那么，对于我们所有欧洲学者来说，它却代表着一种思考、一种自我批评及学习的形式，或者说是从我们自身的殖民意识中解脱的方式。……它关系到一种自我批评以及对自己和他人的教育、改造。这是一种苦修(askesis)！”[③]没有这种自省的“苦修”，总是以殖民心态傲视他人，多元文化的共存也是不可能的。

总之，许多先进的西方知识分子提出人类需要的不是一个单极统治的帝国世界，而是一个多极均势的“社会世界”，一个文明开化、多元发展的联盟。要达到这个目的，人类精神需要发生一次“人类心灵内在性的巨大

---

① 载《文汇周报》2004 年 7 月 27 日。

② [法]巴柔(Daniel-Henri Pageaux)：《文化还是文化间性：从形象学到媒介》，载 2001 年 4 月“多元之美”大会文献。

③ [意]阿尔蒙多·尼兹：《作为非殖民化学科的比较文学》，载《中国比较文学通讯》，1996(1)，5 页。

提升”，它表达的是对另一个全球化的期待，这就是全球的多极均衡，多元共存，也就是一个“基于生活质量而非个人无限财富积累的可持续性的文明”。从这种认识出发，他们一方面回归自身文化的源头，寻求重新再出发的途径；另一方面广泛吸收非西方文化的积极因素，并以之作为“他者”，通过反思，从不同视角更新对自己的认识。这些新发展构成了与过去的汉学(中国学)很不相同的“新汉学”。

反观中国，有关中西文化关系研究的著作日益增多，特别是汉学(中国学)研究更是蓬勃发展。新世纪以来，出现了《20世纪西方哲学东渐史》14卷(首都师范大学出版社)《跨文化沟通个案研究丛书》15卷(文津出版社)等系统总结性的大型综合丛书，引起了广泛关注，前者还获得了国家图书大奖。但总的说来，显然研究西方对中国的影响的著作较多，从反方向研究中国文化对西方文化影响的专著却相对较少，尤其缺少这方面的综合性系统研究。特别是对于西方主流文化中的中国文化因素，更是几乎付诸阙如！事实上，中国文化正是通过伏尔泰、莱布尼茨、荣格、白璧德、庞德、奥尼尔、色加楞、米肖等主流文化的哲学家、思想家、文学家的融会贯通，包括误读和改写，才真正进入西方文化的。这些西方主流文化的大家并不全面熟悉中国文化，也并不精通汉语，但却从中国文化汲取了至关重要的灵感和启迪。这是一个十分复杂的过程，包括误读、改写、吸收和重建，这种研究不是一般通行的汉学研究所能代替的。这个过程的目的首先都是为了寻找一个外在的视角，以便更好地审视和更深刻地了解自己。但要真正“外在于自己”却并不容易。人，几乎不可能脱离自身的处境和文化框架，他们对“异文化”的研究和吸取也就往往决定于其自身的处境和条件。当他们感到自身比较强大而自满自足的时候，他们在异文化中寻求的往往是与自身相似的东西，以证实自己所认同的事物或原则的正确性和普适性，也就不免将异文化纳入本文化的意识形态而忽略异文化的真正特色；反之，当他们感到本文化暴露出诸多矛盾，而对现状不满时，他们又往往将自己的理想寄托于异文化，将异文化构建为自己的乌托邦。从意识形态到乌托邦构成一道光谱，显示着西方文化主流学者对中国文化理解和吸收的不同层面。

本丛书意在对这个充满着误读、盲点和过度诠释，同时又闪耀着创意、灵性和发展的非常复杂的过程进行饶有兴味的探索，比较全面、系统地梳理中国文化进入世界文化主流的历史现象，对在这方面有重大贡献的代表性历史人物，进行系统研究。首先是对相关资料进行全面收集，其次是对于误读、吸收和重建等文化现象进行分析，最后上升到对两种文化相遇时所产生的种种理论问题进行探讨和总结。

本丛书现包括以下 5 种：《莱布尼茨与中国文化》《白璧德与中国文化》《卡夫卡与中国文化》《史耐德与中国文化》《庞德与中国文化》。如有可能，我们将在此基础上，继续推出相关学术著作，以期更加完善、充实。

2006 年 10 月 6 日于北京大学朗润园

2006 年起我们推出了中学西渐丛书第一辑 5 种，第一辑出版后在海内外产生了广泛影响。在此基础上，我们又着手推动丛书的后续著作出版事宜，策划了《中国禅与美国文学》《黑塞与中国文化》《伏尔泰与中国文化》《荣格与中国文化》《布莱希特与中国文化》，并根据读者的反馈对第一辑予以修订。此次一共推出 10 种，欢迎广大读者批评指正。

2019 年 9 月 4 日

目　录

CONTENTS

导论　为什么写《伏尔泰与中国文化》

——关于中学西渐

第一节　为什么写《伏尔泰与中国文化》

乐黛云老师嘱我为她主编的“中学西渐丛书”写一本《伏尔泰与中国文化》。

我的第一个反应是拒绝。这主要是因为我本人对伏尔泰的了解本来就非常肤浅，自觉自身的知识基础和结构不足以支撑起这样一个建筑。

当然，知识不足是可以通过学习来补充的，虽然我已经过了如海绵般吸收新知识的年龄，但对于西方哲学的一般性知识基础毕竟还是有的。

我拒绝的另一个重要原因是我怀疑我对中学西渐的看法与流行的看法有着巨大的差距——但愿我这只是误解。

然而，我最终接受了这个任务。因为乐黛云老师表示不限制我的写法和观点。而我想，我将我心目中的这样一种中学西渐的过程通过伏尔泰的例子写出来，是否也有一定的意义呢?

中国文明，由于其特殊的地理环境，在历史上始终处在封闭、半封闭的状态中，有着自己相当独立的文化圈，而与西方文明等外域文明没有多少交集。而且，由于始终处在这样一个环境中，中国人也逐渐形成了自我封闭的文化性格。而西学东渐和东学西渐这样的概念，其实是在欧洲人从海上过来，用武力叩开了中国的大门之后才真正出现的，而由于这样一种历史原因，西学东渐和东学西渐的过程，从出现时起，就是不对等的。从西学东渐的历史来看，我甚至怀疑同时是否有东学西渐的过程存在。当然，说绝对没有，总是过分武断的。

无可否认，从中国的大门被打开，到现在中国改革开放30年而逐渐地进入与世界接轨或者说走向一体化的过程，东学西渐的过程，是的确可以说已经开始了。而在这样一个前提之下，我们对历史上那些似有似无的东学西渐的痕迹进行一些梳理，看看西方人认识“中学”的角度和眼光的历史演变，对于我们认识自己的旧传统和锻造我们的新传统，应该说是一件有意义的事情。

由于特殊的原因，西学东渐对于中国，有着“文化输入”的形态或者说现象。中国人的确可以说是被迫接受西方文化的。但是，我们也应该看到，这种被迫很快就为一种积极主动地吸收西方文化以改造我们自身传统的精神所取代。

这样一个历史演变的过程给予我们什么启示呢?

首先就是，西学东渐和东学西渐这样一种过程，从原则上说，就是不同文化之间的“交流”，而不应该是一种文化的输入或者输出的过程，虽然在开始的时候，这样一种历史现象是的确存在过的。就是说，现在历史上出现的东学西渐的过程，其实也并不是中国要反过来对西方进行文化输出或者价值输出，而是在中国在世界的政治和经济格局中的地位变得越来越重要的情况下，中国与西方的文化交流变得越来越频繁、越来越深入。就如在西学东渐的过程中，最关键的步骤，是中国人主动地吸收西方文化一样，东学西渐的过程，也只有在西方人主动地吸收中国文化的条件下，才有可能真正出现。

在我看来，有一些人热衷于中学西渐，是为了提高所谓民族自信心或者民族自豪感，是想听外国人，尤其是外国的名人对中国文化、中国人“说好话”，也想以此来说明中国文化对世界文明的贡献足够巨大。这种“愤青”式的态度，不客气地说，是非常浅薄的，甚至应该说，对于东学西渐的过程来说，是非常有害的。

在将“东学西渐”定义为西方人主动吸收中国文化这样一个前提下，我们不难发现，如果真正要出现非常有力的东学西渐的过程，中国具有自己成熟的文化传统，就是一个必要的条件。在历史上，例如在伏尔泰的时代，西方启蒙中的确出现过一个小小的中国热，就是说，的确有东学西渐

的过程发生过，而那个中国之所以会引起西方人——主要是一些学者——的兴趣，主要是因为中国人当时是有着自己一种成熟的文化传统的——虽然这个传统在西方人的资本输出和炮舰外交的攻击之下最终发生了断裂，被证明是无法适应现代以西方文化为核心建立起来的一体化世界的。而在这个断裂发生了之后，中国人就进入了改造自身传统的历史过程。应该说，这是一个相当长期的历史任务，而这个任务至今还远没有完成。这个任务没有完成，是说一种成熟的现代中国文化传统还没有出现。在这种情况下，愤青式的“只许说中国好，不许说中国坏”的态度，我以为，对成熟的中国现代文化传统的形成，是没有积极意义的，因为这并不会推动中国对于自身的历史传统的改造或者说新的传统的完善化和走向成熟。

中国文化对世界文明的巨大贡献是任何人也无法否认的历史事实。但这样一种贡献并不是如英国人那样一种方式。英国人将自己的生活方式通过商船和炮舰推广到当今世界的所有角落，而中国人对世界历史的贡献的方式，却是自身的历史进展形成了巨大的规模，以至于任何忽视或者忘记了中国的存在的世界历史都不可能是完整的。就是说，英国人创造了现代世界的生活方式，而中国人则构成了世界中一个无法忽视的部分——至少到目前为止是这样。

因此，我并不是要说中国文化对世界历史来说不重要，说中国对世界文明没有足够的贡献。中国文化当然是伟大的，历史也是非常灿烂的，我对此没有任何怀疑，也为此非常骄傲。但是，如果我们对此有着一点自信的话，还需要别人的赞美之辞吗？尤其是这种赞美还是有点不着边际的。

不过，说老实话，自从中国人因鸦片战争失败而被迫走入现代化进程之后，倒是的确有那么一种混合着自大的自卑情绪，似乎总要外国人说自己好，不如此似乎就觉得信心不是那么十足，而且还有点只许别人说好，说坏了就要骂回来的味道。这种似乎非要通过他人的口来肯定自己才能产生的“自信”，实在是一种最深刻的不自信。

我们应该以什么样的态度来看待西方人对于中国文化的推崇呢？

例如，伏尔泰，他的确是非常推崇中国文化的，甚至也许不妨说是佩服得有些五体投地。他在谈论自身的传统文化和其他民族的文化的时候，总是会用一种调侃的语气批评甚至应该说谴责，而唯独谈到中国文化的时候，即使谈论它的明显缺失和不足，也要尽力地作出一种辩解，似乎生怕影响了中国文化在世人眼中的形象。但是，如果这样一种佩服只是一种误解造成的，是不是反而令我们有些尴尬呢？在我看来，伏尔泰对中国文化的赞美，从某种意义上说，就是建立在这样一种误读之上的。当然并不纯然如此。伏尔泰对中国的有些问题不乏灼见，而他赞美中国文化，也是有他批判自身文化的意味在其中的，这种“误读”有时也许就是有意为之的。如果是这样，就不是本来意义上的误读，而是曲解，虽然是向着美化的方向的曲解。

如果比较伏尔泰对中国文化的态度和一些中国人对西方文化的态度，我们是应该说这些中国人有自信，还是说伏尔泰对法国文化有着强烈的自信呢？伏尔泰的这种态度本身倒的确是值得我们中国人借鉴的。真正的自信，真正的“爱国”，就应该勇于自我批评，就应该勇于自我否定，因为只有在这样的批评和否定的过程中，我们才有可能不断地进步。伏尔泰对待中国文化的这种态度，与中国的启蒙者们对待西方文化的态度是有些类似的。中国的启蒙者往往会被认为在美化西方文化，对西方文化中一些明显的缺失也往往视而不见。其实，他们也与伏尔泰一样，引用外来文化的目的，真正的着眼点在于对自身传统的批判。如果一个西方人认真地看待中国人对他们的赞美，因此而沾沾自喜，我们大约会觉得有些好笑。那么，我们正经八百地看待伏尔泰对中国文化的赞美，在西方人的观感中是否也会是一样的呢？

此外，在西学东渐和东学西渐的过程中的不对等性，是一个很刺眼的事实。

当今世界，无论是相互之间了解的程度，还是相互了解的愿望，中国人与西方人之间都不可同日而语。中国人对西方的了解比西方人对中国的了解要深入得多——虽然也不是没有偏见的，而中国人了解西方的激情或者热情，更是要比西方人了解中国的愿望强烈得太多。

这是现代历史大势决定的。

当西方人用炮舰打开中国的大门，迫使中国进入以西化为基本特征的现代化进程的时候，以西方文明为基本参照系的文化反省就开始了。在这种情况下，是否了解西方，是否了解自己的敌人兼老师，不仅是能否进步和发展的问题，而且是关乎民族的生死存亡的问题。而作为在对抗中占据着优势地位的西方人，虽然也会对从中国和其他国家进入的文明或者文化

有一定的兴趣，由于其地位的不同，与中国人的这种态度当然不会一样。

中国人对于西方的了解，一开始就是希望找到其强大的本源或者说根本的原因，而西方人对于中国的了解，则大半只是猎奇，而且甚至可以说只是狭义文化意义上的猎奇——虽然这种说法多少有些绝对化。

而且，在我看来，所谓中学西渐，如果是以西方人自身为主体来理解，就是说，从西方人了解中国文化的热情和行动方面来说，现在的确可以说进入了一个转折的时期，他们对了解中国的重要性已经开始有些认识了，或者说，西方中心论的成见已经多少开始松动了。而如果以中国为主体，就是说，向世界传播中国文化，在我看来，虽然热情已经相当高涨，但从根本上说还没有找到方向，因为我们还没有能够实实在在地为“中国文化”找到合适的定位，或者说，还没有一个成熟的现代中国文化，能够称之为“传统”而传之后世，对于究竟什么是西渐中的“中学”，从根本上说还没有一个清晰的看法。在这种情况下，所谓中学西渐当然无从说起。还是我刚才所说的那句话：中学西渐，原则上应该是西方人主动吸收中国文化的过程，因此，如果我们希望中国文化能够在世界文化的历史进程中发挥更大的影响，最关键的，就不是着力在“推广”中国文化上，而是反过来，着眼于自身文化的建设或者改造，形成成熟的中国文化。

以上，可以说是我写伏尔泰与中国文化的基本的宗旨。

那么，具体地说，我们来说伏尔泰与中国文化，应该以什么概念为主题呢？应该以一种什么样的态度，什么样的心态，以什么样的概念作为原则来进行呢？或者说，写一本关于《伏尔泰与中国文化》的书，应该从什么地方来措手呢？

这也是我们应该说明的问题。

以什么主题来写《伏尔泰与中国文化》？

对于法国人来说，伏尔泰可是一个了不得的人物，他的雕像赫然站立在巴黎的万圣殿(Panthéon)一进门最显著的位置上，与他相对而立的是卢梭。万圣殿是法国历史名人的公墓式纪念馆。能够进入万圣殿的，都是对法国的历史文化有着最杰出贡献的人物，然而有雕像在其中的可实在并不多，更何况还是在大厅中。仅此也可见伏尔泰在法国人心目中的位置。从某种意义上我们可以说，伏尔泰是代表着法兰西现代民族精神的人物之一。虽然他的思想早已被超越，但我们也都知道，超越是一种扬弃，因此，作为最基本的价值的精神，已经融入到了现代人的精神之中。

以中学西渐的主题来写伏尔泰与中国文化的关系，我们是要说，在伏尔泰的思想形成的过程中，中国思想、中国文化或者中国精神给过他重要的营养，甚至说，在他思想的形成过程中，中国的思想文化给过他关键性的影响——就如中国现代精神的形成过程中西方思想所起的那种作用——吗？

在我看来，问题似乎并不是如此简单。

在伏尔泰的整体的思想中，关于中国的知识所占的比重很少——虽然在同时代的启蒙思想家中，他关于中国的论述显然属于比较多的，而且，他对中国文化的评价也是非常高的。此外，我们可以说，在伏尔泰的知识体系中出现了中国知识的时候，他的思想已经大体成熟了，至少其思想中的基本原则、基本概念已然确定了。关于中国的那些知识，多半是作为他说明自己的思想的时候引述的例证出现的。在他的中国知识体系中，最看重的，是他认为中国文化中存在着的那种宗教宽容的态度，而他一生致力的，可以说就是提倡宗教宽容，进一步说，提倡思想自由——这本是西方启蒙时代的核心精神，是人本主义或者说人道主义概念中最核心的内容之一。当然，以为中国的传统精神就是一种精神或者话语方面的普遍的宽容精神，恐怕是一种太深刻的误解。而且，在伏尔泰那里，用来证明在宗教宽容的精神下，人们仍然可以平和幸福地生活的例证是很多的，不仅有中国，还有当时的英国、古代的印度、日本、古伊斯兰世界，尤其是古罗马，当然还有许多其他的民族或者国家。

然而，在所有这些例证中，伏尔泰确实对中国文化更为推崇，他虽然不至于对中国文化的缺点不置一词，但也的确只是浅涉即止，有时还要对一些非常明显的缺失做一些辩解。

作为一位严肃的学者，这样一种做法多少是显得有些奇怪的。我以为，这里真正的原因是因为他只是将中国文化当做他的理想国的一个现实的例证，他希望这是一个尽量完美一些的例证，因此，才尽力地避免涉及中国文化中的缺失问题——虽然完全不说是不可能的。也很可能是他其实并不真的了解中国文化的这些缺失，毕竟在伏尔泰的时代，中国的大门还没有被西方人打开，中国不仅神秘，而且显得如此地繁荣昌盛，显得如此

地自信。

我们对于这样一种态度应该并不陌生。在中国进入启蒙时代以来，由于将西方当做对自身传统文化批判的理论参照系，因此，在言及西方的时候，也总是将西方世界描绘得无比美妙，对西方现实中的矛盾和缺失视而不见或者轻描淡写，其实真正的目的，也不是要美化西方，而只是因为“现实的西方”其实是作为“理论参照系”、作为“理想目标”出现在批评过程中的，牺牲掉西方的现实性是为了设立概念的理想性。

当然，绝对地否定伏尔泰本人的思想精神形成过程中的中国影响，恐怕也并不符合事实。无论是真正的理解还是误解，可以说，都是文化交流中的常态之一。中国人对西方有真知也有误解，而西方文化就是在这样一个过程中影响着中国文明的历史进程的，则在东学西渐的过程中，西方人对中国文化也是真知与误解并存，也就不应该因此而否认中国文化在西方历史历程中的积极影响——只是程度不相同罢了。

无论是在伏尔泰的时代还是在现代，西方人对中国文化的了解其实还都缺乏一个清晰的轮廓。中国文化是一个有着非常魅力的存在，如果我们在西方人中发现谁像伏尔泰一样对中国文化五体投地地赞美，他多半是一个研究汉学的学者。而对于只是从媒体和猎奇文学中了解中国的人来说，对于中国文化就只能说是非常隔膜了。至今一般西方人眼中的中国仍然充满了神秘，从现代西方对中国的评价总是莫衷一是，总是严重对立，就可以知道，西方人对中国文化的本质，至今仍然缺乏基本的了解。虽然的确有一些专家对中国文化已然相当了解，但是，对于一般人来说，要了解这些专家的见解的本质，是与了解中国文化的本质本身一样困难的事情——这本来就是一回事。如果没有对中国文化的基本了解，我们又如何能够懂得专家们的意见的价值呢?

但从伏尔泰对中国的看法出发来讨论一下中学西渐的概念和过程，具体地说，从伏尔泰的中国观出发，从伏尔泰对中国文化的真知和误读出发，看看中学西渐的历史本质，讨论一下与此相关的一些更深刻、更重要的问题，例如从不同文化之间的交流中经常会出现的真知——所谓旁观者清——和误读混杂的现象出发，发现这种现象出现的根本的原因等，倒的确可以是有些意思的。

这样的讨论所涉及的问题，不仅会有西学东渐和中学西渐的概念本身，不仅会有在不同文化的交流和碰撞中出现的各种有意思的问题，也会涉及我们自身对于外来文化的冲击和影响应该采取的态度等问题。在思考这样一些问题的时候，伏尔泰的确可以说是一个相当好的个案。

一个民族的历史进步，是在对自身传统的反省中进行的。任何反省，都需要一个预先设定的理想前提作为基本的理论参照系。在西方这样一个“破裂性文明”[①]里，这样的理论参照系往往是以上帝或者类似的一种以“未来”为目标的参照系进行的，例如黑格尔的绝对精神合题的状态或者马克思的共产主义社会，等等。在西方哲学家的理论体系中常常会保留上帝的位置，在很大程度上其实就是为了设立一个作为不可讨论的理论前提的批评参照系。如伏尔泰这样以外在于自身的文化作为参照系对自身传统进行批判的，当然不能说在西方世界是绝无仅有的，却的确可以说是相当稀少的。

而对中国这个“连续性文明”[②]来说，缺乏对于自身传统的批判性反省一直是一个相当醒目的特点。启蒙从本质上说是一个自我批评的过程，而中国现代启蒙，就是由于外来文化的冲击而引发的，而中国的启蒙对于自身文化传统的反省和批判，也总是在“西方”这个外来文化的参照系的观照之下进行的。但是，通过仔细的分析，我们会发现，伏尔泰的方法与中国启蒙中所习见的方法还是有着本质的区别的。

如果从现象上看，中国启蒙的这样一种反省方式，与伏尔泰的方法有一种非常明显的相似——请读者注意，只是相似。分析这样一种相似，发现这种相似中本质的不同，对于我们认识中学西渐以及相关的西学东渐的过程的本质，对于我们对自身传统的反省所应该采取的态度等问题，应该是很有意义的事情。

伏尔泰精神的核心

伏尔泰的关切在法国，在当时的法国。他的启蒙思想的核心，就是希望在法国建立宗教信仰自由、言论自由这样一个原则。他对中国文化的推崇，是为他的这样一个目的服务的。

就如中国的启蒙者，虽然言必曰西方，但真正的西方文化、西方社

① 张光直：《连续与破裂：一个文明起源新说的草稿》，《九州学刊》第一期，1986 年。
② 张光直先生语，同上。

会、西方历史、西方传统究竟是什么样子，他们不仅心中无底，而且其实也并不真的想一探究竟，他们看到的西方，是一个“强大的强盗”，所关心的，至多也就是西方人为什么会“强”，而中国为什么“弱”，而他们真正关切的，也只是当时的中国，他们只是要以“强大的”西方作为参照系来批评和反省自己的传统和现实，让中国“自强”。

伏尔泰也是如此，在他看来，中国人对宗教的态度，就是最理想的宗教宽容的态度，他甚至认为，这就是中国之所以强大、繁荣和自信的根本原因。

但是，我们当然都知道，中国人对宗教，也许的确有一种宽容的态度。对于宗教汲汲于一种“绝对真理”的态度，按照士大夫阶级崇敬的儒学理念来看，的确只能说是一种幼稚的心态，儒士们是以“大人”看待“小孩”做蠢事的态度来看待宗教的。但是，这绝对不是说中国文明中对于一般而言的话语有着多少宽容。在中国人心目中的十恶不赦和造反忤逆的罪行中，有许多都是以言论获罪的。在涉及霸权话语的权威的时候，中国人其实是一点都不宽容的。其实，在中国漫长的帝国年代，在“废黜百家，独尊儒术”的原则确立的基础上，所有的学说都变成“注经”，就多少说明了对于圣人之言的态度，在圣人之言之外建立自己的学说，事实上是不被允许的——当然，新学说不能出现的原因是多方面的，并不仅仅是因为不被允许，还有社会历史的发展是否有这样的需要等问题在其中。但是，就神秘思维的领域而言，伏尔泰说的中国人对宗教的宽容却的确是事实。在中国历史上，不仅佛教、道教始终与儒家思想共存，这些宗教中的派别更是多不胜数，而且，还有许多的巫术、卜筮等神秘思维在民间社会广泛地存在。

因此，可以说，这里有着伏尔泰从西方人的思维角度来认识中国文化时往往会出现的一些误解。在西方，一般的价值话语，是以宗教话语的形式存在着的。因此，他会比较关注典型的宗教神秘思维在中国的命运，他看到作为主流思想的儒教对于其他宗教的宽容，而对于礼教原则的霸权话语的地位，自然就缺乏体会了。而他真正的目的，就是在法国建立一种宗教宽容、信仰自由的原则，那么，说中国人就是这个方面的样板，也无非就是以更直观的方式为自己的理想提出了一个实例。当然，这并不是要说伏尔泰是在断章取义或者说以偏概全，而只是因为他切入中国文化的观察点是西方式的，而且，他本来的目的就不是要研究中国文化，而是要找到一个理想的实例来说明他从逻辑上确立起来的理想，一个美妙的实例的影响，当然比一种空想式的理想更有说服力。

当然，也不能不说，伏尔泰的这样一种做法，在西方思想界也的确显得有些与众不同。西方人的一般思维模式，是“时间性”的，或者说，是逻辑式的，他们一般会先设立一个以直观真理的形态存在着的大前提，再从这个大前提出发对于现实进行反省或者批评。这种作为直观真理的大前提的命题或者公理，往往是一种抽象的、超越性的理念，而不是如伏尔泰举出来的这样一种现实的他者。伏尔泰不仅用中国作为一种自我批判的理想参照系，事实上，在他那里，最有名的，影响最大的，其实是以当时的英国作为参照系对于法国的批判，即他的《哲学通信》，也就是他有名的《英国通信》。

与西方人通常的时间式思维方式相比，这样的一种思维方式显得直观而平易，而没有西方哲学思维往往具有的那样一种深邃和给人那种充满奥秘的睿智的感觉，就如黑格尔或者康德的思想那样。确实，法国人的思维方式，本来就不是如此，而是更容易接受伏尔泰的这样一种方式。法国的哲学家，从笛卡尔开始，就有着这样一种平易近人的作风，以至于对于现代的大哲学家萨特的思想，因其《存在与虚无》的晦涩而被一些人认为不能真正算是法国哲学。笛卡尔的哲学著作，以一种和你聊天的方式娓娓道来，将真正的哲学问题以平实的语言展示在你面前。与黑格尔的那样一种教授式的话语相比，笛卡尔的哲学显得不像“哲学”，但是，有谁真的敢否认他对于现代哲学的开创性的理论贡献呢？伏尔泰作为一个哲学家，并没有留下我们习惯上可以称之为“哲学著作”的系统的理论体系，我们虽然可以通过归纳将其所谓的世界观以我们自己习惯的方式系统地表述出来，但这究竟是不是伏尔泰本人的思想，毕竟是很可疑的。现代的法国，由于受到文化方面普遍的世界化潮流的影响，尤其是从康德到胡塞尔等的影响，恐怕也很难保持所谓自身的传统了。但在伏尔泰的时代，他们似乎并不为这样一些事情操心。

我以为，如果要用一句话来归纳伏尔泰的哲学思想，那就是对思想自由、对宗教宽容的那种执著。首先，我们不能否定对自由和宽容这样一种理念的说明是哲学，其次，我们也不能限制人们言说或者探讨这样一个概

念所使用的语言或者话语方式，说这样说就是哲学，那样说就不是哲学。伏尔泰甚至还用小说和戏剧的方式来表达同样的意思。

当然，作为表述方式，我们不能将哲学与文学混为一谈。伏尔泰作为哲学家的资格，是他的大批理论著作为他争得的，只是这样一些哲学著作也与黑格尔式的哲学大有不同就是了。但是以为伏尔泰的思想就比黑格尔的“肤浅”，就难免是一种偏见，而以为伏尔泰对人类文化历史的积极贡献就比不上黑格尔，就恐怕不仅是偏见，而只能说是一种错误了。

伏尔泰之所以有资格永远地站立在万圣殿的大厅里，就正是因为他提倡的这种思想自由的精神，这种宽容的精神。我们知道，法国大革命的口号就是“自由、平等、博爱”。思想自由是现代文明精神中最核心的内容、最核心的价值之一。伏尔泰为提倡这样一种精神不遗余力地奋斗了终生，而且作出了巨大的贡献，他作为现代法兰西文化的代表人物应该说是当之无愧的。

一种联想

我在想，如果在中国也建立一个这样的万圣殿，站在大厅作为一个民族文化的象征的人物应该是谁呢？也许，我们会请出黄帝、孔子等？

无论这样的人物是谁，作为一个世界上硕果仅存的“连续性文明”，首先给予人的意象就是历史的悠久。这样比较，法国人以两个启蒙时代的人物作为万圣殿的精神象征，似乎本身就值得我们思考。

法兰西这块土地上的文化虽然有着悠久的历史，现代法兰西文化也可以追溯到遥远的古代作为自己的摇篮和起源，但是法兰西民族国家的形成，却几乎与现代所有的民族国家一样，是出现在启蒙时代的——中国其实也并不例外，古老的中华帝国，其实并不是现代意义上的“民族国家”。以启蒙时代的英雄人物作为自己的文明或者文化的象征，是因为他们是现代法国精神的象征。

对于历史的回溯，是人类思索现代生活本质时一种难以回避的基本方法。（另外一种方法，就是不同文化之间在交流和碰撞中引起的思索。）我并不认为中国人如果用黄帝或者孔子之类远古的人物作为自己现代文明的精神象征有什么不对。作为一种连续性的文明，与西方这样一种破裂性——或者说断裂性文明——的发展模式本来就不一样。西欧中世纪的基督教文明和更早的古希腊罗马文明，在历史的进程中已经在革命性的批判中被超越了，虽然我们在现代文明的精神中很容易发现这样一些古老的文化的影响，但是，以柏拉图、亚里士多德或者什么曾经生活在法兰西这块土地上的文化名人来象征现代法国文明的精神，总是会显得不伦不类的。虽然现代中国从鸦片战争之后，文明的进程也发生了决定性的断裂，但是，一方面可以说，这样断裂的过程还不能说已经真正完成，另一方面，这样一种断裂是在外来文明的冲击下发生的，而在我看来，中国文明对于这种外来“异物”的消化过程尚未完成，心理上和精神上的同化，将这种东西变成自身发展所需要的营养的过程，还远没有完成。换言之，中国自身的传统，无论我们有些同胞认为它已经被破坏得多么严重，其实它仍然顽强地在那里。对比一下，如果我们也以启蒙时代或者大体那个时代的人物来象征中国的现代精神，如康有为或者孙中山，鲁迅、甚至毛泽东，我们心理上真的能够认同吗？虽然他们的确都是伟大的人物，对中国现代的精神也有着巨大的影响，但他们却还没有能够真正融入我们的“历史精神”中。用黄帝和孔子，似乎还是要更容易让人接受一些。孙中山、毛泽东等人物对于中国历史的进程的确起过巨大的影响，甚至也可以说是影响过中国历史前进的方向的人物。但是，他们首先是政治人物，是政治家，他们当然有自己的思想，而且他们的思想对现代中国人的影响也是巨大而直接的。但是，他们的影响仍然是以他们的政治行为作为依托而获得的。在这种情况下，他们在作为中国现代文化的“精神领袖”的时候，就难免由于他们的政治行为的原因而难以永恒化。政治的立场总是在迅速地演变，而文化作为一种传统虽然不是一成不变的，但其演变总是渐进的，缓慢的。鲁迅倒的确是一个“纯粹的文化人物”，他的批评精神也特别值得钦佩。但是，又正因为他的这种过分的“谴责精神”而显得消极性压倒了积极性，或者说否定性压倒了肯定性，作为一个“精神领袖”，作为一种文化精神的象征或者旗帜，他难以发挥民族精神“团聚”的作用。

从这里，我们可以得到什么样的启示呢？

我以为，这说明我们的现代文明精神尚未真正出现。回到刚才我们说过的，在以中国为主体的中学西渐的过程中，我们似乎还没有能够为“中国现代文化传统”找到合适的定位，中国现代文化传统尚未真正成熟，这应该说就是一个最生动的说明了。

我想，也许我也不妨通过这样一种讨论为中国现代传统的形成作出一些努力。就是说，我们首先应该对于自身有一个比较清醒的认识，才能找到我们前进的方向。

第二节　关于西学东渐与中学西渐

虽然从一般的意义上说，无论是西学东渐还是中学西渐，都是一种文化方面的交流，因此，都应该说是一个互相的过程。但是，如果不深入地分析这样一种交流或者交往的过程中各个方面的态度、实际的内容和历史的演变等问题的实质，这样一种说法其实是没有任何意义的自欺。

如果从中文的词语上说，中学西渐和西学东渐这样两个概念，是对称的，有如一副对联。但是，如果我们离开词语而稍稍照顾到这样两个过程的历史内涵，就会发现，这两个句子其实是不对称的。按照中文的语法，如果将这两个短语理解为句子，则中学西渐这个句子中中学是主语，是主体，似乎是说中学“自己”向着西方传播。我们当然知道，这不是历史事实，现代的中学西渐的过程，是西方人在地理大发现的时代重新“发现”中国后，在西方传教士到中国传教的过程中开始的。因此，中学西渐这个句子的主语，是被省略掉了的，中学西渐的主语或者说主体，从历史上看，其实是西方人。

而所谓西学东渐，却的确可以按照标准的语法来理解——主要是在开始的时候——西学是这个句子中的主语，西学东渐的过程，的确可以说就是西方文化自身扩张的过程。虽然在鸦片战争以后，中国人开始相当主动地“西化”——他们认为这是“现代化”——但是，无论如何，是西方人强迫中国人改变自己的生活方式在先，中国人的主动，只是在这种压力下“被迫的主动”。

从历史上看，中学西渐和西学东渐的过程中，鸦片战争是一个重要的分界线或者说分水岭。鸦片战争之前，西学东渐和中学西渐，可以说还是一个大体对等的过程，就是说，还可以说是一个不同文化之间的和平交往的过程。虽然在这种大体对等的前提下，其实已经包含着许多的不同。

对于当时的中国人来说，西方人的世界事实上并没有真正进入视野。传教士们的传道，在中国并不顺利。对于中国的士大夫阶级来说，这种海外奇谈与中国在儒学精神熏陶之下的士人的精神距离过分遥远，因此极少有士人或者说读书人成为基督徒。而对于普通的民众来说，接受一种外来的宗教要相对容易一些。但是，按照中国传统的宗教精神，对于神佛的崇拜都是直接功利性的，因此，上帝在中国这些早期的信徒眼中，也不过是与土地神一样可以辟邪或者直接带来运气的众多鬼神菩萨当中的一个罢了。如果一个神没有这种功能，让中国的老百姓信奉他还真是并不容易。如利马窦等比较有眼光的传教士已经发现了这一点，并通过一种变通了的，为中国人比较容易接受的方式来传道，因此也就能够吸引到更多的信徒。但是，这样传入的，还是真正的基督教吗？他们自己其实也很困惑。如利马窦就开始“改服”，不再如早期的基督教传教士那样披僧侣的袍子，而改穿士人的服饰，并研究儒学的经典，希望能够在士人中发展信徒。毕竟，一种“高级宗教”与老百姓信仰中的这种带有强烈的原始宗教色彩的信仰是必须有所不同的，而在中国文化中，士人对于普通民众的精神有着巨大的影响，只有吸引了士人作为信徒，才能真正在中国让基督教生根开花。利马窦的方法是以西方的科学技术来吸引士人的关注。在当时的中国虽然也有极少的有识之士开始感兴趣，甚至康熙皇帝本人也是如此，但科学也和基督教一样仍然并没有真正进入中国文化，甚至对于科学的真正有分量的思考都是非常稀少的。所谓科学，在士人的眼中传统上仍然是属于“劳力者”的知识范畴中的东西，甚至是属于奇技淫巧范畴的东西，是不屑于去学习的。倒是“红夷大炮”，真正引起了中国人的兴趣，在对付北方的游牧民族和其他地方的叛乱的过程中屡建奇功。可悲的是，二百年后，当西方人用早已大大改进了的大炮攻打中国的时候，中国人仍然在使用仿造的这种过时的武器。只关心器用而不关心理论的中国传统，不能不说是这样一种结果的一个重要原因。

而如果我们透视一下当时中国人和西方人对对方的观感，则可以说与现代的中国人与西方人互相的观感正好相反。当时的西方，虽然已经进入了启蒙时代，进入了飞速发展的进程，但还只是在起步的阶段，经过漫长的中世纪黑暗的欧洲，无论是经济的繁荣还是人口的繁多，都无法与当时的中国相比。因此，对于当时的大多数西方人来说，这是一个天堂般的世界。即使就国民经济产值来说，虽然当时没有精确的统计，也仍然可以从粮食的产量等的计算出发看出，中国作为经济实体比西方任何国家都要大

得多。

当传教士们以书信的方式将他们在中国的见闻传回欧洲的时候，不少启蒙思想家就开始以中国作为榜样来说事，来批判自己文明中不尽如人意的现实。就如中国的启蒙时代，启蒙思想家们往往以一个理想化的西方世界作为参照系来批判中国当时的现实一样。

但如果说到对中国文化本身的理解，则只能说不仅还非常的肤浅，甚至应该说存在着太多的误解。对于一种开始来说，这应该说也是一种正常的现象，并不值得大惊小怪，更不应该横加指责。本来，假以时日，这样一种状态应该是可以改变的。但是，此后中国与西方交往的历史，却不是向着一种纯粹文化交往或者学术交流的方向发展，而是在商业资本的侵略性扩张中，走入了现在我们看到的这样一个轨道。

在鸦片战争戳破了中华帝国这个纸老虎的面目之后，中国在西方人的眼中，就不仅不再是天堂，而且由于战乱，中国的残破，使得人们不仅无法再看到清初那样一种繁荣，人民即使想要安稳地生活下去都成为一种真正的奢侈。在这种情况下，西方人或者认定中国是“东亚病夫”，或者说是“睡狮”，虽然两者听起来给人的感觉不同，其实意思倒是没有什么大差别的——一个狮子，即使用漂亮的大话装饰起来，说是雄狮，如果老是深睡不醒，不是有病，又是什么呢。虽然说这个时期西方人对了解中国文化完全失去了兴趣也并不完全对，但离事实也并不遥远。

而这个时期，则是西学东渐如火如荼地展开的时期。虽然西学东渐开始时中国人是被动的，但在当时的现实面前，中国人已经变得越来越主动了。回顾从鸦片战争开始到现代中国的历史，我们会发现，西方人强迫中国人接受西方人的生活方式或者说生产方式的意味变得越来越薄弱，而中国人通过西化的方式进入现代化和世界一体化的意愿变得越来越强烈。

在鸦片战争失败后，中华帝国的威信扫地，一个接一个的丧权辱国的条约，弄得清帝国真是国将不国了，而对于西方这些“强盗”到底是什么来头，实在仍然一无所知，还有高官相信，那许多的西方国名，只是“英夷”编造出来的，因为它反复地要求各种优惠，弄得自己都不好意思了，就编出一些国名。但是，现实很快就逼迫着中国人开始了解西方、学习西方，甚至可以说变得崇拜西方了。

而与此同时，所谓中学西渐的过程却越来越沉寂下来。既然西方人已经成功地迫使中国人接受西方的生活方式，而中国人也非常积极地进入了这样一个过程，从情理上判定，只要假以时日，中国就会如日本一样，大体融入以西方为核心的世界大家庭，变成“西方世界”的一员，所谓“中学”是否还真正存在，都会是一个问题。在这样一个前提之下，如果仍然还存在什么中学西渐，则除了一种“猎奇”式的活动之外，还能够有什么呢？

文化方面的互相了解或者说互相理解，说到底是为了不同文化的人们之间能够顺利地“对话”，中国人不断地改造自己、学习西方，就是为了与西方人和平地对话——学会别人的话语，用别人能够听懂的话说明自己的要求，表明自己的态度，等等。而对于西方人来说，与中国人和平地对话如果不能顺利进行，只要诉诸武力威胁，他们就只好就范，既然如此，了解对方的话语方式，就变得不是那么重要了。

当然，这样说多少有些绝对化。在西方，中国学虽然不是什么大的学科，总是有点边缘化存在的味道，但毕竟不绝如缕，始终是存在着的。而且，即使只是将中国当做一个“市场”，对于自己的市场的了解也总还是需要的。但大趋势如此也是毋庸讳言的。商人对于自己的市场所要了解的，和一个人对自己的敌人所要了解的，无论从了解的需要和愿望还是事实上所了解到的深度，都是不可同日而语的。

在中国独立之后，鸦片战争带给中国的影响，事实上并没有成为过去，只是影响的方式变得不同了。虽然一方面是封锁，一方面是自己的重新闭关锁国，在新中国成立后与西方世界之间的交往并不是那么多，但是，从中国内部现代化的努力来看，西方世界从启蒙时代起就在中国扮演的敌人兼老师的角色并没有根本的改变，只是西方人强迫中国做什么的能力已经越来越小，以西化为本质的现代化过程，越来越变成中国人主动的行为了。如果我们看看中国的学校里学习的内容，就会发现，从现代意义上的学校开始出现起，教学的内容就主要是西学，从科学到外语以及各种社会学科，都是西式的。即使是中国历史和中国语言文学，也以西式的体系建立框架，以西式的理论进行说明。甚至连文字，都要向着西化的方向改革。甚至中华人民共和国的制度体系，也是按照西方来的模式构造起来的。

在这样一个过程中，中国人似乎从来也没有怀疑过自己是否在走“全盘西化”的道路。反而是在一个模仿了西方世界的工业体系已经大体建立，

中国经济不得不改变模式以适应新的形势的时候，就是说，在“改革开放”的口号提出来之后，“中国特色”的问题，就是说，自身传统的问题，才再一次浮出了水面。

现在，随着中国的“改革开放”和“和平崛起”，中国与西方的交往又变得热络起来。“现代的”西方也又一次进入了中国人的视野，西学东渐，又进入了一个新的境界、新的阶段。而所谓中学西渐的问题，也正是在这样一个背景之下重新提出来的。

但是，由于百多年来的西学东渐，中国自身的传统，从“体系”的意义上说，已经被打破，甚至从某种意义上说已经被摧毁，这一二百年来，中国文明始终就处在一个文明转型的时期，现代传统，可以说仍然在形成的过程中。即使我们有心进行“中学西渐”，但事实上连我们自己都弄不清楚我们自己现在的所谓“传统”或者说“文化”是什么东西，我们传播“什么”呢?

中学西渐，现在的中国，只是将历史传统中一些具有猎奇价值的习俗类文化重新包装，展示在现代人的眼前，除此之外，并不是中国人不想将有自己的“现代特色”的文化展示出来，可惜的是，我们的确还没有什么可以说成熟而既是自己的，又是现代的东西。当我们拿出现代的东西的时候，发现那是西方的，当我们拿出自己的东西的时候，发现那是古代的。中学西渐目前状态的不尽如人意，并不是因为我们找不到一个合适的门径，而是从本质上说中国现代文化传统尚未形成，我们仍然在摸索，我们的传统正在被改造，我们尚未能够真正为自己的传统找到合适的定位。

而从西方人的方面来看，由于中国既被西方人当做市场，更被当做工厂，而且，由于中国在世界上开始具有了越来越举足轻重的地位，已经不得不在一定程度上被当做敌手，西方人对于中国缺乏了解当然也是很不合适的了。如果说，过去是中国人被迫去了解西方，现在则是西方人也不得不努力地了解中国了。

而在我看来，从中国人表面的生活方式甚至生产方式方面看，虽然与西方人的差别变得越来越小，中国文化的传统虽然从体系的、形式的意义上说已经被破坏，但是，传统事实上仍然在那里，在“暗中”发挥着巨大的作用，中国人的行为方式、思维方式、社会交往的方式，总之，从基本社会价值的方面说都仍然保持着清晰的中国传统或者说“中国特色”。一个古老的中国，在我看来仍然没有如人们想象的那样“成为过去”。换言之，中国这个古老的“连续性”文明现在虽然正在发生“断裂”，但正如我们在西方这个断裂式发展的文明中看到的，一切断裂都是“扬弃”式的，都是“藕断丝连”的——要真正理解现代的中国，仍然需要从中国的历史传统入手。

我们在这里写伏尔泰与中国文化，并不涉及中学西渐和西学东渐的整个过程。伏尔泰生活在西方启蒙的时代，从中学西渐的过程来说，还处在鸦片战争发生之前的时代，是我刚才所说的西学东渐和中学西渐仍然大体对等的时代。我们将这个过程整体地描述出来，是为了先对这整个的历史过程有一个整体的把握，在这样一个基础上，我们在看到伏尔泰如此推崇中国文化的时候，不要迷失在其中，而应该始终保持清醒。

而且，我们也不应该忘记，虽然我们现在讨论的是三百年前的中学西渐的过程，其目的却仍然是为了我们今日的中学西渐的问题——而这个过程得以出现的前提条件之一，就是一个“现代中国传统”或者说“有中国特色的现代文化”的大体成熟的展现。在这样一个前提下，对于中学西渐和西学东渐有一个整体性的把握，就变得更为重要了，因为它实在正是中国现代文化形成的最基本的路径。

第三节　误读问题

在我看来，在西学东渐和中学西渐的过程中，一个最明显，也是最刺眼的现象，就是误读。形象地说，就是中国和西方人之间的“语言不通”——这并不是说中国话和西方语言之间只能通过翻译来交流，而是更深刻的一种语言不通，是一种互相之间在精神方面的缺乏理解，在精神方面的无法互相理解，或者，用现代哲学的术语来说，是“话语”不通。可以说，语言是话语的形式，而话语则是语言的内容，话语是指以语言形式表达出来的社会基本价值。

我并不是要带着一种谴责的态度来指责这种误读，而只是要指出这样一个事实，而且，试图从思维方式的不同角度来探讨一下这种误读发生的原因。事实上，从某种意义上说，对于中国和西方这样两个差别如此巨大

的文明来说，这种误读，尤其是在这种“文化交流”的初始阶段，是无法避免的。从某种意义上说，我们也不应该完全消极地对待这种文化交流中出现的误读，有许多积极的新思想、新文化，也许正是在这种误读中产生出来的。

伏尔泰对中国文化的赞美，在我看来，就是一种误读的结果。而且，对于西方人来说，这样一种误读也并没有什么消极的影响。而我们对于西方文化的态度，在很大程度上也是一种误读，而且，这种误读所产生的影响，从总体上看也应该说是积极的。

但是，误读总是误读。在不同文化的交往过程中，随着交流的不断深化，误读总是会产生消极的结果的。认识误读发生的根本原因，对不同文化的认识不断地接近真理，是我们应该努力的方向。我想，我们是应该在这样一个前提下来认识文化交流过程中的误读的。

当我们看待西方人对于中国文化的误读和中国人对于西方文化的误读的时候，会发现，这样两种误读的本质并不一样。例如从表面上看，伏尔泰对中国文化是一种赞美的态度，而中国人在启蒙中由于历史的原因是以西方文化作为自省的批判参照系的，因此，对西方文化也是一种赞美和崇拜的态度，与伏尔泰的这种态度似乎是异曲同工的。但是，如果我们深入到思维方式中，就会发现，虽然同是赞美，其根本的依据是不同的。对于伏尔泰来说，中国是他对自身文化传统的批判中为自己设立的批判参照系的一个难得的良好例证，而对于中国的启蒙来说，西方却是自省批判中的前提，是这种批判的参照系本身。

这里深刻地反映出来的，是中国传统的思维方式与西方人的思维方式的根本区别。从一般的意义上说，西方人的思维是一种以自身文化中产生出来的理想状态作为理想参照系的自省式的批判，而对于中国的启蒙来说，却是一种以西方作为理想参照系的自省。

从这样两种完全不同的思维方式出发，我们不仅能够发现，在历史上，伏尔泰对中国文化的赞美与中国启蒙中对西方人的赞美本质上的不同，也可以清楚地看到，在西学东渐和中学西渐的过程中存在着的双方互相之间的误读的本质不同。

中国的启蒙是由西方人的入侵产生的民族危亡的危机造成的。在以自强或者救亡为目的的启蒙中，“西方”成为中国人对于自身传统批判的理想参照系。作为一个理想参照系，自身必定要被设想为一种理想的存在。但是，由于西方社会并不是一种“未来”，而是一个与现实的中国同时存在着的现在，对于理想的完满化设想与现在的西方社会在这里发生了一种重合。在这种情况下，对自身传统的批判似乎就变成了一种对于现实的西方社会的美化。进一步说，虽然“全盘西化”的主张，只是很少的启蒙者提出来过，而且它一出现就受到几乎所有方面的反对，但事实上，这正是中国启蒙的一种逻辑结论。而另一方面，由于启蒙是为了救亡，从逻辑上说，救亡当然绝对不能认同全盘西化，而只能是“中学为体，西学为用”，这从本质上相当于说，启蒙只是为了找到武器来保卫自身的传统。在这种情况下，西方人正是中国传统的敌人，学习西方文化以保卫自身的文化传统，在这种情况下形成了一种最深刻的矛盾。

西方在中国启蒙中，不是被理想化就是被妖魔化，与启蒙不是在实践上变成全盘西化，就是在理论上走到排外主义是一致的。一直到今天，“西方”在中国人眼中仍然是一个非常矛盾的概念，一方面，对于西方是羡慕不已，另一方面，又有着一种仇视的心理。这从反面表现了中国人对待自身传统的矛盾态度。一方面，是极度的自卑，认为正是这样一个传统将中国人置于落后挨打的境地，受尽了屈辱；另一方面，这种自卑又总是以一种自大的形式表现出来，那具体的表现方式之一，就是爱通过西方人的口来赞美中国。这一切，实在都是因为启蒙中对待自身传统的批判问题上这样一种内在的矛盾所致。

现在还有一些人，由于极端的“保卫传统”的意识作怪，在对待西方和中国自身传统的问题上表现得相当的怪异，那就是现在有一些人居然相信，现在的西方社会已经陷入了深刻的危机之中，这种危机尤其是“精神危机”，而且，看来，现在西方人的精神危机就等着中国传统文化的发扬光大去拯救了。

撇开各种心理的因素不提，这实在也是很典型的对于西方文化的误读。

由于存在着通过自身设立的理想状态的自省，西方人事实上是永远地处在一种“危机心理”中的。因此，说西方人现在存在着一种危机或者危机

意识，都并不错。而既然存在着危机或者危机意识，寻找解决危机之道，或者说，对现实进行一种批判，就是自身应有之义。在寻找解决危机之道的时候，有一些人，应该说是一些“知识分子”——公共知识分子——会将寻找拯救之道的眼光投向自身之外的文化，也不是什么奇怪的事情。在这种情况下，会有一些人提出将中国文化、中国传统文化作为一种拯救之道，自然也不奇怪。

奇怪的是我们一些中国人居然会相信这样一种说法已经变成西方人当中的“有识之士”的“共识”。

首先，究竟有多少人持这种看法？其次，他们在西方人的思想界究竟有多高的地位？再次，有多少人相信了，或者说看到了这种说法？再者，这里面是否也存在着“误读”？还有多少异域的传统文化被当做了“拯救西方”的药方？……一切都还没有弄清楚，就以为中国传统文化可以拯救世界，尤其是西方世界，是否也过于轻率了呢？

而且，更重要的是，按照一般而言的西方人的思维模式，即使借用了中国传统文化这样一个概念，他们也不会如中国启蒙那样将中国传统文化作为理想参照系来批判自身的文化传统本身的，至多，这里的中国文化也只是作为一种参考，作为一种例证。

我们在讨论中学西渐的时候，在讨论伏尔泰与中国文化的关系的时候，一定不应该忘记这一点。

传统不是用来“保卫”的。当一个传统已经落到需要保卫的境地的时候，它也就应该寿终正寝了。

换一个说法，如果我们希望保卫中国的传统，最合适的办法，就是对于传统进行最彻底的反省。传统不是已经不再存在了的“过去”，而是“活在现在的人的思维中的过去”。从这个意义上说，如果一个传统仍然不断地被人们思考着、反省着、改造着，它就存在。如果希望一个“传统”能够保持原封不动的“存在”，它就真的一去不复返了，真的死了，真的不再存在了。

我们对于自身传统的批判性反省，是通过西方世界作为参照系进行的，这是一种历史的宿命。现在，我们应该做的，是走出这样一种宿命。并不是说，我们应该简单地摈弃以西方作为理想参照系的做法，而人为地设立起一个所谓自身的理想目标，那是不现实的，是空想的，因为现在的世界走向一体化的过程是一种历史的趋势，在现实的条件下，我们并没有看到出现了另外的一条道路。因此，对于我们来说，其实就是要走出“中体西用”的理论怪圈。当我们不再刻意地去“保卫”传统，而是认真地开始批判传统的时候，我们的传统也许反而就得救了——虽然它必定也是从根本上被改造过了。

现在，让我们进入关于伏尔泰与中国文化的关系的讨论。

第一章 伏尔泰的生平和思想

第一节 伏尔泰的生平

伏尔泰(Voltaire)的名字数百年来为世人所熟知，但这并不是他的本名，而只是他的笔名。伏尔泰本名弗朗索瓦-马利·阿鲁耶(François-Marie Arouet)。祖上是商人，但他的父亲做过王室顾问和巴黎夏德莱区公证人，已经不再从事商业活动了。然而，也许由于身上流淌的是商人的血液，伏尔泰本人非常善于经商，在当时的哲学家或者作家当中也许可以说是首屈一指的，而且，正是由于他的这种才干，他一生的生活是相当富裕的。

伏尔泰本人虽然在大学学习的是法律，但一生极少从事法律方面的职业。他是一个勤奋的作家，除了作为文学家写下丰富的剧作、诗歌和小说之外，他的作品还包括哲学、历史学、社会学、宗教和美学等许多方面，而且都在各自的领域产生了深刻的历史影响。他虽然只是作为文学家和哲学家名传后世，但在历史学和社会学领域中的开创性贡献也是举世公认的。如果以一个总括的概念来评价他的思想或者成就，应该说他是一个杰出的启蒙思想家。

伏尔泰 1694 年生于巴黎，1778 年死于巴黎。享年 84 岁，在当时应该说是少见的长寿的人。但是，他的一生充满坎坷，多次被囚禁和流放，虽然著作等身，但他的著作往往被当局禁止出版。当然，他的时代毕竟是启蒙时代，封建的分裂也总是会给思想控制造成许多的裂缝，他的著作在他生前一般仍然都出版了，而且他在生前就已经享有盛名，不仅受到当时世人相当普遍的尊敬，也接受过许多官方的荣誉——他去世前已经被选为“法兰西院士”。法兰西学院至今仍然存在，院士的名额保持为30人，有院士死去才通过选拔来递补，他们被称为30个最光荣的人。伏尔泰是在无比的荣耀和民众的热情拥戴中死去的。出殡时的场面，对于一个作家来说，也许只有后世的萨特可以相比。

伏尔泰10岁入大路易中学读书，由于学校的影响开始对戏剧发生了浓厚的兴趣。在青年时代就与当时著名的自由主义集团“圣堂集团”(Coterie du Temple)有了往来，并开始了旨在批判专制王权的写作，主要是一些戏剧和诗。同时也开始了他的不断被监禁和流放的生涯。

20岁时，伏尔泰就开始写政治讽刺诗，此后，他的被囚禁和流放，也多是因为他的诗歌或者剧作。

但终其一生，他从来也没有停止过文学创作。他在当时人民当中的影响，大部分也是他的文学作品，主要是戏剧为他赢得的。中国人对他的戏剧所知甚少，知道的大约只是他在58岁时写的悲剧《中国孤儿》，是根据元杂剧《赵氏孤儿》改编的——其实应该说是重新创作的。中国人知道它当然是因为它的取材，但对剧本自身的内容其实也仍然一无所知，虽然近年曾在中国的某城市上演过，但知道的范围仍然非常有限，而且剧本至今没有以中文出版过。真正的原因，我想是因为它与中国文化的关系实在并不是那么一目了然，它与其说是一个中国故事，还不如说是一个法国故事更确切。从伏尔泰本人方面看，取材非法国的故事来写剧本，是相当平常的事情。但取材于一个从文化方面说对于当时的法国和欧洲都如此遥远的中国故事来写剧本，当然并不是一件容易的事情。这的确与伏尔泰对中国文化的那种崇敬的心理有关，他也认定其中所宣示的道德就是孔子的道德，他甚至曾打算将这个剧本的题目称作“五幕孔子道德剧”——但是在我看来，这种崇敬从某种程度上只是建立在一种误解或者说误读的基础上的。他的其他文学作品，现代人更是已经不怎么熟悉了。对于中国人来说，比较有名的是他的《老实人》(也有翻译为《天真汉》的)。反而是他的哲学、历史等理论方面的作品，中文的翻译已经出了一些。最初的，当然是影响最大的《哲学通信》，而后是《路易十四时代》，现在，更有《风俗论》《论宽容》和《哲学辞典》等等。

在伏尔泰28岁那年，他的父亲去世，他继承了一部分遗产。伏尔泰善于经营，不久就成为作家中最富有的人。不少作家都描述过伏尔泰的“贪财”，甚至指出，他的贪财有时甚至到了会做有损名誉的事情的地步。人无完人，也许伏尔泰在这个方面的人品的确并不是那么高明。不过话又说回来，作为一个“商人”也许贪财之诮总是难免的。拿破仑说一个不想做将军的士兵不是好士兵，我想，一个不想发财的商人也不会是个好商人吧。伏尔泰在《哲学通信》又译为《英国通信》中对英国尊重商人和传统很有感慨，他认为，商人对国家的富强做出了最大的贡献，他们受到尊敬是理所应当的。而当时的法国，贵族们一方面享受着商人提供的富裕生活，一方面却鄙薄商人，实在是荒谬。他主张尊重商人，与他自身的实践倒的确可以说是言行一致的，而作家们鄙薄商人，似乎也可以说是一种传统了。

对于他的这些“缺点”，我们固然用不着“为尊者讳”而回避去说，但因此而否定他的哲学的价值却也并不合适，也许倒不如用他自己对待培根的态度来对待他自己的这种不雅的行为——培根在担任掌玺大臣时由于贪污而被解职——在《哲学通信》中关于培根的信中，他说：“我要引用我从波令布鲁克爵士那儿听来的一句话……‘这是一个很伟大的人物，我简直忘记了他的那些缺点。’”

1726年，32岁的伏尔泰又一次被驱逐，这一次他到了英国，并以书信体写下了有名的《哲学通信》。这应该是他第一部非文学的作品，也应该说是他的所有著作中影响最广泛也最深刻的作品。但它在法国出版已经是在7年以后，英文的翻译版反而比原版早一年出版。这本书的重要不仅在于它所表述的思想和对当时法国专制主义的批判，从方法论方面来说，对于了解伏尔泰的思想方式，也是有着重要的意义的。我们将在后面进行专门的讨论。

1738年，伏尔泰参加法国科学院科学题目《论火的本性》(De la nature du feu)的论文比赛获奖。同年，写成《牛顿哲学原理》，第一次把牛顿的思想介绍给法国人。

伏尔泰从33岁开始写他的第一部历史学著作《查理十二世史》，37岁时完成。39岁时开始写他的历史学名著《路易十四时代》，初稿完成时，他已经57岁了，而到定本出版的时候，他已经74岁高龄了。

从1745年开始，伏尔泰在杂志上连载《世界史简编》，这实际上是他社会学方面开历史先河的大作《风俗论》的蓝本，如果从这个时候算起，《风俗论》到酝酿和写作出版也经历了十年之久。

这一系列的历史学和社会学著作，是可以作为一部同一的作品来看待的。他认为，历史不应该是帝王将相的编年史，历史的真相应该到社会生活的底层，到人们的精神生活，如习俗、宗教、哲学和科学等当中去寻找。从这个意义上可以说，他是一个开现代历史科学先河的人物。

1755 年，伏尔泰根据中国元杂剧《赵氏孤儿》改编的戏剧《中国孤儿》上演。也正是在这一年，他加入了作为法国启蒙运动的旗帜的《百科全书》的撰稿，虽然他与“百科全书派”在哲学和政治观点上有分歧，但对于启蒙反对专制和愚昧的精神，他是赞成并且全力支持的。他为《百科全书》撰写的文章，后来以《哲学辞典》的书名出版，那是在他 69 岁时。这一年他的名著《论宽容》出版，在我看来这应该是他晚年最重要的作品。

到了 71 岁，伏尔泰写出了《共和思想》；72 岁发表了介绍洛克的哲学原理的《无知的哲学家》，写出了《历史哲学》；73 岁发表了哲理小说《老实人》；74 岁写成小说《有 40 金币的人》和《巴比伦公主》；75 岁完成悲剧《拜火教徒，或宽容》。我罗列出哲学作品主要不是因为它们在伏尔泰的大量作品中属于最重要的，而是要指出伏尔泰的勤奋本身，这已经足以让我们钦敬。当然，他思想成熟后的作品，在当时的影响一般也是更为巨大的，因为他已经有了更大的名望，当然，就其文学作品的艺术性而言，也并不因年老而削弱。

84 岁那年 3 月，他当选为法兰西学院院长，两个月后，他就因病去世了。

套一句老话，伏尔泰一生可以说是著作等身，而且，他的著作涉及的内容非常广泛，从宗教、哲学到小说、戏剧，从自然科学到历史风俗，而且在许多领域还是属于开历史先河的人物。他可以说也是历史上少有的博学的人物之一。但是，如果从写作的目的来看，他所要表达的核心概念却可以说是始终没有改变，就是宣示宗教宽容或者说思想自由。

第二节　伏尔泰的思想

我们的教科书习惯于对一个哲学家和文学家作出“站队”式的概念定

性，如果是哲学家，就将他们归入所谓唯物主义或者唯心主义这样一种“阵营”，而如果是文学家，则将他们归入现实主义或者浪漫主义等等。从思想倾向上说，在伏尔泰的时代，唯物主义和唯心主义、现实主义和浪漫主义等的确是一些基本的倾向。因此，我们当然用不着刻意地避免用这样一种概念来归纳当时启蒙思想家的思想本质。我感到不合适的是将这样一些概念与所谓的“阶级立场”、与所谓的“阵营”简单地挂钩。这在我看来，即使不能说是一种恶习，至少也是完全无谓的，对于如伏尔泰这样一个作家来说尤其如此。

作家，在西方社会是最典型的“自由知识分子”或者说“公共知识分子”的成员。由于将西方社会定性为“资本主义社会”，是“阶级社会”，就要将其中所有的人都纳入敌对的阶级当中。这种方法在对待“知识分子”问题的时候总是会遇到某种尴尬。由于知识分子的生活一般不是那么贫困，而“知识”又被定义为一种“资本”，知识分子从总体上被定义为“资产阶级”，于是，我们对于如马克思这样的知识分子，就只好说他“背叛了自己的阶级”之类的话。其实，这是典型的偷换概念。当然，人人都可能背叛自己出身的阶级，不独马克思如此。而如果我们承认有背叛自己的阶级这样的事情发生，“阶级分析”还有什么意义呢？事实上，阶级分析的方法也并不是用来判定“个人”的本质的方法，而只应该是通过统计或者归纳而分析社会总体结构，借以分析社会发展的总体趋势的方法。在这种情况下，如果知识分子自身中总是出现不同立场的人物，或者说，知识分子内部总是无法归纳出同一的“阶级意识”，我们还能说他是属于资产阶级或者无产阶级吗？

事实上，西方社会的基本结构，是公共权力三分的，就是说，政治暴力、话语暴力和财富处在“三权分立”的状态——不是指政权组织中的立法、司法和执法三权分立的政体，政体的三权分立可以说是公共权力分立基础上的上层建筑——知识分子如果可以作为一个阶级，代替一种社会力量或者说社会公共权力中的一个组成部分的话，则可以说他是代表着话语权力的，与在中世纪西方社会中的教士阶级是属于同一个范畴的。虽然在启蒙时代，启蒙知识分子与宗教，可以说构成了当时最激烈冲突着的两个阵营，但他们的争斗，说明他们同属一个社会范畴，说明在整体的社会结构中这个部分内正发生着深刻的变化。他们是不宜归属到以“资本主义”为本质的“阶级划分”当中的。阶级关系，在西方社会中属于财富或者经济领域中的关系。经典作家以阶级分析来作为社会本质的分析的基本方法，也只是从生产或者经济是社会运动的基础这样的意义上说的，并不那么重视所谓知识分子的阶级属性。中国人对知识分子的阶级属性的关切，是在以阶级斗争为纲的年代将一切人的阶级成分都规定下来的做法中产生出来的。在西方的启蒙时代，如伏尔泰这样的启蒙思想家以及教士，一般都可以归入现代所谓的“知识分子”的范畴。作为社会中的一个成员，他们当然会对当时社会的阶级分化有着深刻的意识，而他们的思考，也不可能不带有明确的倾向性，而且，也许他们的意识才是这种阶级关系表达清晰起来的必要条件。但是，他们自身却不能因为其“思想倾向”而被划分到某个阶级当中，因为这种方法本身就是不能见容于阶级分析方法的，阶级分析方法本身是以人们在生产关系中的地位，而不是以思想倾向来划分其阶级归属的。

总之，我要说明的是，伏尔泰就是一个作家，一个知识分子，他复杂的思想也无法简单地被认为就是符合某个阶级的利益的。而且，事实上，社会生活中的不同的阶级，即使是对立的阶级，由于是在共同的世界中生活，其共同的利益也总是会存在的。而在我看来，作为有社会良知的知识分子，如果他配称为一个知识分子的话，就应该是代表着人类的共同利益、普世价值的。就是马克思，虽然他清晰地表达着他的无产阶级立场，但也仍然最坚定地表示，他的思想代表着的是“解放全人类”的意愿，就是说，是代表着全人类的。

伏尔泰自己没有刻意地要让自己成为一个哲学家或者任何一个什么“家”。就如后来的萨特，当人们非要用一个什么头衔来称呼他的时候，他说，他是一个“作家”——写书的人。至于这样的书应该按照学科的分类学归入什么品类，对于他来说，就一点也不重要了。法国的哲学家而兼为文学家的，比比皆是，不仅伏尔泰、萨特如此，狄德罗也是很有名的一个。换言之，从伏尔泰自身来说，他本人并没有在意他自己的思想应该被归入到一个什么样的概念之下。

作为一个哲学家，伏尔泰不仅对当时启蒙哲学家的思想，如笛卡尔和洛克有深刻的了解，也写出了这方面的不少著作，尤其对于洛克的哲学，他不仅将这种哲学介绍给法国人，自己也对它作出了极高的评价，并且还

是深表赞同的。但他的确没有，大约也没有兴趣去建立一个哲学体系。作为一个文学家，他的文学作品基本都带有哲理的性质，而且都是针对当时的社会弊病有感而发的，虽然有着很高的艺术素养，却很难按照我们习惯的概念来分类。他的历史学作品，更是开一代先河，第一次不是将历史写成帝王的谱系或者王朝的更迭史，而是深入到社会生活、民间生活中，并认为，这才是真正的人类历史。他的《风俗论》不仅是一种全新的历史著作，也是现代社会学、文化学的开山作品之一。如果伏尔泰是一个能够方便地以教条主义的概念定义的人物，他就不会有如此创造性的历史贡献了。

但是，当然，我们总是能够看出他的一种基本的世界观。从一般概念的意义上，我们可以知道，他是一个自然神论者。简单地说，按照自然神论的一般看法，仍然承认上帝的存在，但是这个上帝并不是一个人格化的神，他在创造出了这个世界之后，也不再事事干涉，而是让它在已然创造出来的法则的指导下自己运行。这种世界观最关键的一点，其实是肯定人的自由。按照基督教的上帝信仰，按照教义的逻辑，人作为上帝的创造物，其实是没有自由的，因为一切都在上帝的直接控制和管理之下。而按照自然神论的观点，上帝虽然创造了人类和世界，但却是让人类自己为自己的生存负责的，就是说，是让他们按照自己的意愿来生活的。

当然，在这种自然神论的观点之下，具体的世界观可以是非常不同的。伏尔泰的具体的世界观是比较直接地通过他对教会的态度表现出来的。

他虽然一生都在与教会作斗争，也不断地受到教会的迫害，但他并不一般地反对教会的存在。他并不像当时的许多新教教派的人那样认为人人可以不需要教会而直接地与上帝交流。在他看来，虽然对于一些有知识、有教养的人来说，这种直接的交流也许的确是可能的，但对于普通的芸芸众生来说，一个教会的组织和指导对信仰和道德的维护仍然是必需的。只是，他虽然认为教会是必需的，让所有的人都信仰上帝也是必要的，但如果教会采用强制的手段，对与自己的信仰不同，或者只是信仰方式不同的人进行迫害，就不仅不是必要的，对于上帝的信仰来说，反而是极端有害的。鉴于当时教皇权力的巨大，他甚至认为，应该让教会的权力置于王权的控制之下。

而从政治观点上说，他对封建是极端反感的。作为一个商人，他清楚地认识到，统一的王权有利于商业流通，也有利于减少整个政治管理所需要的费用，因此，会减少税收，减少商人们的负担，有利于商业的发展。虽然他也清楚地知道，如果王权不受控制地扩张，形成的专制一点也不会比诸侯林立的情况下众多小专制君主造成的损害小，但相比之下，抑制一个君主的权力欲，总是比抑制许多君主的权力欲要容易一些。他所主张的，是一种开明的君主制度，就如英国那样的一种制度。一般说来，伏尔泰不主张民主共和制度。在他看来，这种在古希腊罗马时代实行过的制度是只适合小国寡民的。在现代的生活中，当然也可以有这样一种制度，如在日内瓦。但对于法国这样的大国，民主制度由于会使权力过分分散，就容易造成社会动荡了。

但是，他是坚决地反对专制的。在这种情况下，他也不是一般地反对封建，在他看来，允许贵族的存在，也让他们保持一定的独立性，对于限制王权的专制是相当好的。他只是反对诸侯势力过分地膨胀，这种过分的独立使得他们成为独立王国，就不利于整个国家的发展了。现代法国和一般西方国家的地方自治制度，从某种意义上说是实现了伏尔泰的这种理想的。

他认为应该用王权来限制教会的专制，但是，他又明明知道王权也存在着走向专制的基本倾向，却仍然这样主张，看起来是有些不合逻辑的。这是因为，在他看来，王权在行使的过程中，会自然地受到许多条件的制约，不仅教会的权力会影响着它，它还要受到经济、地方权力和外国势力的各种制约。而教会则不同，教皇的权威是散布到整个世界的，而由于话语暴力的一般特点，教会遵循着教义的逻辑，就容易出现以排斥异端为基本特点的专制倾向，而且，这种权力如果任其膨胀起来，是非常难以控制的。

如果我们用一个概念来概括他的整个思想，我以为应该是“思想自由”，或者用他自己更经常的说法：宗教宽容。他的所有关于哲学问题的思考，无论直接讨论的概念是什么，是认识论的还是本体论的，最终都是指向这个方向的。不仅是哲学，他的文学作品的思想内容，也是围绕着这个主张的，而关于风俗等的历史学和社会学的著作，更是直接论述着宗教宽容的理由的。他通过历史的眼光看待和解释宗教神话，在启蒙运动中也

可以说是独树一帜的。他对中国文化的那样一种崇敬或者说着迷，最根本的原因，也即在于，在他看来，中国文化是宗教宽容的典范，中国的例证最有力地证明了在宗教宽容的前提下，人类仍然可能创造出灿烂的、比当时的西方世界更伟大的文明。当然，在我看来，这里实在是有着相当大的误解，虽然是一种美好的误解。而且，他通过这样的例子所要说明的结论——即对信仰自由和思想自由、言论自由的提倡——无疑也是非常正确的。他的政治主张，即开明君主的主张，事实上也是指向思想自由的。在他看来，在开明君主的制约之下，教会的权力会得到有效的控制，教士们的话语争论也就不再会变成一种暴力的迫害，信仰自由或者思想自由才因此而可以有一种物质力量的保证。

关于伏尔泰思想的具体内容，他对中国看法形成的具体原因，我们会在后面逐渐地展开讨论。

我们似乎已经习惯，当我们要以最浓缩、最概括的概念来归纳一个时代、一种思想的最深刻的本质的时候，就应该用“启蒙”、“革命”、“生产力的进步”、“经济基础的变革”或者“唯物主义”、“唯心主义”这样一些高度抽象的概念，似乎不如此，就无法揭示出一种最重要的、最深刻的本质。用“宗教宽容”这样一个概念来概括伏尔泰这样一个如此重要的，几乎可以说代表着一个时代的精神的，至今仍然为伟大的法兰西民族如此推崇的人物的思想，是不是显得不够分量？

其实，如果对欧洲的历史有所了解，如果对启蒙的本质有所了解，我们就会知道，虽然宗教宽容或者说思想自由这样的概念由于其自身的内涵非常具体，而似乎没有如唯物主义或者唯心主义这样一类概念由于抽象而带来的广泛涵括性，但其实，它正是启蒙思想最核心的内容之一。

第二章　伏尔泰的历史处境

人是环境的产物，这个环境不仅包括周围的世界，也包括历史或者说时代。

伏尔泰也不例外。

为了真正理解伏尔泰的思想，我们不妨从更宏阔的背景或者环境出发来开始我们正式的讨论。这个背景大体有两个方面，一个是西方的历史传统，还有一个就是启蒙运动本身。

法国是西欧最主要的国家之一。作为伏尔泰生活的主要历史背景的法国，是一个什么样的国家呢?

我们在这里首先讨论伏尔泰的历史处境问题，就是说，法国的历史。这是法国的思想传统产生的根本条件。

在描述西欧各国历史与描述中国历史时一个巨大的不同，就是在西欧，完全独立的西欧国别史几乎可以说是根本无法成立的，只能对整个欧洲、而且一般说来更广阔得多的地方——主要是环地中海地区——的历史进行一体性的描述。因此，我们在说明法国历史的时候，也不能不从整个西方文明的历史进程说起。

虽然这种讨论本身似乎显得有些离题，但是，鉴于我对于伏尔泰思想的理解与现在习惯上中国人的理解有些不同，我以为我不得不从这种宏阔的背景出发来讨论，以便为我们对伏尔泰思想本质的把握打下一个更为坚实的基础。

第一节　两种文明发展模式

所谓“文明”，是指人类文化中一个特殊的阶段，这个阶段的根本特点，就是财富的出现。所谓财富，就是生产关系或者说所有制关系，是指人们通过暴力来保护的物对于不同人的所属关系。财富的出现极大地改变了原始文化时代简单的，或者说“直接性”的人与人之间的社会关系，文明社会因此是比原始文化时代的社会有着更为复杂的公共权力体系的社会。

人必须在社会中生活，而社会是有人按照一定的法则组织起来的存在，各种组织形成了人类社会中的“公共权力”或者说“公共暴力”——支配他人的能力。在人类的社会中，大体存在着两类三种公共权力或者说公共暴力，一类，是所谓“直接暴力”，其中包括物质性的暴力和精神性的暴力两种暴力，物质性的暴力即从肢体暴力出发的各种武力，从政权、法律到军队等都属于这个范畴，而所谓精神性的暴力，就是通常我们所说的话语暴力或者说话语权力，一般而言的意识形态和宗教、道德等都属于这个范畴。另一类，就是所谓“间接暴力”。所谓暴力——或者说权力——是指人控制或者支配他人的能力，所谓直接暴力，就是人直接地控制或者支配他人的能力，而间接暴力，则是人通过控制或者支配物从而支配他人的能力。从这个意义上说，所谓间接暴力，就是财富权力或者说财富暴力。在人类的原始文化时代，由于财产关系还没有真正出现，就是说，虽然从一般意义上说，人与物的关系已经出现，而且也存在着某种规则来维护一般而言的所属关系，但是，还没有出现以有组织的、程序化的直接暴力来保护这种关系的做法。而当人们以直接暴力来保护人对于物的占有关系的时候，人类就进入了“文明”的历史阶段了。

由于这种公共权力的结构的不同，各种文明社会表现出巨大的差别。在哲学差别中，西方与中国文明的差别是非常典型的。

著名考古学家张光直先生说：“中国文明、玛雅文明和其他很多文明代表一个基层的进一步发展，在此基层上发展出来的文明，都是连续性的文明。在这些文明的城市、国家产生的过程中，政治程序(而非技术、贸易程序)都是主要的动力。在此基层的发展中，某些地方发生过一些飞跃性的突破。我们知道的一个突破性文明是苏美尔文明。它后来通过巴比伦、希腊、罗马而演进到现代的西方文明，所以现代的西方文明从苏美尔文明开始就代表着一种从亚美文化底层突破出来的一些新现象。这种文明产生的财富的积累和集中的程序，主要不是政治程序而是技术、贸易程序，这可在两河流域的考古学和古代史的研究中得以证实。”[①]就是说，从具体的内涵来看，所谓连续性的文明走的是以“政治程序”攫取财富而进入文明的道路。由于文明是在这样一个基础上建立的，这种文明在历史的发展中，也始终在这样的基础或者传统上展开，就是说，连续性的文明是保持着以直接暴力（物质性暴力和话语暴力）控制间接暴力（财富暴力）这样一种基本的结构或者文明的原则的。对于一个连续性的文明而言，直接暴力在其社会结构中始终保持着核心和基础的地位，财富这样一种间接暴力始终受到直接暴力的支配。

而所谓“破裂性”的文明，则采取的是通过“技术和贸易程序”进入文明的方式。在说明这样文明的本质的时候，我们熟悉的经典作家的关于生产力决定生产关系等理论模式应该说还是有巨大的说服力的。

一般说来，对于一个连续性的文明而言，在其历史的发展过程中，始终保持着这两类三种公共权力的一体化存在的状态；而对于一个破裂性的文明而言，在其历史的发展过程中，财富暴力一般作为社会本质结构中的核心或者基础，直接暴力则沦为间接暴力的奴仆。就是说，从总体的结构方面说，西方社会的公共权力呈现我们前面说过的“三权分立”的结构。

一种文明中的“社会组织”的状况最直接地说明这个文明是以连续性还是破裂性的方式在发展。人类原始文化时代的社会组织，都是“全责组织”，所谓全责组织，即人类用以应对自身遭遇到的所有挑战的组织。由于这个社会以单一的组织应对所有的社会问题，因此，这样一个全责组织社会就形成了单一组织社会的状态。人类原始时代的全责组织，一般都是以禁忌来维护其秩序的，往往以血缘组织的形态存在。在中国历史上，虽然在进入文明的过程中出现了政权这种在原始文化中没有存在过的社会公共权力，但是，在进入文明之后，在原始时代始终存在过的血缘组织形态的全责组织的结构仍然存在。而在西方历史上，进入文明的第一步，就是全责组织的破坏。在而后的发展中，西方社会，就成为“功能组织”——即

---

① 张光直：《连续与破裂：一个文明起源新说的草稿》，《九州学刊》1986年第一期，转引自《中国青铜时代》，482～483页，北京：三联书店，1999。

以一定的目的、为完成特定的目标建立起来的组织——构成的社会。在功能组织社会中，政权仅仅掌握物质性暴力，代表着话语权力的组织，如宗教组织等，是不由政权控制的，而社会生活中大量存在着生产性的组织、经济性的组织等等，则独立地行使着财富权力。

历史学家汤因比对中国与西方的差别，也有过类似的论述。

汤因比在总括性地描述世界历史的面貌时，以“文明”——而不是国家——作为描述的单位，而世界整体的历史，就是各个文明之间的交融过程。在他看来，世界历史上存在的文明交往或者接触的方式，大体有两种，一种他称之为“时间性的接触”，另一种他称之为“空间性的接触”。所谓时间性的接触，他指的是一些文明在大体相同的地域内接续地发生，后起的文明虽然对于先前的文明来说存在着一种承继的关系，但从文明的本体来说则是不相同的。如古希腊文明对于巴比伦文明和克里特文明来说，从文明的基本结构和制度方面说是有着明显的继承关系的，但希腊人与克里特人和巴比伦人是不同的民族，自身有自己的文化传承，地域方面也存在一定的偏移。古罗马的文明与古希腊文明的关系、西欧中世纪的基督教文明与古罗马文明的关系，现代西方文明与中世纪基督教文明的关系，在汤因比看来都是如此。总之，继起的文明与先前的文明相比的确是有着不同本质或者本体的另外一个文明。而所谓空间性的接触，则是指同时存在着的不同文明互相之间的接触往来和影响。在他看来，西方世界历史中出现的各种文明是文明之间时间性接触的典型，而华夏文明和远东文明——即中国和其周边世界所形成的文明——则是空间性接触的典型。在空间性的文明接触中，华夏和远东文明的历史发展模式是以中国文明为核心与周边的“亚文明”互相影响、交融。[①]

如果我们将西方文明核心地带的历史轨迹画出来，会发现，西方文明自从在美索不达米亚发生后，有一个逐渐向着西北方向不断移动的过程。自巴比伦文明后是古希腊文明，接着是古罗马文明，到了中世纪时代，西方文明的核心才进入我们现在所指的西方文明的西欧地区。

这种文明中心的移动一方面说明了在西方文明的历史演变过程中存在着不同民族、不同文化之间的融合和交流，另一方面也说明，这种交融过

① 汤因比：《历史研究》第一卷，台北，远流出版公司，1987。

程与一种“更新”或者如张光直所说的断裂、破裂的过程有着一种一致性。

总之，中国文明与西方文明，从它们发生的时候开始，就是沿着不同的历史发展道路前进的。这应该说是中国人与西方人在现代接触的过程中互相之间经常产生严重的误读的最根本的原因。

在社会科学的领域中，当我们将一种历史模式或者社会模式理解为放之四海而皆准的普遍适用的模式的时候，很容易抹杀掉不同的历史文化之间的巨大差别。由于现在我们所知的一般历史科学的理论模式都是西方人在他们的历史经验的基础上建立起来的，西方中心论可以说是一种自然产生的倾向。而现代的社会历史知识已经使我们越来越清楚地看到，中国文化与西方文化之间的区别，并不是一种枝节性的差异，而是一种结构性的、基础性的、本质方面的不同。

在这样一个宏阔的理论背景上理解法国的历史，或者说在法兰西这块土地上发生的历史，我们才能真正懂得它的本质。与整个的现代西方社会一样，法国是一个在与西欧中世纪的历史文化发生断裂的过程中产生出来的现代文明社会。伏尔泰的时代，是西方历史上的启蒙时代，就是说，正是在中世纪文明向着现代西方文明转变的时期，正是处在这个“断裂”过程中的时期，也可以说，正是它与中世纪文明“接触”的时期，对了解作为伏尔泰思想背景的启蒙时代的本质，理解整个西方历史的本质是非常关键的。

第二节　伏尔泰时代的法国

法国人自认为高卢人的后裔。高卢人是作为欧洲土著的克尔特人的一支。虽然被称为“土著”，以不同部族的方式分布在英国、西欧到南欧的相当广阔的地区，但克尔特人其实也是通过迁徙而进入西欧和欧洲其他地区的，只是他们迁徙进入这个地区的时间比较早。在罗马帝国早期，高卢人仍然生活在氏族部落制度之下，属于野蛮文化时代。此后，高卢人被古罗马帝国征服，成为帝国的高卢行省，高卢人也因此而进入文明时代。

随着罗马帝国在日耳曼人的进攻下灭亡，高卢行省也最终成为作为日耳曼人的一支的法兰克人治下的臣民。

法兰克人事实上是一个军事集团，他们以重装骑兵征服了西欧和南欧

的大部分地区，在公元5世纪建立起查理曼帝国。为了保持强大的军事力量维护帝国的统治，法兰克人首先在高卢人的地区建立起了封建制度。这种制度，事实上就是一个供养重装骑兵的制度。由于重装骑兵的需求昂贵，一个骑兵需要相当大的地方的农业才能够供养，帝国将土地连同上面的农民一起分封给骑兵作为他们的领地或者说采邑。开始时这些领地并不是世袭的，在骑兵死亡后要交回给帝国。但是，由于士兵本身是世袭的，这样领地很快就进入了事实上的世袭状态。随后，由于帝国内部的分裂和战争，制度日渐败坏，封建诸侯在这个过程中也日益脱离王国的管辖，一种被称为封建制度的文明就在这里开始出现并扩展到整个欧洲地区。

欧洲地区政治上以分裂为特点的封建制度出现的同时，基督教在政治动荡中反而获得了扩大及统一的机会。通过与一些政治势力的结合，基督教的信仰很快遍布整个欧洲，成为将欧洲整合为一个文明实体的核心。基督教话语成为欧洲的话语，基督教的话语在欧洲成为唯一的话语，成为霸权话语。

传统基督教的基础是农民或者说农奴。基督教话语的势力也随着欧洲农业经济的消长而消长。当城市经济进入迅速增长的时期之后，新教这种以城市贫民为基础的异端宗教开始兴起，欧洲也开始进入文艺复兴时代，即进入了启蒙时代。而法国在这样一个大形势下却显得有些特殊。

在封建最严重的时期，法国国王自身的领地，被缩小到只是现在巴黎及附近被称为“法国岛”的狭小地带。各个地方的公国变得独立而强大。

15世纪，法王路易十一即位。这位改革型的政治家开始了重振王权的改革，并且为法国的统一奠定了基础。到了16世纪前期弗朗索瓦一世当政的时期，君主专制制度已经在法国大体确立。

一种政治制度的建立，并不简单地是一种政体方面的改变，而是整个社会结构改变的一种结果。法国王权专制制度的建立，是在封建农奴制度解体的条件下完成的。这个时期的地理大发现使得贵金属大量涌入欧洲，而为了加强王权，国王以优裕的生活和崇高的爵位吸引贵族到王宫中服务，同时，贵族的生活在这种通货膨胀的刺激下日益奢华，国王的薪俸和领地的农业不足以供给他们的需要。为了更多地榨取农民的劳动，贵族们开始放弃庄园制而改行一种佃农制。这种改变也为国王所支持，并成为王权改革的一项重要内容，因为这种改变使得国王能够通过向小农抽税建立属于国王的军队。在健全的封建农奴制度之下，这样一种制度是难以想象的，因为在封建制度之下，农奴事实上只服从领主，而不可以直接服务于国王。而在佃农制度之下，农民获得了名义上的独立，不再是领主的附庸，作为王国的臣民，他们就也有了为王国纳税的义务。就是说，王权事实上是以小农为基础建立起来的。但是，这样的佃农就一方面要接受领主的地租剥削，另一方面又要受到王国的直接压榨，无比沉重的负担加在小农的身上，使得法国的农民开始极度贫困化。在这种情况下，小农大批破产，一方面为城市提供了大量的自由劳动力；另一方面，则促使农村中出现了大佃地农，即从贵族领主手中租赁大土地进行耕种和经营。也正是在这个时期，重犁被发明出来，对于西欧的黏性土壤来说，这种工具使得一个家庭经营大面积的农场农业成为可能。法兰西是在这个过程中逐渐形成农业国，而不再是以畜牧业为主，小型种植农业为辅的经济结构。在贵族的奢华生活的需要越来越大的情况下，他们开始出卖土地，而一些商人则购置土地进行资本主义方式的农业经营。如此创造出来的农业财富为王权提供了经济基础，也使得整个法国的经济生活方式发生了根本性的改变。

王权的统一就这样与资本主义的出现联系在了一起。

16 世纪初，法国也出现了新教思想。弗朗索瓦一世为了与天主教会争权，支持了新教的发展。当加尔文成为新教的领袖人物之后，新教的势力在法国南部已经相当壮大。当时的法国新教被称为胡格诺教派，有许多贵族也信奉了新教，主要是一些南方贵族。显然，他们入教是有着政治目的的。而当这种宗教势力与政治中的各种势力结合起来之后，立足未稳的王权与地方势力的政治斗争就与新教和传统教会之间的矛盾冲突交织在一起，形成了复杂的政治局面。当弗朗索瓦一世后期改革开始镇压新教之后，王权与新教就长期地处在敌对的状态，法国陷入了内战，即历史上称为胡格诺战争的长期内战中。历时数十年之久的胡格诺战争使得法国筋疲力尽。虽然天主教派在王权支持下占有相当大的优势，但是，要消灭胡格诺教派也并不是那么容易的。就在这个时候，16 世纪末，瓦洛亚王朝的法王亨利三世去世无嗣，按照继承法，王位将由属于新教的那瓦尔国王亨利四世继承，是为波旁王朝。在亨利四世宣布改信天主教之后，和平地入主巴黎，同时发布了“南特赦令”，宗教战争结束。天主教被宣布为国教，但同时允许新教的信仰自由。通过一系列明智的举措，法兰西王国开始进入

了专制王权的兴盛时期。在亨利四世的儿子路易十三时期，铁腕人物、法国的红衣主教黎世留当政，王权被进一步加强。到了路易十四时代，即从17世纪中期开始，法兰西王国进入了鼎盛时期。

路易十四在位时间很长。他即位时才5岁，23岁亲政后，即不再任命宰相，在他亲政的54年中他一直大权独揽。虽然他在历史上的贡献使得他获得了“太阳王”的崇高称号，但事实上，在他统治的后期，由于长期的征战，国家财政赤字严重，在加强王权的过程中，贵族的生活日趋奢华，国内的阶级矛盾越来越尖锐，可以说，王国已经相当疲惫，王国走下坡路的过程已经开始了。

伏尔泰出生在路易十四时代的后期。他出生在1694年，而路易十四死于1715年。就是说，路易十四死时伏尔泰刚刚进20岁，他正是在这个时候开始他的写作生涯的。因此，伏尔泰事实上不是生活在路易十四时代，而是生活在路易十五时代的。

路易十五是路易十四的曾孙，即位时也刚刚5岁，这位长寿的国王在位长达59年，虽然不能与他曾祖的72年相比，但在世界上也很难找到可以与之匹敌的国王了。但是，这位路易十五是历史上有名的昏君，与他的曾祖完全不可同日而语。“我死后哪怕洪水滔天”就是他的名言。他所统治的法国，开始虽然还多少笼罩在他曾祖的余晖之中，但已经每况愈下，他死去十几年之后，法国大革命就爆发了。伏尔泰的生涯，大体与这位路易十五同时。

路易十五即位之初，由他的叔父奥尔良公爵摄政，这位昏庸的贵族采纳苏格兰银行家约翰·劳的主张，发行纸币。这种金融冒险虽然让国库以纸币的方式偿还了路易十四留下的巨额国债，但财政灾难很快就降临了。银行在挤兑中破产，连带着让许多购买了银行债券的贵族和富商也破产。同时，在法国人心里产生了对银行和纸币的不信任。

从路易十四晚年废除南特赦令开始，宗教迫害虽然没有到以前那种大屠杀的地步，新教徒在法国的处境却又开始恶化。新教的基本教众是城市人口，许多都是富商，他们纷纷携资出走，到新教国家或者新教被宽容对待的国家发展。与银行破产带来的各种消极影响一起，这一切都给法国资本主义的发展带来了非常消极的影响。

路易十五亲政以后，常常将法国引入对外战争，而且，在这些战争中法国几乎总是一无所获，徒然耗费巨资。尤其是在美洲的战争中败给英国之后，不仅失去了大片的殖民地，法国在欧洲也不再有路易十四时代确立的欧洲霸主的地位，而降为了二流的国家。

同时，朝廷中纪律败坏，贪渎公行，贵族们竞相奢华，政府的信用降低到极点，为了弥补财政赤字而不断地滥加税收，不仅使得贫富悬殊日益加大，也使得法国出现了对于政权的普遍不满。

与路易十五时期发行纸币造成的银行和国家财政破产以及法国频频卷入这种战争却失败连连相比，这位国王自己的穷奢极欲和荒淫无耻，就只能算是小罪恶了。

然而，也正是在这样一种形势下，法国的启蒙思想运动蓬勃地开展起来。孟德斯鸠、伏尔泰、卢梭和百科全书派，都是活跃在这个时期的佼佼者。从整个社会生活看，对于法国人来说，这是一个灾难的世纪，但如果从新文化运动的角度看，这却是法国历史上一个最为辉煌的世纪。

关于西欧和法国的启蒙思想，我们将在下一章专门进行讨论。

总之，西方文明是在一种破裂性的历史过程中发展着的。但是，并非世界上所有的文明，都是按照这样一种模式发展的。如张光直先生指出的，在环太平洋的文明中，历史发展的模式基本上属于连续性的发展模式。在马克思的时代，西方人中普遍地存在着一种不自觉的"西方中心论"，以为世界上所有的文明，都是按照与西方文明同样的模式发展着的。当我们不加反省地将这样一种模式用来解释中国自身的历史的时候，不仅会对中国自身的历史本质产生深刻的误解，在这种非反省地接受这种理论模式的时候，还容易不自觉地忽略了西方历史中各种"偶然的"——外在的、客观的、自然的、地理的，等等——因素对于历史发展所产生的广泛影响，似乎在那里发生的一切都是一种"必然规律"的展现。甚至会将自身的历史经验加入到对于西方历史和思想本质的理解中，如对于法的理解，对于政权与财富的关系的理解，关于宗教在社会结构中的关系的理解，等等。在解释中国文明的本质的时候，我们一般是按照西方人的理论模式进行，但在现实生活中，我们却有着完全不同的经验，我们很少有人按照理论的模式来指导我们的实践，而是天然地相信"经验是人生伟大的指南"（休谟语）。甚至，我们会将这样的经验渗入到对西方世界的历史和现实的理解中。我们在对世界历史本质的思考中应该特别注意这一点。虽然西方

来的理论模式在解释中国文明的过程中往往并不确切，但在说明西方自身的历史的时候，从其自身的内在发展过程看，还是中肯的。

法国作为西方世界的核心国家之一，在历史的进展中事实上很典型地代表着西方历史上从中世纪到现代文明的一种过渡或者说一次断裂。

现在，让我们在破裂性文明的历史发展这样一个背景之下，具体地看看西方，尤其是启蒙思想的本质。

第三章　启蒙运动

伏尔泰是法国近代启蒙运动的领军人物之一。要理解他思想的意义，对整个的启蒙精神有一个整体的了解是非常必要的。

西方的近代启蒙运动，是现代西方精神的直接起源。让我们从概念和历史两个方面来讨论一下启蒙运动的本质问题。

第一节　启蒙的本质

中文的“启蒙运动”，是一个由西文翻译而来的概念。在法语中，启蒙写作“La lumière”，如果按字面的意思直译，应该是“光明的时代”或“光明的世纪”。中文把它翻译成启蒙运动或启蒙时代，从信达雅的翻译理念来说，其实很不错，它相当好地表达了西方启蒙运动是“照亮”了中世纪一千年的“黑暗王国”的意思。

蒙，是易经中的一卦：山下出泉，蒙。它的卦象是如清水从黑暗的大山腑内流出来，就像黎明太阳出来的过程，天光由朦胧变成光明。而“启”也有开始或者出发的意思，启蒙就是开始发亮。因此，如果按照形象来理解，可以说启蒙概念的意象与西方启蒙（光明）概念的意义相当近似。

但是易经是一本关乎人事的书，蒙这个卦从山下出泉引出的真正意象是蒙童：才开始学习的孩子。启蒙，其实就是发蒙，是指通过“教育”使孩童的思维由懵懂（黑暗）状态进入清明。中文中启蒙的一般意义也就是指开始读书，即所谓“启蒙教育”。这与西语的本义就不相符了。lumière 这个

词，可以引申为认识、了解的意思，似乎也与中文的“发蒙”即获得知识的意义相符。但是，在中文中，发蒙主要是“教育”的意思，是很容易让我们对启蒙的概念造成误解的。

将启蒙理解为教育时，“蒙”是指儿童的心智不开的状态，是“不懂事”，或者说是愚昧。从这个意象出发，我们也总是想象，西方中世纪的黑暗是指某种愚昧状态，而我们也总要说，启蒙运动是通过新思想的教育或传播把人从信仰主义的“愚昧”状态中解放出来。

这就从根本上悖离了启蒙概念的本义。

首先，不能把启蒙运动理解为一种教育。

教育这个概念，给人的印象是有一个成熟的教义放在那里，或有人发明或发现了一些新思想，并把它们变成一种类似讲义或教材之类的东西，并把这种思想灌输给别人。

但是，启蒙的事实并非如此。西方的启蒙运动是信仰主义危机的产物，是在人们对基督教信仰发生了动摇的时候，各种不同于信仰主义的权威话语（霸权语言）或权威思想的新话语或新思想多元纷呈所造成的一种百家争鸣的状态。

启蒙运动是新时代的思想或价值体系的创造及形成发展的过程。从现代语言哲学的观点来看，启蒙运动也可以说是一种新话语的创造过程。但这个过程并不是人们有成熟的思想或体系，并按一定的步骤进行的教育活动。其实并没有所谓成熟的思想在那里，在这个过程中，各类思想蜂拥而出，各自努力表现自己，场面无比热闹，人人参与这个时代的思考，人人参与选择。因此，启蒙运动并不是“教育”，其中并没有谁是概念意义下的“教育者”，也没有谁认为自己是被教育者。

其次，启蒙所针对的黑暗是否是愚昧？

中国人认为中世纪的普遍信仰状态是“愚昧”，在很大程度上是自身对于信仰的偏见造成的。在无神论大行其道之后，我们往往将各种对神的信仰与所谓“迷信”同等对待。事实上，从历史的沿革来说，西方的启蒙思想本身是从基督教信仰中发生和发展起来的。启蒙首先是通过文艺复兴发动，文艺复兴的作品的题材一般都取自基督教，而教会事实上也支持和鼓励了这种文艺创作。此后，启蒙通过宗教改革的方式出现，这仍然是一种信仰主义。后来的哲学启蒙，也仍然与基督教的经院哲学有着千丝万缕的联系，启蒙所提倡的理性主义事实上正是孕育在经院哲学的思考中的。即使是科学，也仍然同宗教中的炼金术之类的行为密切相关。如果我们把对信仰主义的批判等同于把人们从愚昧中解放出来，把信仰主义直接理解为愚昧，我们就无法解释其中为什么会生长出启蒙思想这么一个问题了。这种看法使得启蒙成为无根之木，无源之水，我们只能设想，是一些天才的人物通过“天启”而发明出了这些新奇的思想。那么，我们要么是重新落入启蒙就是教育的想法，要么就是重新落入传统的宗教之中。

我们可以说历史上的文化或思想与现代相比而言更原始、更粗略，处于比较低的阶段等等，但说那是“愚昧”总是不可以的，这个概念与历史发展的概念不相容。

有人会说，西方启蒙的核心概念之一是理性主义。就此而言，说它是把人们从愚昧中解放出来总也是有道理的。因为通俗地说，理性主义就是讲知识、讲道理，而愚昧就是没有知识、不懂道理。因此，这里所说的愚昧，可以理解为基督教教会实行的“愚民政策”之类的东西。

从中文的含义来看，启蒙让我们直接地想到的的确只是作为启蒙精神的核心之一的理性主义，这显然已并不全面——启蒙更根本的核心概念“人本主义”的内容的确很难从中文的启蒙这个概念的字面来会意。而且即使启蒙思想的核心概念之一是理性主义，因此就断言它的对立面的信仰或信仰主义就是愚昧，也是并不确切的。而且，说基督教教会传播它的信仰，是传播一种愚昧以利于它的统治也并没有什么根据。这种信仰存在了千年之久，有那么多的人虔诚地信仰着上帝，包括如伏尔泰这样许多的启蒙者(事实上西方启蒙者中所谓“无神论者”是很少的)，靠所谓“愚民政策”是不可能维持的。

此外，从人类思想是在不断地进步的意义上说，相对于现代人的思想，我们当然可以说中世纪的思想中缺少许多现代人已经知道了的知识。但是我们可以把这就称作愚昧吗？如果可以这样说，那么，中世纪的思想与原始人类相比，想必原始人类的思想要更愚昧，那么，中世纪人的思想也就不是那么愚昧了。反过来说，我们现代人的思想，在未来的人看来，也许也只好说是愚昧的了。如果事情果真如此，说启蒙是把人从愚昧中解放出来，似乎就是句没有什么意义的话。

总之，“启蒙”或“光明”只说中世纪的千年“黑暗”，而没有说更多。我

们应该抛弃启蒙所面对的黑暗就是愚昧这样一种看法。

大部分西方启蒙者都保持着对上帝的信仰这个事实给了我们许多启示，除了说明启蒙所面对的黑暗不是信仰主义的“愚昧”之外，它还让我们注意到启蒙时代这样一个重要的事实，那就是启蒙思想对于宗教或信仰的态度，从基本的倾向上来说不是反对，而是提倡信仰自由或宗教宽容。

以“无神论”或者所谓“唯物主义”来代替“信仰主义”，虽然从表面上看，让人们走到了信仰主义的绝对对立面上，就如我们习惯上所说的“打倒”，看起来是“彻底”，事实上则不过是如项羽对待秦始皇的态度：“彼可取而代之”，是“造反”，是“翻身”，而不是启蒙，更不是革命。

近代的西方启蒙思想家们为什么通常都保持着对上帝的信仰的问题，就启蒙关于信仰的主张并不是反对信仰，而是主张信仰自由而言，是根本用不着做什么解释的。人们之所以会那么郑重其事地提出这么一个虚假的问题，是由于预设了信仰就是愚昧，就是启蒙所面对的黑暗。如果我们理解了，黑暗并不是存在着信仰或信仰主义，而是这种信仰主义不允许反对者的存在，那么问题其实就变得很清楚了。

基督教早期曾被罗马帝国严格禁止，基督徒曾受到残酷的迫害，也就是说，它自己也曾受到语言霸权的迫害。但是，当公元5世纪左右它确定了自己的正统地位之后，自己成为了新的霸权语言。基督教信仰主义在争取自己合法存在的权利的时候，在反对旧的霸权语言的时候，并没有反对语言霸权本身，它没有走出以暴易暴、以恶抗恶的怪圈，它对异教和异端的敌视和迫害比它以往的敌人更厉害。基督教占据西方正统地位的一千年的历史，几乎可以说就是它攻伐异教和迫害异端的历史。但是，就语言霸权的意义来说，思想方面的专制和迫害更多的是针对异端的。这种迫害的极致，就是所谓“宗教裁判所”的火刑柱，它是可以用思想罪(类似中国传统中的“腹诽”罪)的名义把人活活烧死的。基督教的语言霸权，比西方历史上任何时代的语言霸权都更专制。

这种语言霸权特别严厉，与基督教的信仰主义本身的特点是有密切关系的。“信仰”，从一般意义上说，就具有排他性，不同宗教间的矛盾在历史上非常常见——虽然也有中国或者其他一些多民族国家的历史上的那种各种宗教和平共处的情况。就中国来说，也许是因为中国的宗教基本上都是多神教，而且，信仰主义也不是中国传统思想的主流意识——儒学——

的主导思想。而基督教是一种严格的一神教，这就使得对上帝的信仰更具有了专制的或排他的特性。

所谓中世纪的黑暗，所指的，正是这种严酷的语言霸权或思想专制，它压抑了人的自由，扼杀了人的创造性，因此严重阻碍了历史的进步和发展。而启蒙思想批判真正的矛头所指向的，其实正是语言霸权本身。

就启蒙是“光明”来说，就启蒙所面对的黑暗是语言霸权来说，启蒙所反对的，就不仅是一种霸权语言，而是通过反对这种霸权语言而反对语言霸权本身，而且我们应该说，也只有是反对语言霸权本身的思想，才可以当之无愧地被称之为启蒙思想。

正是因为如此，我们才能够真正懂得，伏尔泰一生为之奋斗的思想自由的要求的本质和意义。

启蒙不是要以自己的语言霸权“取而代之”，而是要求一种让所有的思想都可以自由发表的宽松气氛，是一种自由和思想宽容的精神。只有有了这种精神，人类才有可能走出以暴易暴的恶性循环，也只有这样，人类才有可能永远沐浴着“光明”——这个词中文翻译成启蒙。而且只要有了这样一种开放的环境，人类就有了不断进步的可能。

从这个意义上说，启蒙在人类或至少在西方历史上，是唯一的。这种唯一性，就在于它不仅仅是反对某一种霸权语言，不是要“打倒基督教信仰”，而是把反对语言霸权本身写在自己的旗帜上，把自由写在自己的旗帜上。

我们现在也有不少人在讲“语言霸权”，往往是别人一指责自己，就说别人是“语言霸权”。其实，“指责”或批评并不表明指责者或批评者是霸权，相反，不许别人指责，不许别人批评才是霸权。一听到批评就跳起来，“老虎屁股摸不得”，不是霸权是什么？因为一般而言，所谓霸权语言就是设立一种不容反对的原则。

伏尔泰关于民主或者说思想自由、话语自由有一个很有名的说法，说我坚决反对你的见解，但是我誓死保卫你发表你的见解的权利。

如果我们将思想自由或者说语言自由设立为不能违背的原则，是否也是一种语言霸权呢？主张自由就是反对对自由的限制。因此，只有确立自由为根本的价值才不是专制或霸权的。因为如果说因为我是主张自由的，所以我就没有权利批评别人，因为对别人的批评就是剥夺别人的自由，那

么推而广之，任何人都没有了发表自己的意见的自由了，因为所有人的意见总是不同的，只要一发表，就有指责或批评别人之嫌，那么，专制主义或语言霸权就正好大行其道了。

总之，如果我们要用一句话来总括启蒙思想最核心的本质，那就是思想自由。启蒙思想自身有着非常丰富的内容，启蒙运动本身是一种自由思想的运动。启蒙精神的核心是人道主义或者说人本主义，其最根本的要求就是个性解放，而解放和自由在西语中也是同根词，而启蒙中将人的存在的核心正是理解为意识或者说思想的，因此，个性解放首先就是思想解放、思想自由。人们常将启蒙精神定义为理性主义。事实上理性主义的核心，并不是中国启蒙中所强调的所谓“科学精神”，而是自我意识。我在这里也许还应该强调一下，中国启蒙中对于“科学精神”自身的误解也是非常深的。科学精神并不是简单地体现在自然科学中的严密逻辑和实验原则上。科学精神与信仰主义的区别，首先就在于信仰主义是一种自身封闭的思想体系，一切都以“绝对真理”的面貌摆在那里，任何反对他的思想都不允许存在，而科学则是建立在人的经验上，而人的经验是“开放”的、变动着的，科学精神的真谛不是将自身认识到的东西统统当做绝对真理，而是提供给人对于自身能力的信任，让人大胆地思考，自由地思想。

说明这一点，对于我们理解伏尔泰总体思想的历史意义是必要的。对于我们理解伏尔泰为什么如此推崇他心目中的那种以宽容为基本精神的中国传统文化，也是有意义的。因为在他看来，宽容精神是人类的进步所必需的。

第二节 启蒙的历史

作为基督教内省的启蒙运动

我们一般是将文艺复兴当做西方近代启蒙的起点的。但是，在我看来，应该指出的是，文艺复兴作为启蒙的意义，是后来被赋予的。按照西方历史一般的发展模式，一个新时代，总是从旧时代中孕育出来的。文艺复兴虽然最终被认为是基督教文化的一种反动的启蒙的滥觞，但是，从历史上看，它却是教会支持的艺术活动。教会在越来越富裕了之后，为了更能吸引教众，用美轮美奂的图画来装饰教堂。因此，我们现在看到的文艺复兴时代的图画、雕塑往往都是宗教题材的，而且有许多最大型的都出现在宗教场所。

我们也常常将新教运动当做启蒙的起点。但是，新教开始的时候，也不过就是基督教当中出现的一个异端教派。而如果我们追溯基督教的历史，就会发现，各种异端在其整个的历史中可以说层出不穷，而且从来也没有间断过。基督教本是从犹太教脱胎而来的，犹太教在犹太人被驱逐出故土之后流落到世界各地，其中流落到欧洲的一些部族在各自分散的情况下坚持着自己的信仰，宗教故事在不同集团或不同地方的流传中难免会走样，而为了适应各地不同的情况，有时也不能不做一些有意的改变。当一些非犹太人信仰了这个上帝的时候，这样的改变自然更多。基督教由这样一些分散的小教派最终结合为统一的基督教会的时候，已经是数百年之后，教义中本来就充满了各种各样的矛盾。当经院哲学兴起之后，各种异端的看法就更多了。只是，在统一了基督教之后的数百年间，这样一些异端并没有成为最终冲击了基督教基础的广泛的宗教改革运动。

我们其实是应该从更宏阔的角度出发来理解这场宗教改革的。

我们也注意到，启蒙时代正是西方自然科学开始兴起的时代。而教会对于科学家的迫害，也在历史中显得格外刺眼。科学精神对于信仰主义的冲击，也被我们自然地认作是启蒙思想的来源之一。但是，现代科学在西方的起源，其实是原来教会中星相、历法、传教需要的地理知识以及炼金术等。

当然，这些都是出现在“高级话语”领域中的现象，我们现在可以通过文献资料对它们有比较清楚的了解。但是，它们之间的区别是相当大的。事实上，是一些不同的人在各自的领域中独自地做着这样一些事情。在我们后人看来，这就形成了“一股”潮流。究竟是一种什么样的精神，让这些本来不相干的力量向着这么一个共同的方向走到一起来的呢？

我们自然很容易想到“生产力的发展”这样一个共同的基础。的确，我们可以在城市经济的发展中找到这些看起来不相干的领域中出现的共同的方向。

基督教是在农业生产方式作为主导的时代发展起来的。基督教的基本群众是村落中生活着的农民、牧民。教义是在农民和牧民的村落生活中提

炼出来的道德教诲，各种宗教活动和仪式也是适应着农村的生活的。在空阔的田野里，教堂的哥特式尖顶指向高远的天空，也很容易引起人们的崇敬心理。每日早中晚的祈祷的钟声，告诉人们作息的时刻。在辛劳了六天之后，大家在礼拜日到教堂去听牧师讲讲故事，在教堂周围的集市上以自己生产出来的剩余产品交换些自己需要的物品，有了节庆也是在教堂附近集会，村民中的婚礼自然也在教堂举行。

城市里自然也有教堂。城市的教堂一般更为宏伟巨大。但是，在拥挤的房屋和街道中，它虽然不失威严，但远不如村落中的小教堂那样让人感到亲切。城市人的生活更紧张、更忙碌、更拥挤，心理也不如农民那样开阔。按照韦伯的说法，新教的那种“冥想”式的祈祷，明显是更适合城市工人的生活状况的。当时的工人劳动时间很长，在密封的车间里紧张劳作，动作单调，空气污浊，噪音充斥，终日不见阳光。在这种环境中，冥想上帝，与在教堂中听牧师的宣讲相比，更容易与上帝沟通。

伏尔泰对于新教这种通过冥想，通过一些类似痉挛的动作来表达接受了上帝的启示的行为极端鄙视。他在《哲学通信》中以他特有的尖刻嘲笑这种作态。他一生虽然不断地被放逐，被迫害，但从来不缺钱财，也没有从事过体力劳动，可以说一直养尊处优，当然很难产生这样一种体会。

新教的基本群众是城市人口，这当然不是偶然的。而我们现在看到的装饰华丽的大教堂，一般也都是城市中的大教堂，这应该也与城市的教会更富裕，有条件这样做有关，而城市的教会也更需要让教堂更能吸引教众，有必要这样做。当然，还有戏剧、小说等等，也都是城市生活中出现的新元素。

文艺复兴和新教都在城市中首先出现，也应该不是偶然的。

启蒙是在基督教内部的运动过程中产生的，也许应该更确切地说，是在基督教在不同成分的人群中传播而发生的分歧中产生的。

一神教信仰的本质

基督教是一种一神教，相信上帝是唯一的神。这是从犹太教的基本教义中产生的一种信仰。如果我们纵观整个世界历史的宗教，会发现，基督教的这种教义事实上是非常特殊的。应该说，这样一种教义的出现，是多少有些偶然的。在世界其他地方发生的宗教，即使是在欧洲和西亚地区的非犹太人中产生出来的宗教，一般也都是多神教。

我们知道，神秘活动几乎是人类与生俱来的活动。而人类最初的社会是游团、公社，是氏族部落，由于各个游团、部落等集团之间的来往事实上非常有限，可以说基本是互相隔绝地、独立地发展起来的，各自的神秘活动所产生的神秘存在自然不会完全相同。相反，崇拜不同的神正是不同的部族区分自身与他人的重要手段。在人口日渐增加，气候变化引起的大迁徙等事件发生后，人类的交往规模开始扩大，各种不同的神秘存在也开始融合。在这种情况下，出现多神宗教是一种自然的趋势。如在中国宗教的历史上出现的“绝地天通”，是一次“宗教改革”行为，在将对天帝的祭祀权力统一起来的同时，也将各个文化中不同的神秘存在规定出如人间社会一样的秩序。又如古希腊、古罗马文明中也出现过通过创造出统领诸神的大神的方式努力建立神圣社会秩序的现象。这应该是宗教发展中一般的道路。

犹太人由于其特殊的境遇，作为一个小民族，又经常地处在被压迫，被奴役的地位，从一般的情形看，这样一个民族或者说部族，是非常容易在这样的过程中被其他的文化所同化的。然而，这个民族却顽强地坚持自身的独立存在，拒绝与其他的部族或者文化融合。究竟是什么原因使得犹太人拒绝与其他的文化融合，也许将是永远处在历史迷雾中的问题。世界历史上存在过无数的部族，每个部族都曾有过自己的特点，也许曾经有若干有着与犹太人同样的特点的部族，但是他们没有能够在历史中存留下来，而是在顽强地坚持自己的信仰的过程中灭绝了。

在拒绝与其他文化融合而保持自身的存在这样一个目的之下，如何保持自身的部族不分裂、不离散，就成为非常重要的问题，因为自身的分裂或者离散会急剧地减少自己人的数量，对于维持一种种族的存在就会变得不再可能。可以说，犹太人能够在拒绝与其他文化融合的情况下存留下来，通过各种措施顽强地拒绝自身的各个分部的流散，保持自身的团结，不在与其他部族的接触中分裂，也成为它的个性中一个非常重要的部分。我以为，摩西就是在这样一个目的之下创立一神教的。拒绝偶像崇拜，以一个抽象的上帝来取代犹太人集团中各个部落自己的神，是保持自己的部族不离散的一个措施；而对这样一个上帝的信仰，又将自身与其他的部族或者文化严格地区别开来。

不是创造一个大神来领导各个部族自己的神，而是创造一个唯一神来取代部族自己原有的神，就是犹太人在建立神圣秩序的过程中发明的与世界上其他地方的文化不同的做法。

当这样一种信仰被欧洲人接受了的时候，这种一神教信仰的另一面就展现出来，它不再是简单地团结自身和区别自身与他人的标志，而成为一种无限扩展的精神。“一个”部族自己的神，变成了真正意义上的天下“唯一”的神了。一，既可以理解为单一或者说一个，也可以理解为统一或者说唯一。或者，具体地说，欧洲人，或者说欧洲人中的基督徒，将犹太人精神中的“特立独行”、“孤芳自赏”等“独自”、“单独”意义上的“一”，改造为“至大无外”、“独一无二”等“单一”、“唯一”意义上的“一”了。

基督教从开始就有一种通过传教将自己的福音传播到所有人中间的情怀。这既可以说是一般宗教中悲天悯人的情怀的一种自然表露，也可以说是这样一种一神教话语自身的本性。

犹太教这样一种有着因崇尚自身的团结而不惜对其他文化强烈排斥的倾向的宗教能够被当时的欧洲人所接受，开始主要是贫困无依的人群所接受，当然不是偶然的。在罗马帝国文明走向没落，奴隶制趋于解体，而新的生产方式还没有形成的历史转型过程中，出现了大量游民，他们美其名为自由民，事实上却缺少基本的生存手段。在这种情况下，通过穷人之间的互助生存下来，即使不能说是唯一的手段，也相差不远。在这种情况下，他们与犹太人的处境很相似，对犹太教的精神也很容易产生共鸣。在同样的处境下进入同样的信仰之后，自然也就容易形成同样的性格。基督教在早期，也如犹太教一样，在对唯一神的信仰中保持着强烈的“战斗性”——虽然从理论上说在当时还只是一种“非暴力反抗”的方式。基督教从存在的那一天起，就不停地与自身中的异端和不信仰他们的上帝的异教冲突着。与犹太人一样，这一方面是为了保持自身的团结，另一方面也是为了在外在压迫的斗争中让自己生存下去。不同的只是，对于犹太教来说，强调“一神论”是强调自身的特殊性——在犹太人那里，只有他们才是上帝的“选民”，而对于基督教来说，强调“一神论”则是否定其他信仰的真理性——这也正是单一神和唯一神的区别。从某种意义上说，这是由信众的构成发生了根本的变化而引起的。犹太人是一个小民族，联系着他们的，不仅是共同的信仰，还有对于血缘传承的强烈关注。而对于基督教来说，在接受犹太教的时候这个方面就完全被放弃了。相反，这种宗教是最忽视民族界限、最忽视血缘联系的。在这种情况下，反抗压迫的情怀，就自然地变成了一种自身扩展的动力。

当罗马帝国在蛮族的冲击下灭亡了的时候，欧洲人为保卫自身的社会生活，不得不自己担当起保卫自己的生活的重担。基督徒在这种情况下开始从分散的无数小团体结合成大规模的教会。由于规模变得非常大，教会就与一般权力(暴力)组织一样形成了从教皇到大主教再到基层的教堂组织这样一个层级式的体系。

由于有了组织的依托，在当时政治混乱的情况下，教会不仅占有了许多的土地，还在一些地方事实上具有了类似政权的权力。而在有了物质力量的支持之后，一神教的信仰带来的自身无限扩展的激情就有了更为有力的依托。

由于基督教的大本营就在古罗马帝国的疆域内，这是当时生产力最为发达的地区，蛮族政权在这里也最容易形成最有力的政治势力。蛮族以信奉基督教的方式，以基督教组织为基础，建立起国家动员体制，而在征服其他地区的时候，也以强迫当地人改信基督教来表示归化或者臣服。基督教的传播越来越广了。

伴随着地理大发现的脚步，凡有人群的地方，都出现了传教士的身影。从某种意义上说，这种地理大发现的激情，也与基督教的这种无限传播的情怀有着密切的关系。而当这种地理大发现将大量的财富带进欧洲，刺激了欧洲经济的进一步发展的时候，教会的日益奢华的倾向就变得越发严重起来。随着商业的发展，拜金主义也越来越强烈，炼金术之类的活动，吸引了越来越多的人。其实，就是如达·芬奇这样有着非凡的聪明才智的人，也对此迷恋不已。从积极的方面看，正是这种对于“不可能的事情”的探索，让人类逐渐地洞悉了物质的奥秘。地理大发现不仅刺激了天文学从原来的“星相学”变成了航海中需要的天文地理学，对于地区自身的认识，对于宇宙的“科学”认识等等，也发展起来。

总之，我们很容易发现，所谓启蒙，其实就是在基督教文化自身的发展过程中孕育出来的。具体地说，孕育了启蒙精神的，正是基督教的这种一神教的精神，这种对于唯一的神的信仰。

虽然这种对于唯一的神的信仰是犹太人的一种发明，但它在欧洲文明

中的壮大与发展说明，在欧洲文明自身的精神中，也的确存在一种能够与之共鸣的东西。我以为，这就是我们在“导论”中关于理性主义的思维方式中谈到的作为西方人传统的思维方式中的逻辑主义思维。对于这种逻辑的思维方式来说，设立一个超越性的前提，是一切思考能够进行下去的必要条件。在理性的思维中，“不可讨论的”前提的设立，说到底就是确定理性的思考是从“相信”开始的，就是说，理性是建立在信仰的基础上的。但是，理性主义毕竟并不是信仰主义，而这里所说的理性建立在信仰的基础之上，也不是说理性只是信仰的婢女。事实上，理性主义所设立的不可讨论的前提，我们从理性主义的一般法则中知道，是通过“归纳”形成的。只是我们知道，如果一个前提是不可讨论的真理性的，就必须是“完全归纳”。但是，从实践的意义上说，归纳是不可能“完全”的。即使人有能力将过去所有的经验都归纳到这个前提中，由于理论的意义在于指导实践，在于完成人类“预期”的目的，就是说，前提中的“完全”是必须包含着“未来的经验”的，这就从根本上否定了归纳的完全性的可能性。

因此，理性主义所设立的不可讨论的前提，事实上只是一种“历史性的不可讨论的前提”。就是说，在现实的情况下，人们无法对于这样一种前提提出反驳，它就成为当时的不同讨论的前提。从思维的实践上说，这样一种前提就是完全地能够说明或者解释现存人类所知的一切经验的命题。

在这种情况下，所谓全称判断完成的不可讨论的前提自身就成为“开放的”前提，只要经验能够确实地提出前提所不能解释的现象，前提自身就只能进入“讨论”，直到一种新的历史条件下的不可讨论的前提出现。

事实上，启蒙就是这样一个建立新的不可讨论的前提的过程。

对于西方人来说，当时是一个动荡的年代，不仅各种社会关系在进行着解构和重新结构，精神上也处在一种激荡之中。一方面，由于从习惯上必须寻找到不可讨论的前提性价值作为精神上安身立命的家园；另一方面，由于这个不可讨论的前提进入了讨论的过程，而且一时无法确立起一个不可讨论的前提，人的精神中充斥着迷茫和焦虑，同时也存在着无穷的兴奋。对于习惯了平静生活的人来说，这是一个灾难的时代，而对于不安于平静生活的人来说，这是一个期待已久的时代。这是一个文化领域中英雄辈出的时代。

在西方社会这样一种破裂式的历史发展过程中，母体中孕育的孩子的出生，总是以母体的死亡为代价的。启蒙是现代西方文明这个孩子的催生婆，也自然地充当了中世纪文明这个母体的刽子手。

启蒙的两个阶段

如果将文艺复兴当做启蒙的起始阶段，则从 14 世纪开始，到法国大革命的爆发，资本主义在欧洲大陆正式确立其正统地位，启蒙经历了大约四个世纪的漫长时间。

作为一个世代交替的时期，启蒙也经历了从破坏到重建这样两个时期。

虽然如此，我们也不能说文艺复兴的时代只是一个纯然破坏的时期。在文艺复兴的时代，不仅文学艺术上的成就是有目共睹的，科学也是在这个时代萌芽的，而人道主义和理性主义的精神，更是在这个时期孕育发生的。这里所说的破坏，主要是指“秩序”的破坏，“价值”的破坏。作为一种思想运动，启蒙的破坏是直接针对基督教信仰主义的话语的，因此，这种破坏，从直接的意义上说就是对这种信仰的破坏，而话语权力对社会生活来说，直接意味着道德价值的依据，因此，在文艺复兴时代，在人的精神活动解放的同时，人的道德约束也消除了，不仅法律由于各种战乱频繁发生而失去了应有的威慑，道德约束也难以存续。

这样一种破坏是相当彻底的。例如宗教裁判所，虽然名为维护基督教信仰从而维护一种秩序，但是它的做法，却是通过告密、诬陷等非道德的手段进行的。而火刑柱这样一种残忍的做法中本身也难以找到人类道德的影子——虽然这种判断假道德与法律的名义进行。

到了 17、18 世纪，启蒙进入了建设性的时期。就是说，在旧秩序被破坏掉之后，教会自身的权威在启蒙的冲击下已经不足以维护社会生活中的道德秩序，启蒙不得不自己担负起这个责任。这个时代的“启蒙哲学”，事实上就是这样一种历史使命的直接展现。

我们出于对宗教信仰的某种偏见，总是将“科学”与“宗教信仰”决绝地对立起来，觉得宗教就是迷信，因此，在接受了科学的真理性的条件下还要信仰上帝，就是一种在逻辑上不彻底的表现。甚至，启蒙时代的哲学家，无论被我们归入“唯心主义”的还是“唯物主义”的，大部分都信仰上帝

的存在，对此我们说这是一种思想上的“不彻底性”，是所谓资产阶级在自身力量还弱小的情况下向信仰主义的“妥协性”的表现，等等。这些当然只能说是无稽之谈。

从思维方式上说，我们刚才已经讨论过，理性与信仰并不是决然对立的，信仰在西方的理性思维传统中是始终存在着的东西，而且是作为一种前提性的东西存在着的。而从启蒙后期面临着的建设性的任务来说，确立一种“绝对的存在”以确定价值的不可动摇的基础，也是必需的。

伏尔泰的思想，就是一个很好的说明这个问题的例证。

伏尔泰自己本人相信上帝，他所反对的，是教会，而且，他也不是一般地反对教会的存在，而是反对当时欧洲以教皇为首的那个基督教会。他其实与一般的新教徒一样，相信个人可以自己与上帝沟通，教会作为一个人与上帝之间的中介其实并不是必须的。在《哲学通信》中他带着赞同讨论着的苏西尼主义教派，就是这样一种“无形”的教派，他们其实就是一些以智识者的方式、自己以自己的方式信仰着上帝的人。我们能够很清楚地感受到他自己就认为自己是其中的一员。但是，也很容易看出，他也不认为这是一个可以无限地扩展的教派。有这样的信仰方式的必须是一些有智有识的人，对于普通的民众来说，维护信仰，仍然是需要教会或者类似的中介的。但当时的那个教会，他认为只是代表着一种话语霸权，限制甚至是否定了人们的信仰自由，是绝对要不得的。在他看来，只要人是相信唯一的神的，这个唯一的神就必定与他所信仰的上帝是同一个，因为既然神或者上帝是唯一的，大家只要是相信唯一神的，所信的就不会是另一个神，即使是用另一个名字来称呼的。在他看来，中国的儒家所相信的“天”或者说“天帝”，与他本人所信仰的上帝，就是同一个神。他与儒家的区别，只是信仰的方式不同。人必须要有信仰，因为如果没有，在他看来，就会没有道德，而这就与做人的根本道理不合了。但是，以什么样的方式信仰上帝，则是人的自由。如果以当时的教会的方式，只允许人们以他们规定的方式信仰，以其他的方式信仰的就被判定为异端，而且还要加以迫害，那就不仅不可能维护道德，而且这种做法本身就非常的不道德了。

中国人也常常不理解牛顿这样的科学家为什么会如此虔诚地相信上帝，对牛顿将“第一推动”归给上帝表示不理解。对于中国人来说，肯定物质需要外力的第一推动，然后才在惯性作用下不停地运动下去，还不如按照“辩证法”的方式肯定物质本来就运动来得简洁。比较这样两个“不可讨论的原则”哪一个更正确，肯定不容易产生一致的结论。这实在是两种不同的思维方式所产生的不同结果。

但是，有一点仍然可以肯定，就是来自西方的“科学思维”，其实与同是来自西方的“信仰主义思维”之间并没有我们中国人想象的那样一种“不可调和的矛盾”。科学是建立在理性的基础上的，或者说，是建立在经验和推论的基础上的，而无论是经验还是推论前提的确定，自身都是开放的，就是说，科学自身并不是我们想象的那样一种不可更改的“绝对真理”——科学始终处在历史的进步中就是这种开放性的直接证明。这种开放性自身只是说明，科学有其局限，科学并非能够解决人生所遭遇到的所有问题的万灵药方。对于人来说，绝对真理从某种意义上说是一种绝对需要的东西，它对于人的精神来说是安身立命之所，是人的社会实践中所遵循的基本价值的基础。而从科学思维自身来说，也存在着超越科学自身的前提。这就是信仰存在的空间——其实也正是哲学存在的空间——或者说信仰(哲学)存在的“道理”。

在这里，启蒙作为绝对理念树立起来的人道主义和理性主义的自身矛盾表现出来了：当人道主义和理性主义以强大的冲击力打垮了基督教信仰的话语霸权之后，在面临着道德重建、话语重建的问题的时候，“绝对理念”就重新出现了。

当然，这时出现的，已经不再是原来的那个基督教的信仰，而是一种“理性主义的自我意识”，一种以人道主义为原则的情怀，对自由的向往为基础的秩序，理性的秩序。

这是我们理解启蒙时代的哲学的关键。

第四章　中国的发现

为了理解伏尔泰与中国的关系，我们还有必要了解一下当时的中国。当然，这里所说的，首先还是西方人眼中的中国。当然，为了理解这种西方人眼中的中国的本质，离开我们对于真实的中国的理解也是不行的。现在，让我们先从西方人眼中的中国说起。

第一节　中国的发现

按照中世纪基督教会的话语，相信他们的上帝是文明的必要条件，因此，只要是不信上帝的人，就是野蛮人。从基督教传播的历史或者说按照基督教传教早期的经验来看，也不能说他们的看法没有根据。基督教首先在欧洲南部的意大利出现，那是在罗马帝国时期，当时罗马世界之外的欧洲，基本上都还没有进入文明时代，基督教其实是踏着罗马帝国征服欧洲的脚步传播开来的。古罗马帝国灭亡后，欧洲进入文明时代的国家对“蛮族”的征服，往往就是以是否信仰基督教的上帝来判别是否服从了征服者，或者只有相当浅化的文明，而是否信仰这个上帝，也就自然地成为判断是否进入文明的标志了。怀着拯救世人的慈悲情怀，随着探险家发现新世界的脚步，传教士们的足迹也踏遍了我们的星球。首先进入的，是非洲、美洲、澳洲这样一些地区。那里的人当时也的确往往还没有进入文明时代。在进入伊斯兰世界的时候，基督教遭遇到剧烈的抵抗。基督教在进入东亚地区的时候，接触到的是儒文化圈。这个时候，中国文明被西方人“发现”，但是，真正进入中国这个当时儒文化圈的核心地带，却并不容易。

基督教进入中国，应该说是西方人第一次真正发现中国，也是现代意义上的西学东渐和中学西渐活动的开端——虽然两个文明之间直接或者间接的零星接触，在很早以前就已经出现了，而关于中国的种种神话当然也早就为西方人所熟知了。但作为一种直接的经验，其实只是在这个时代，西方人才开始真正具有“中国知识”，不仅有了直接经验意义上的感受，也开始研究中国的文字和典籍。这个开端对于西方人来说，有一种开阔了视野的作用，从总体上说，对于西方启蒙思想的发展，应该说的确是有一定的积极意义的。

但是，在启蒙思想对于当时西欧现实的批判中，这种“中国影响”的积极作用究竟有多大，是一个不怎么容易说清楚的问题。在我看来影响并不大。从历史比较的意义上说，在我看来，无论这种积极作用有多大，与西学在中国启蒙中的作用相比，也是不可同日而语的。毕竟，当时欧洲的中国热并没有、也不可能达到中国启蒙时代那种“言必曰西方”的程度。

尽管如此，随着传教士们传入的中国的信息日渐增多，在当时的西欧的确可以说出现了一个小小的“中国热”，认识一下这个中国热，对我们理解中学西渐的本质仍然是有意义的事情。

当时西方人眼中的中国，究竟是什么样子的呢？

基督教向着中国的传播，大约开始于中国的明末，在清初时期曾经有过比较迅速的发展。

在早期基督教在中国的传道活动中，最有影响力的传教士无疑是利马窦(Matteo Ricci，1552—1610)。他并不是最初倡导到中国传教的人，只是最初成功地进入中国的传教士之一，但他为早期基督教在中国的传播所订立的原则，有着非常深远的影响。

明帝国由于一直采取闭关锁国的政策，因此，虽然西方传教士早已进入了中国周围的国家，却一直无法进入中国。当时最热衷到中国传教的是耶稣会士，但他们只能在澳门等待机会。在明万历年间，澳门的一位传教士通过与地方官员的私人关系，以一种变通的方式——穿和尚的袈裟——进入了中国。到了利马窦到中国的时期，耶稣会传教士们已经开始明白，要进入中国传教，就必须与中国的官府建立良好的关系，要让中国人信仰基督教，他们自己首先需要在某种程度上“中国化”，要用中国人熟悉的话语，以贴近中国传统观念的方式让中国人逐渐变成上帝的信徒。利马窦与当时其他的耶稣会传教士这样做了，也获得了成功。但是，由于中国文化与基督教精神巨大的差异，这种成功的程度与传教士的期望之间的差异想必过分巨大。在其他的地方，基督教都能够做到让那里的人们普遍地接受对于上帝的信仰，例如基督教在欧洲本土的传教就是如此，在美洲和非洲也是如此，但在中国，虽然有了一些信徒，但显然并不是中国文化中的精英，反而是一些比较边缘性的人物。为了吸引人们对基督教的兴趣，利马窦改穿儒生的服饰，并将许多西方的科学知识和技术引入了中国。在这样做了之后，终于有一些士人成为上帝的信徒，如有名的徐光启等等。

此后，耶稣会传教士大体遵循利马窦的原则在中国传道。他们将传道的重点放在有知识、有教养的士人中间，一边传播西方人的科学知识，一方面自己也学习儒家的经典和仪礼，并尽力获得官方的支持。他们的这些努力，使得西方人第一次对东方这个神秘的文明有了初步的了解。

随着更多的传教士进入中国，基督教自身各个教派之间的矛盾也被带入了中国。启蒙时代本就是基督教内部大分化、大改组的时期。

基督教内的分裂由来已久。不仅基督教从传播的时代起，在不同地区散乱的传道过程中就出现了许多不同的教义，这种内部的分裂甚至可以追溯到犹太教在中东传播的时期。教会正式出现后，开始出现正统的教义解释，《圣经》本身反而很少为信徒所了解了。从公元1000年到来，而教义所许诺的“千年王国”没有在地上实现，基督教的信仰中就出现了一种理论上的缝隙，以证明上帝的存在为基本宗旨的所谓“经院哲学”就是在这个时代开始发生和发展起来的。教会的管理虽然在制度的支持之下仍然保持着，基督教教士内部的理论分歧却变得越来越严重起来，基督教内部的各种“异端”不断地出现。事实上，从某种意义上说，启蒙思想最初就是以异端教派的形式(宗教改革)出现的。在启蒙思想的冲击之下，基督教内部的保守势力也变得更为极端起来。极度野蛮的“宗教裁判所”正是这个时代的产物。

主持过宗教裁判所的多明我教派教士，这时也进入了在中国传教的传教士的行列。他们的思想和主张自然也带了进来。

对于我们这些不信仰上帝的人或者不是以正统的基督教教会规定的方式笃信上帝的人来说——例如伏尔泰就是如此——这样一种争论似乎只是

一些无谓的争吵，涉及的问题往往只是对于礼仪或者某些过分极端的信条的理解。但是，从他们自己的立场上看待这些争论，这里涉及的是对于基督教信仰来说生死存亡的问题。

宗教改革自身是以许多异端教派的出现的方式进行的。这样一些教派的出现对于教会来说，也提出了某种根本性的问题，那就是教会本身是否应该进行改革。从某种意义上可以说，这是一个关系着教会自身的生死存亡，但从逻辑上说又是无法解决的问题——基督教遇到了真正的危机。一方面，对于基督教来说，在启蒙思想的冲击之下，为了维护对于上帝的信仰，就不得不对教义和各种制度进行改革，以应对理性主义的力量已经非常膨胀的形势。这可以说是教会内部一些比较明智的人士的主张。但是，另一方面，保守派的说法也不是没有道理的，无论他们具体的说法如何，最核心的问题在于，这样改变过的基督教还是基督教吗？在这样改造过的信仰之下的上帝，还是原来的那个上帝吗？如果我们不自欺，就应该承认，改革后的基督教，其本质既然已经发生了改变，就已经不再是原来的那个基督教了。

这种危机在中国的传教士之间的争论中也清楚地体现出来。

在大批传教士进入中国后，以多明我派为首的保守派的传教士们就开始反对利马窦的传道原则，在他们看来，这样传播的基督教，既然容纳了那么多的儒教礼仪和内容，就只能被认为是异端。而他们自己如此热衷于传播科学知识，自身能否算虔诚的基督徒就很可疑，自身就很异端。按照他们的原则，异端的存在是对基督教本身最大的威胁，因此，是必须尽力消除的。

在伏尔泰的时代，在中国的西方传教士正处在这种你死我活的争论当中。这种内部的争论事实上极大地伤害了传道的事业本身。如果就在中国引起的影响来看，利马窦的原则之下的传道对于西学东渐是有着积极的影响的，而保守的基督教传教士却总是在中国社会中引起各种“教案”，引起各种宗教冲突。清代早期曾一度出现了禁止基督教传道的圣旨，其直接的原因也是这种容易引起矛盾的传道活动。

这样的争论反映到传回欧洲的中国形象，就是有着两个不同的中国。

在如利马窦和后来一些有着开放的心态和健全的理性的传教士来说，他们觉得他们发现的，是与自身的文明不同的一种文明。对于一些非常喜

爱中国文明的人来说，面对着中国，他们产生了一种困惑：一方面，中国人显然不信仰上帝，而且，他们发现，让中国人信上帝，尤其是中国人中有教养的那些人，即士人、读书人信仰上帝，是一件很困难的事情。而如果他们仍然坚信不信仰上帝的人就是野蛮人，中国人就应该是野蛮人。但是，当时的中国与西方，与现代或者近代的中国和西方的对比可不是一回事。当时中国的繁荣和文明程度，可不是当时的西方可比的。如果以同样的标准来判断，西方人恐怕就要承认自己才是野蛮人了。对于基督教的信仰来说，这里存在着一些涉及根本问题的困惑：人们既然可以在不信仰上帝的条件下拥有道德的生活，并创造出璀璨的文明，对于上帝的信仰还是绝对必要的吗?

但是，对于一些极端尊崇原教旨的人来说，中国人就仍然只能被认为是一些野蛮人，或者一些只是低度开化的人，甚至认为中国人创造出来的文明，只是一种魔鬼的文明，这样的文明程度越高，只能对上帝的事业的危害越大。

当这样两个不同的中国进入欧洲人的视野的时候，启蒙思想家们几乎是毫不犹豫地选择了利马窦原则透视之下看到的中国。与启蒙思想对立着的教会，当然选择了另外一个中国形象。它制定出一系列在中国传道所必须遵守的原则，这些原则一言以蔽之，就是要求严格地遵循原教旨意义下理解的基督教义。这样一种做法事实上严重地损害了基督教在中国的传播。

在伏尔泰的时代，由于莱布尼兹等启蒙思想家的积极工作和倡导，在西欧世界的确可以说出现了一个小小的“中国热”，出版了不少关于中国文化的书籍，而且，与中国启蒙时代引用西方文化的时候一样，虽然也“客观地”指出中国文化中的一些不足之处，但是更多的还是赞美，而且包含着许多的溢美之辞。这样做为了指出并谴责当时欧洲世界的各种弊端的目的是很明显的——这种目的与中国启蒙引用欧洲或者西方的目的也很类似。

传教士们在中国的争论，也为启蒙思想冲击教会的思想专制提供了方便的武器。伏尔泰对于这种在中国的传教士之间出现的冲突，极尽调侃之能事。这样的反应是很自然的，因为他的根本主张就是宗教宽容。在他看来，这种教派之间的争论本身都属于枝节问题，只要这种争论还能够保持在理论讨论的范围内，还是可以容忍的，但是，如果演变成互相之间的打击甚至迫害，就应该严格禁止了。他们唯一能够取的正确态度，就是在各行其是的同时也承认他人有各行其是的权利。而教派之间的冲突也自然地说明，这种信仰本身并不是如教会认定的那么确定，而是存在着许多可以讨论的内容的。既然如此，教会凭什么如此专制地对待与教会公布的信条不同的信条的怀疑，凭什么否认思想自由的主张存在的权利呢?

这个时期的西学东渐和中学西渐的基本方式，就是西方的传教士直接到中国传道，而中国自身的文化，只是由这样一些人通过信件间接地传递回去的消息。从这样一种交流方式上看，似乎应该是中国人对西方文化的精神的了解比西方人对中国文化的精神的了解更多一些才合理，因为毕竟，在这样一个交流过程中，西方人是在主动地推行他们的信仰，并且大量地接触到中国人，而西方人对中国有直接经验者事实上只是极少数。但是，事实上，在中国，却并没有出现欧洲世界期望的那样一个“西方热”。而且，从当时一般的情形上看，西方人在中国传道的过程并不顺利。虽然在大批传教士进入中国之后，信徒一度也达到百万人的可观数字，但是，这样一些信徒放在中国这样一个巨大的国家里，仍然只能造成一些孤立的、地方性的影响，这离传教士们的理想有太遥远的距离。当时的传教士们已经发现，要想让基督教在中国也如在西方一样，成为中国人的普遍信仰，甚至成为“国教”，变成如在欧洲一样的作为文化整合的核心，他们必须取得官方的配合，最好是皇帝本人的支持——许多传教士的确是在做着这样的努力的——同时，他们也必须首先吸收士人或者说读书人作为他们的信徒，因为他们对于普通的民众有着深刻而广泛的影响力。

然而，传教士在士人中的工作只能说并不成功。事实上，不仅如多明我会这样一种极端教派的传道不可能成功，即使是按照利马窦的原则的传道，虽然我们说取得了一些积极的成果，但从总体上说，其成就也是非常有限的。

这与中国文明自身的传统有着直接的关系。这是一种与西方文明有着不同本质的文明，自身有着稳固的结构，又有着在悠久的历史中产生出来的深厚的文化积淀，在这种情况下，基督教试图通过单纯的话语传播的方式让中国人普遍地接受上帝的信仰，是过分困难了。而且，如果我们没有忘记基督教的历史的话，就会发现，基督教的大规模传播，总是以武力来

开道的，在欧洲是如此，在美洲也是如此。一种信仰的和平传播并不是不可能的，但那需要时间，也需要这种信仰与被传播的文化有一些必要的契合。

第二节　传教士遭遇到的传统中国

总体说来，基督教在中国的早期传道活动是和平的，它属于一种比较纯粹的宗教文化活动。

基督教的传教活动如果像佛教那样，一方面在教义上使自身软化一些，对以儒学为核心的礼教精神——其核心的概念是忠孝——作出一些让步；另一方面，服从朝廷的权威，尤其是承认皇帝的神圣性，将自身比较严格地限定为一种比较单纯的文化领域中的宗教，基督教在中国获得比较多的信徒，应该说还是可能的。

但是，基督教自身与佛教是不同的。这里还不仅是说它们的信仰或者组织形式等的不同——这种不同是很明显的——这里所说的不同，更是这样两个宗教在其文明结构中所处的地位的不同。佛教虽然产生在印度文化圈内，但在印度本身，它事实上从来也没有成为一统天下的主导性宗教。虽然也曾在印度兴旺过一段时间，规模也变得相当大，但在印度，占统治地位的始终是印度教。中国人从“西天取经”的说法中很容易产生印度是佛教国家的误解，但误解就是误解。佛教是比较典型的所谓墙内开花墙外香。佛教在东亚和南亚地区都有非常广泛的传播，在当地的各种宗教中也往往处在最大的宗教的地位，但除了在一些小国家之外，它并没有获得过独霸天下的地位。佛教在这样一种情形之下，也学会了与其他的宗教和平相处，自身中也派别林立，各个派别之间虽然有时也会有相当激烈的争论，但是佛教似乎从天性上说，就是比较能够容忍的，不仅从教义的方面说比较宽容，自身的信仰也是多神的，而且，也没有形成基督教那样一种统一的层级式教会，在与其他宗教相处时也不是那么霸道的。

而基督教则不同。这是一种“战斗的”宗教。作为一种一神教，它不可能如佛教进入中国或者东亚那样作出妥协。佛教传入的地域，主要是中华文明的主流地带和它的亚文明地带，就是说，基本属于礼教文化和受到礼教文化相当深的熏染的地区。从礼教文化自身的特点来说，是一种比较能够包容不同的信仰的文化，而佛教自身的这种不是那么严厉的信仰在面临儒家文化或者说礼教文化的时候，互相之间的妥协就比较容易发生，佛教比较能够与整个地区的文化和解，而礼教也比较能够容忍佛教的出现和存在。于是，我们看到，在中华帝国中，出现的就是一个以儒家精神为高端话语，而佛教的传播主要在社会下层这样一种类似分工的状态。而且，在中国文明的下层社会中，佛教之外的其他宗教还有一些。

从中华帝国的社会结构方面说，一直存在着上层的全责政权组织和下层的以家族形式存在的社会自治组织共存的格局。儒学虽然是整个中华文化的统一话语，但是，其核心的内容，仍然是以忠孝仁义为主要概念的治国之术，只要不涉及政权的权威，自治社会中的具体话语，只要不否认忠孝仁义的基本价值，始终都是被允许存在的。

基督教面对五花八门的文化时一贯的做法都是快刀斩乱麻，它从来不选择与任何文化妥协。而如果我们思考一下就会发现，在基督教传播的过程中，比较顺利地接受了这种信仰的，在当时的欧洲，其实都还不能说是民族，就是说不是现代意义上的民族，而是一些部族，一些仍然处在原始文化时代，或者只有浅化的文明的部族、刚刚脱离原始文化时代不久的部族，他们不仅自身的规模比较小，其文化的积淀也并不深厚。在这样的情况下，基督教坚持自身的教义纯洁性的传播方式，也完全是可能的。此外，我们前面也说过，基督教开始时是穷人的宗教，宗教团体的出现，是为了通过互助而让没有了生存资料的人活下去，以一种话语来维护一个团体的存在，使得它对于信仰的要求不能不变得非常严厉。基督教的正统教义正是在这样一种基本的形势下变得僵硬无比，其逻辑式的严密在教义中表现得淋漓尽致。

当这样一种僵硬或者坚硬遇到中国文明这样一种柔软和稳定的时候，出现的就是我们在历史中看到的基督教在中国传播时清楚地表现出来的尴尬。

中国文明的结构，与西方文明的基本结构的根本区别，就是我们刚才所说的，公共权力的结构方面的区别。

在中国，暴力、话语和财富这三大权力是呈一元化的状态存在的。在这样一个结构中，儒学作为一种话语是完全在政权暴力的控制之下，而且完全为这样一个暴力组织服务的。换言之，如果将儒学也视为一种宗教，

则这个宗教所信奉的真正的神就是作为世俗政权的领袖的皇帝——他被视为“天子”。而同时，政权也控制着整个的社会财富，在“普天之下，莫非王土，率土之滨，莫非王臣”的原则之下，政权虽然并不直接地计划或者管理着国家整个的经济活动，但是它有着不容置疑的任意地、不受监督地动员整个国家的人力、物力的权力。

这样一种结构与西方文明中暴力、话语和财富呈现三分的状态形成鲜明的对照。在西欧的中世纪，始终存在着政权暴力与基督教会势力之间的分野，而城市财富也在政权和教会势力之外相对独立地存在着。从基督教自身的本质看，是一种比较单纯的话语权力，虽然它有自身掌握着的巨大财富，还有普遍存在的什一税作为自身权力的经济基础，但它控制他人——包括各个地方的政权和城市——的基本手段，仍然是利用信仰所赋予它的权力的。但是，这并不是说它没有控制政权暴力和所有财富的野心。事实上，它与政权和城市的争斗始终在进行着，而且相当地激烈。但是，如果我们从一个更为宏阔的角度来理解这样一种争斗，就会发现，这在本质上是社会生活中各种不同的公共权力之间的一种监督或者制衡，这种斗争使得政权暴力不能形成绝对的专制，而政权在与教会的这种斗争中也争取与教会有矛盾的异端或者一些有启蒙思想的人物作为同盟军。在暴力之间的这种争斗中，城市成为各方争取的对象，城市自身也反而在这种夹缝中获得了发展的机会。

基督教是一种在公共权力“三权分立”的基本格局下形成的话语权力。它与政权的争斗，以上帝的名义斥责政权的暴政和野蛮，斥责财富的贪婪和不仁，已经成为其固定话语的一部分。就是说，虽然它是一种作为话语的宗教，但是，它始终是关心政治的，关心社会的世俗生活的——这一点与中国传统社会中佛教的宗旨显得特别地不同——而且是与官方不合作的——这也与佛教很不同。

当这样一种持极端教派教义的传教士在中国这样一个只习惯话语权力为自己服务的政权控制下活动的时候，它们之间的关系会是一个什么样子，是不难想象的。教堂在中国建立起来后，这些传教士会自然地按照他们在西方的习惯，让信众成为教堂的附属物，而完全或者部分地脱离官府的控制——与官府对抗几乎是他们有意为之的作为，而为了扩大教会的力量，他们也会与地方上的豪强大户的关系紧张起来。这种与其他宗教不同的做法很容易产生他们与官方和地方上各种势力之间的紧张关系。而由于他们的信仰对于中国人来说，是一种外来的东西，在开始的时候自然会让人感到怪异，因此，在吸收教徒的时候，首先归附他们的，往往是社会中一些比较边缘性的人物，这些人往往本身就是不安分的人。或者，更直接地说，往往是一些“游民”，即被村落或者城镇生活中的传统血缘组织、全责组织边缘化，带有游离于原始社会组织之外的倾向的那些人。对于教会与中国传统社会的紧张关系来说，这样一些人成为教徒无异于是火上浇油。

从宗教信仰的意义上说，传统文化中的中国人，可以说既是非常开放的，又是极度顽固的。从信仰本身来说，中国人自身的宗教定见并不强。作为主流话语的儒家精神并不那么强调神秘存在或者对于这种神秘存在的信仰。因此，任何一种神佛，都很容易获得百姓的信仰。在连续性的文明进展过程中，中国人的以祖先崇拜为基础的宗教观念还没有真正脱离多神教的范畴，甚至可以说，许多原始宗教中的化石仍然现实地存在着。我们知道，从历史上看，成熟宗教的出现大体经历了三个阶段。人类最初的神秘活动是巫术，这是一种以人的话语和行动来干涉神意或者天意的前宗教活动。后来，就出现了以卜筮为主的、以猜测神意或者天意为本质的准宗教活动，最后才是以祈祷为基本活动的典型宗教。而在中国的民间社会，虽然有了佛教这样经典的宗教，但卜筮甚至巫术也并没有真正绝迹，甚至可以说还有相当广泛的信众，许多的佛徒也从事巫术和占卜这样的原始神秘活动。对于信众来说也是如此，原始宗教的存在，使得中国人关于宗教的理解中保留了许多本属于原始宗教的想法。在对于菩萨的崇拜中，如果不出现抽签这样的卜筮行为掺杂其间，和尚作法事如果不带着巫术意味的性质，想要广泛地吸引信众，恐怕是会很困难的。这样一种宗教文化的特点使得中国人对于“一神教”的精神缺乏最基本的意识。在中国人的意识形态中，最核心的话语不是在这种经典的宗教话语中存在着，而是在一种准宗教的，或者说，有着强烈的政治意味的“礼教”，即以祖先崇拜为本质的敬天思想中存在着。早期的基督教传教士，如利马窦等等，将天或者天帝理解为与基督教的上帝有着共同本质的神祇，虽然不是完全没有道理的，但总之是并不恰当的。礼教中的“天”虽然不就是自然界的天空，但是，却也并没有真正脱离自然界的天。天帝的说法虽然也会给人天是一种如上帝

一样的人格神的意象，但我们知道，“帝”虽然在现实的社会生活中成为君王的称谓，自身本来的意义却是非常抽象的。帝的本义是“谛”，即听，是在无声中听到的声音。帝的称呼在开始的时候是用来称呼大巫师的，因为他们能够听到天籁之音，或者说，能够听到“无声的”神意。不仅帝自身因为“通神”而具有了神圣性，由于帝自身的这种通神特性，而使得“天”自身也具有了神圣性，“天”因“帝”的称呼而成为神秘的存在。虽然民间神话中，有着玉皇大帝之类的人格神，但他与礼教中所说的天帝却并不是一回事。在祖先“殡天”的说法中，天帝似乎是人格神，但从三皇五帝的说法中，帝显然是由人变成的，似乎又并不就是“天”。总之，在礼教中，天的概念是模糊的。尤其与传统的基督教信仰中的上帝相比其人格神的意味是非常模糊的，而上帝的人格神的意味是非常清晰的。而在民间，则有着与礼教不同的信仰。无论是仙、是佛，还是妖魔鬼怪，对于中国人来说，其实都是神，而且都是人格神。中国人对于这样一些人格神的信仰也是真诚的，而且是不拘一格的。各路神仙之间找不到逻辑上的联系，也没有人会为这样一些事情操心，人们崇拜他们，都是为了给自己祈福。只要他们能给人带来福祉，而且往往就是眼前的某个福祉，他就理所当然地受到崇拜，至于这位神仙或者鬼怪是什么来历，他与其他的神怪有什么关系，真是没有什么关系。中国人对于鬼神的迷信其实是很深的，即使是宣称自己不信这个神的人，也绝对不敢轻易地亵渎或者得罪他们。而这样一种多神崇拜的迷信之所以不会如世界上其他的地方那样带来文明的分裂或者社会秩序的混乱，正是由于有那个自身非常模糊的“天”的存在。这个天的概念自身虽然非常模糊，但“天意”却非常的清晰，那就是以忠孝为核心的礼的道德精神或者说基本价值。礼或者如现代人所称呼的“礼教”——这个教往往被理解为宗教的教，但其实在我看来最好理解为教化——从神秘行为的意义上说具体地体现在祖先崇拜中，在世俗的生活中则体现在以服从——以服从“上”为直接要求的个体对于整体的服从——为基本要求的道德和法律的行为规范中。在有了这种统一的话语、统一的价值作为基础之后，任何神秘存在就都变成无害的了。

当基督教传入中国的时候，对于中国人来说，在本来就非常众多的神祇之中，再加上“上帝”这么一个神，并不是什么难事。即使什么人同意了做一个基督徒，他也完全可能同时还在崇拜其他的鬼神。但是，问题在于上帝的信仰是一神教的，它不允许信徒再信仰其他的神，甚至连祖先的崇拜也是不允许的，这就触到了中国人文化心理中最基础的东西，反而对上帝的信仰产生了一种疑惧。

对于中国文明来说，由皇权掌握着的权力不仅有话语，还有物质性暴力和财富，它们与话语一道维护着文明结构的稳定。在这种情况下，将人们集合起来维护基本的社会秩序的手段就是多方面的，儒学提倡的基本价值的信念固然是重要的，但还可以通过法律暴力和对于财产的控制，就是说，还可以——甚至更主要的是——通过对人身财产的生杀予夺的权力来进行。在这种情况下，话语自身就可以不必那么专横。甚至，为了使得与话语一体性地存在着的物质性暴力和财富对人的控制不显得那么赤裸裸、那么坚硬而不通人情，话语似乎还应该让自己的身段比较柔软，让暴力的统治显出一种温情脉脉的状态。因此，任何话语，只要不与儒学的政治理念发生冲突，一般都是可以容忍的。佛教、道教以及许多说不清、道不明的怪力乱神，在中国都不难找到信徒。但是，即使是佛教这种提倡“出家”的宗教，也是在经过改造，认可了“忠孝之道”的合理性之后，才在中国真正传播开来的。基督教的信仰要求中国人放弃祖先崇拜，放弃对皇帝的神明般的敬仰，要想在中国顺利地广泛传播，实在只能是梦想。这样一种信仰与中国文明的基本结构之间存在着一种颠覆性的矛盾关系。因此，基督教在中国传教活动的早期，教士们与朝廷的关系也总是反反复复，朝廷对这种宗教时而和解，时而严厉，似乎总是拿不定主意，也没有确定的原则。不了解其中关窍，我们往往会迷失其中不得其解。其实，问题很简单。如果是一种文化意义下的宗教，政府是容忍的，甚至也可以鼓励和提倡。满族人入关之后，对宗教一直采取提倡的态度，无论何种宗教都可，在他们看来，一般宗教都是提倡道德、提倡容忍、提倡和平和服从权威的，因此，对他们的统治是有利的。基督教几乎可以说是清廷唯一禁止过的宗教(白莲教等在我看来不是典型意义上的宗教，而是“教门”，其本质是帮会。这个问题与我们这里的讨论无关，恕不展开讨论。)，实在是因为它过分地干涉了政治。

历史也为我们的这一看法作出了有力的注脚：基督教在中国传教的权利是在鸦片战争清政府失败之后的不平等条约中被最终确定下来的。

然而，我们也看到，即使传教已经合法化，传教士的人数也大大地增

加，他们的活动也不再会被官府和地方势力公开地阻挠，但基督教在中国，仍然没有改变其为一种地方性的、影响范围相当有限的宗教的命运。

中国文化与基督教的格格不入，是一个非常明显的事实。

即使在今天，基督教在中国"文化人"中的信徒仍然寥寥无几。

在中国文明的基本结构中，士人处在最核心的地位上。现代中国知识分子，被认为是必须附着在某张"皮"上的"毛"，但是，作为现代中国知识分子前身的士人在传统中国社会结构中的地位，不仅不能被视为"毛"，甚至也不是一个肌体上的"皮"，而是这个肌体的骨骼。作为一个全责组织社会，中国文明的理想结构就是以一个唯一的组织将整个社会组织起来的结构。在传统农业经济的条件下，由于受到技术条件和经济条件的限制，这样一种理想状态仅仅在非常有限的时间内在有限的地区、有限的条件下实现过，例如在商鞅变法时代的秦国。在帝国文明一般的条件下，中国社会维持在上层全责政权组织，下层全责血缘组织的结构之下，而士人或者说士阶级，则成为将这样两个组织结合为一个整体的中介。中国传统社会中的士阶级，一方面是政权组织中的基干，另一方面，则是社会自治组织的领袖。

这是一个非常久远的传统。我们看到，三代以士（国人或武士）与庶人（野人）来区别征服者和被征服者，形成了最初的士阶级。士阶级从中国进入文明时代起，就是国家的基础，他们一方面构成贵族的底层，另一方面，则是基层社会生活的中坚。从春秋战国时代开始，士阶级的主体完成了从武士到文士的转变，此后，在漫长的帝国时代，士阶级始终保持着一方面是政权组织的基本成员，同时又是社会生活中的领袖这样一种基本的地位。从宋明时代开始，士阶级完全脱离了血缘贵族的本质，人们也开始用"读书人"来称呼士阶级。可以说他们构成了中国社会中的官僚和官僚预备队，将政权组织和民间生活有机地联系起来。在这种全责组织社会的基础上，中国的社会公共权力以一体化的方式存在，就是说，政权组织不仅是政治暴力的代表，也是话语权力的代表，从理法的意义上说也是中国所有财富的所有者。在这种情况下，如果说中国的士阶级由于是政治贵族从而也成为"世俗贵族"的话，在政权同时是话语权威的条件下，他们也是"精神贵族"。总之，从中国进入阶级社会或者说进入文明时代起，如果一种宗教不能得到士人普遍的支持和信仰，这样一种宗教就不可能深入到中国文明的核心或者基础上，无论它在普通的民众中获得多少信徒，也无法真正影响中国的命运——而且，真正说来，如果得不到士人的广泛支持，它也不可能获得广泛的信众。

而从中国士人的这种“亦官亦民”的基本地位来看，让他们信仰基督教这种以纯粹的话语权力代表作为基本身份的宗教，是非常困难的事。即使一些士人在“在野”的时候可以有限地接受一些基督教的信条，在他进入“官场”之后，就是说他一旦真的有能力来推广这种信仰的时候，无论他是否愿意，都只能选择不再做一个基督徒。

中国近代史上有名的在基督教思想影响下发生的太平天国起义之所以会失败，最根本的原因之一，就在于没有得到士阶级的同情。虽然清政府自身的动员体制已经没有力量镇压太平天国的武装力量，但它最终还是利用士人的支持将这场运动镇压下去了。中国历史上的民变，在一个朝廷已经失去人心——严格说应该是失去士心——的时候，往往会有大批的士人参与到民变之中，而这往往就直接意味着这个朝廷寿终正寝。中国历代的社会动荡中都存在这种现象。而当时的太平天国运动，不仅始终没有吸引住士人，反而引起了士人相当普遍的反感，这与他们过多地借用了基督教的语言有很直接、很重要的关系。

总之，以基督教为前导的西学东渐，对于中国的影响，事实上很小，即使是基督教和其他的一些西方科学技术和思想对中国士大夫的影响也仍然十分有限，因为当时的士阶级还没有感受到西方文明对中国文明传统的巨大威胁，这种危机感要到西方人用炮舰打开中国的大门之后，才在士人心中形成有力的冲击。而试图用科学知识将士人引入基督教的信仰，无论这种做法是否会得到教廷自身的认可，在中国的士人中间也不可能产生广泛的信徒。中国的士阶级对于有关自然界的知识有一种与生俱来的鄙视，因为在他们看来，这是“劳力者”的知识，而不是“劳心者”的知识，因为中国文明的原则就是劳心者治人，劳力者治于人的，科学范畴内的知识于是都被视为“奇技淫巧”，真正的有德之士，沉浸其中，只会“玩物丧志”，是要避之唯恐不及的。

相比之下，传教士发回欧洲的关于中国现状的消息，对于启蒙中的西方人的冲击恐怕还要大一些。

但是，也正如中国的士人之无法理解基督教精神一样，西方的传教士

对儒学或者说礼教传统，也是不得其门而入的。虽然他们翻译了许多典籍，对于中国的历史也下了许多的工夫，但一方面，毕竟时日尚浅，另一方面，则是因为这两种文化之间的差异过分巨大，相互间有巨大的冲击，让这样两个文化在冲突中融合，互相之间做到能够相通，恐怕是不那么容易的。

下面，我们就来具体地讨论伏尔泰对中国的看法。从中，我们不难看出两种不同的文明在接触中不可避免地出现的各种误解，以及通过这种积极的误解带来的各种启发。人类的世界，也许始终就是在这样一种误解性的接触中发展和进步的。

第五章　读《哲学通信》

在巴黎 19 区政府门前，有一个相当大的公园，叫做 Buttes Chaumont，也许可以翻译成“说梦丛林公园”。在巴黎这个寸土寸金的地方，出现这么大一个公园是不容易的。对一般的游客而言，这在巴黎并不是什么著名的景点，但从文化的意义上说，这个公园却的确是值得一游的。

在法国人的眼中，上帝这个造物主是一个伟大的几何学家，因此，当他们按照天堂的模式构造地上的花园的时候，几何式的对称图案几乎成为永恒的原则，在凡尔赛、枫丹白露或者香堡等城堡园林中，我们都能看到这类按照几何学原则设计出来的花园。但是，这个说梦公园是一个例外。园中的小湖没有被修建成圆的、方的或者十字架形的，而是以一种天然的形态展现在人们面前；一条细小的泉水从花园蜿蜒穿过，而不是在法国花园中常见的笔直的水渠；树木和花草也没有被修剪成笔直的树墙或者优美的图案，而是沿着泉水和崎岖的小径散落在各处，时时会不知不觉地走上横跨小溪的木桥——现在已经是用水泥做成的仿木形状的了——小径会把你引到堆成的小石山上，山上有亭翼然。

从文字的描述看，我们会以为是在描绘一个中国的江南园林。

的确，这座在 18 世纪建成的公园，在设计时据说是参照过中国的传教士的书信中所描绘的中国园林的构想的——当然这不是唯一的参照，这个园林的所谓“英国花园”的意味也是相当强烈的，而那个山顶上的亭子，自身有着伊斯兰风格——虽然将亭子建立在山顶这样的设计是相当有中国味儿的。

它不是任何法国之外的一种文化在法国的简单移植，而是法国的艺术家们在吸收各种外来文化的元素的基础上的一种创造。这也许可以告诉我们，应该如何看待法国人对外来文化的态度。法国人对外来文化的心理是开放的，对于任何新奇的东西，他们都保持着一种积极的好奇心，很少以保守排斥的态度来对待。但是，他们自身文化的基础又是如此厚重，他们自身在创造和思考的时候自身的逻辑是如此强固，任何外来的文化在进入法兰西的土地之后，以星星点点的元素融入到法国文化中的时候，自然地就变成了一种"法国味儿"的东西了——就如在法国的中餐馆，想在那里吃到地道的中国味儿的饭菜，肯定是不容易的，如果要讲吃饭的仪式或者程序，那就更是要遵从法国的习惯了，什么"头菜"、"主菜"的，真不知道是中餐还是西餐。同样的，如果不是特别地提出来说明，我们自己去看说梦公园，是很难发现其中的"中国元素"的。

这也许可以当做一种写照，我们在讨论伏尔泰与中国文化的关系时，对看到的"中国文化"，是需要认真地进行辨认的。

让我们先来看看法国人的——伏尔泰的——对外来文化的一般态度。这在伏尔泰的《哲学通信》中表现得特别集中和典型。

第一节 伏尔泰对外部文明的基本态度

比较性文化批判的两种态度：参照系与例证

伏尔泰写《哲学通信》的时候是32岁，是一个"开始成熟"的年龄。这应该可以说是他的第一部哲学著作——虽然称作《哲学通信》，我们还真不容易在其中发现我们习惯中所看到的哲学的样子。这可以说是法国人思维方式的自然流露，法国哲学很少有德国哲学的那种艰涩，而在我看来，伏尔泰对于哲学的理解格外地偏向于平易，而他对于哲学的平易化的理解，在这部哲学著作中也表现得格外明显。其实，中国人自身也并不是那么习惯思辨哲学的方式的，只是我们现代所学习的哲学往往受到德国哲学深刻的影响，以至于觉得，不是德国那样的哲学，就不能算是哲学了。

读伏尔泰的《哲学通信》，已经可以清楚地发现他晚年的著作中那种笔法的老到，他的思想的基本原则也已经成熟。只是，如果就他的中国知识来看，当时恐怕还很少，也没有真正感觉到中国知识对他的主张所能够起的那种重要的作用，因为在他后来的著作中，中国的知识会不时地出现，在讨论其他问题的时候经常似乎不经意地冒出来，但在《哲学通信》中则没有，只是在谈到种牛痘的时候有这么一笔，虽然对中国文化的推崇已经在字里行间出现了："我听说一百年来中国人一直就有这种习惯(指种牛痘)；这是被认为全世界最聪明、最讲礼貌的一个民族的伟大先例和榜样。"①

《哲学通信》也称《英国通信》，是他到英国旅居期间以书信的方式写的一本书，既可以视为他对于当时英国文明的看法，也很容易看出他借英国来说法国的事的企图。他所要说的事情，其实仍然是信仰自由或者思想自由的问题。他并没有全面地介绍英国，而只是就宗教、哲学、文学以及有关的一些东西发表了他的看法。他对英国的观察，时人认为非常准确，这本书大约也可以视为伏尔泰众多的著作中历史影响最大的著作之一，但我在这里，毕竟不是要讨论英国的问题，而只是希望通过他观察英国问题时的视角来看看他借用外国文明或者文化批判法国自身现实所使用的方法和他对于文化批判的基本态度。

我们中国人都很熟悉以外在的视角透视本国的现状的方法，因为这可以说就是中国启蒙所使用的基本方法。但是，我们应该注意，中国启蒙的这种方式与伏尔泰的方法虽然表面上非常相似，从批判的目的上说也大体相同——都是要批评专制主义，尤其是文化专制主义的弊端——但是，从批判所设立的原则来看，仍然是非常不同的。在中国式的批判中，"西方"是作为批判所必须设立的"理论"参照系出现的，而对伏尔泰来说，英国也只不过是在理想的理论参照系已然设定了的前提下出现的一个"例证"而已。伏尔泰在英国通信中其实对英国有诸多的批评，有时那种调侃的语气也颇为刻薄。但与中国启蒙中对西方的那种"批判"态度，是有着本质的不同的。在中国，如果要批评中国的现实而引用西方，必须将西方描绘为一个完美的存在，而如果什么人指出西方社会中存在着的弊端，那其实是在为中国的现实做辩解。理解这样一种基本态度，对于我们理解伏尔泰对待中国的态度，是很有帮助的。

作为对这样一种态度的总体的看法，我在绪论中事实上已经讨论过。现在，我们就以《哲学通信》为例子，比较细致地讨论一下这个问题。

---

① 伏尔泰：《哲学通信》，53页，上海：上海人民出版社，2005。

对于一种批判，或者说一种自省来说，首先立定一个参照系是无法避免的。问题只是在于立定的是一个什么样的参照系。

在中国的启蒙中，“西方”就是中国文化自省的“理论”参照系。什么是“理论参照系”？理论参照系就是在自省的过程中首先确立的批判性的理论前提。在基督教文化熏陶下的西方人的一般思维方式中，“天堂”的法则就是认知或者批判现实世界的理论参照系或者说理想参照系。这种“天堂”可以在信仰主义的意义下来理解，也可以在比喻的意义下来理解，例如，在马克思批判资本主义的现实的时候，共产主义这个“人间天堂”的理想世界就是他的批判所设立的理论参照系，将现实与这个理想进行对照或者说比较，就可以揭示出现实的不合理性，不公正性等等。这个理想参照系是作为人类历史道路的“未来”设定的，是人类现实社会运动的终极目标，指导着人类进步的方向。

在中国的启蒙中，西方会成为中国文化自省的理论参照系是因为中国启蒙所代表的那种自省，不是在中国文明自身的发展过程中出现的，不是在中华文明自身进步和发展的过程中出现了无法解决的矛盾，在自身文化的思考中出现了自身发展的理想目标，并以这样一种自身设立的目标作为自省的批判的理论参照系，而是在西方人的入侵中，在中国文明在生死存亡的关头发生的“救亡”，因此，西方这个敌人就成为透视中国文明自身本质的出发点，成为中国启蒙的自省的“理论”参照系。然而，西方世界虽然是作为中国的“未来”设立的，却“事实上”只是与中国并行的另外一个世界。

并不是说中国文明发展直到鸦片战争的失败就一直是没有任何内在化的自省的。相反，作为一个人类社会，内在的自省，就是说，通过从自身文化的内涵中设立的理想目标出发来认知或者批判现实的世界，是一种基本的特性。人是一种自我意识的存在，人的任何思考，一般说来都是自省的，就是说，有一种从“理想的”观念出发对于自身本质的认识结构，这是人类自我意识的一般结构。问题的关键在于理想的观念或者说批判的前提是如何产生、如何设立的。我们在绪论中讨论过这个问题，我们在那里指出，中国传统方式的自省，总是以“以往”的理想王国，即想象中的三代大同世界作为理想的参照系进行的。由于过去的存在是一去不复返的，这种“理想”与一般作为“未来的存在”的理想就有了根本不同的本质，中国传统的文化自省，就虽然有一种通过理想参照系对现实的“谴责”——虽然谴责也可以说是一种批判，但是，这只是一种“消极的批判”、外在否定意义上的批判。就是说，谴责并不意味着对现实进行“改造”，而多半流于“感叹”，表现出来的只是一种无奈的情绪，至多，通过这种以“人心不古”的话语进行“承认现实”的思考从而采取反映这种现实的政策或者措施。总之，这种批判与“革命”——现代意义上的社会革命，而不是中国传统的帝王革命——是绝缘的。简单地说，在这种“理想参照系”的观照之下，人们有着与西方人的批判一样的对于现实的“不满”，却不包含改造现实世界的努力；有着对于理想世界的向往，却没有进步的激情。

例如在西方的启蒙中，是以人道主义或者说人本主义的观念作为批判的参照系进行的，而人道主义虽然说从本质上讲是从基督教的天堂学说中脱胎而来的一种理想，是从上帝承认人的自由、在上帝面前人人平等和上帝对于人类的博爱等概念中产生出来的，但这种“现实的理想”的性质使得人道主义与神本主义成为一种完全对立的概念。然而，人道主义的概念仍然承袭了基督教天堂学说的“未来世界”的本质，也与天堂学说一样是一种批判现实的理论参照系，而在这种新的理论参照系的观照之下，这个世界的不公平、不合理，已经呈现出了与在基督教的观照下不同的面貌了。而人道主义并不仅仅是对于基督教文化笼罩下的现实的不满，它还提出了具体的努力方向和现实的目标——自由、平等、博爱，成为人道主义精神具体的追求。

中国人在大同“理想”下的自省方式与西方人以超越性的存在为参照系的自省的不同是一目了然的。

伏尔泰的自省，虽然使用了英国以及中国和许多其他的外来文化作为参照，但是，这种参照只是一种作为“例证”的参照，而不是一种“理论”的参照。他对自己的理想目标，即一个以信仰自由、思想自由为基本原则、基本价值的世界的参照系，是在他还没有看到英国和中国的时候早就已经确定了的。

作为所谓“例证”的参照系与理论参照系的区别是很明显的。理论参照系是进行自省式批判的一种“先验的”原则，而例证是在理论参照系本身已经存在的条件下的一种参照物。

在这里说“先验的”没有其他的意思，只是要指出，在这里，这种作为

批判所依据的原则，是无论如何也不可以、也不愿意违背的。而同时，在人们以批判的眼光看待现实的世界的时候，也是自然地以这种理论参照系作为原则来进行的。

从一般认识的意义上说，人类所看到的，只是自己所能够看到的，这其实也就是说，人们看待事物，就是以这样一种"先验的"原则作为认识世界的参照系的。具体说，一种现象，只有人们在已经对其有所理解的条件下，才会发现它，否则，就是如俗话所说的，我们对它们是"视而不见"的。以伏尔泰的《英国通信》为例，英国早就在那里了，到英国去的法国人，伏尔泰当然不是第一个，也不会是最后一个。但是，只有伏尔泰写出了《英国通信》，而伏尔泰对英国社会的本质的概括，不仅让当时的法国人对一个以信仰自由为原则的社会制度有了一种直观的认识，即使是对于当时的英国人本身，这种归纳也是一种震撼，是对自身本质认识的一次有意义、有价值的概括。如果不是伏尔泰自身对信仰自由、思想自身本身有着强烈的向往，他在英国就不会看到这种本质，因为对一个初到英国的外国人来说，各种新鲜事物总是纷纷扬扬地你方唱罢我登场，在目不暇接之余，哪里还有能力立即一语中的地归纳出一种新时代的新本质呢？就是说，在伏尔泰去英国之前，心目中其实已经有了一个理想的世界，在这个世界中，人们的信仰自由和思想自由是得到保障的，人们受到社会尊重的理由，不是看他们的出身，而是看他们对社会的贡献，等等。而他到了英国之后，却惊喜地发现，英国正是一个非常接近他的"理想国"的土地，虽然从细节方面说，还存在着许多不足之处，而从历史方面说，英国的这种理想局面的出现有着一些偶然的因素，但是，发现这样一个接近理想国的土地，已经足够让人兴奋莫名了。

就如在中国的启蒙时代，虽然许多具有启蒙思想的人到国外经历过，但真正的启蒙思想家，有影响的启蒙思想家，其实极少有过西方生活的经历，至多是作为留学生有些短暂的经历，"西方"对于他们，都是一种"理论性"的存在。他们所看到的"西方"，或者说真实地感受到的西方，其实还是来到了中国的西方人和西方的工具——武器，看到的是他们的强大。在试图理解和探索西方文明的本质的过程中，可以算得上比较深入地了解，是通过翻译和阅读西方人的一些理论作品。而这种通过书籍进行的了解，或者说，透过这些理论的东西试图寻找的，是西方"强大"的原因或者说中国软弱的原因、失败的原因。而在他们的心目中，这些西方来的理论也就自然地构成了一个理想的新中国的基本框架，这样一个强大的中国，这样一个理想的中国其实是通过西方人的理论作为原则，而参照着西方的现实设想出来的，而这对于他们来说，就足以构成他们批判自身或者说进行文化自省的理论参照系了。

以伏尔泰的《英国通信》(即《哲学通信》)为例，从表面上看，伏尔泰在他的每一封信里，几乎都不是对英国文化方面的成就一味歌功颂德的，在批评法国现状的同时，也总是会对一些他认为优于英国的现象加以颂扬。

如果按照我们习惯的说法，他似乎是在很“全面地”看问题，但是不要忘记，任何文化都不可能是十全十美的，有“优点”，也有“缺点”。如果我们把伏尔泰的这种态度与中国启蒙中我们也常常看到的对于西方文化的颂扬和批评，对于中国传统文化的颂扬和批评的态度进行比较，就可以清楚地看出真正的区别所在。

我们刚才说过，从实践上看，在中国启蒙中，如果一个人坚持启蒙的观点，在谈到西方的时候，就必须避免谈论西方的缺陷，即使是谈到了，也必须以所谓“但是”的方式加以淡化，或者以辩解的方式给这种缺点一种合理的解释，等等。而反过来，如果什么人以谴责西方、批评西方或者甚至是幸灾乐祸的方式谈论西方的问题或者危机的时候，我们就可以大体地知道，他其实是反对启蒙的，对于中国文化或者传统中的问题，是多少有些讳疾忌医的。

为什么事情会是这样的呢?

伏尔泰为什么一方面是不折不扣的“崇英派”，而同时又可以用相当尖刻的词语来评论英国的各种事物呢?说到底，就是因为在他那里，英国和法国其实是在同一个理想参照系的观照之下的，它们都只是走向共同的理想道路中的一个例证。对于这个共同的理想来说，由于理想是一种超越性的存在，永恒未来的存在，因此，英国和法国距离它的路程可以说是同样遥远的，因为都是有限与无限之间的距离。因此，讽刺一下英国人的不足，是很正常的；但是，从有限的眼光来看，英国人走得比法国人好多了，因此，他仍然可以是一个崇英派。而同时，他不忌讳说法国在一些方面比英国的好，却也仍然不会影响他批判法国的态度。既然英国和法国其实是在同一个理想参照系之下被考察着的，说明各自的优势所在和各自的

不足，都不会对批判的态度产生消极的影响。说法国在一些方面比英国好，则只是说，法国只要走上正确的道路，可以相信，是可能变得比英国更好，至少是比当下的英国更好的。

而对于中国人的批判来说，真正的原则是自强，现实的目标则是“赶超”，赶超的目标是现实的西方。我们其实真可以问，一旦中国真的超过了西方，或者，更狭隘一点说，中国比西方强大了，中国应该再向何处去呢?

具体地说，伏尔泰是在自身的处境中，在自身对于法国文化乃至整个基督教文化甚至当时世界的整个文化的反省中，深切地感受到信仰自由、思想自由对于人类的进步和发展的重要，因此，为了实现这样一个目标而奔走呼号。就是说，由于英国并不是“理论参照系”，因此，虽然是“崇英派”，伏尔泰也并不是说英国的一切都好，不仅需要说明英国在哪些方面仍然存在着不足，还要具体地说明英国能够在理想的道路上比法国走得好的具体的原因——当然，这些原因都是指向理想目标的。例如，他指出，英国出现了如培根、洛克、牛顿等对人类文化有着巨大贡献的伟大人物，他们成为英国的骄傲，充分表明了英国文化方面胜过其他民族。是因为英国人比其他民族的人更聪明吗?不是。究其实，是因为英国的教会和政府采取了对于不同的话语——不同的宗教信仰、不同的见解、不同的文化——宽容的态度。对比法国，不是笛卡尔在天才方面不如洛克或者牛顿，而他人生的遭遇却与他们不同，这种遭遇影响了笛卡尔，使得他不能更充分地发挥他的聪明才智。其实，伏尔泰本人的遭遇也是如此。

总之，与中国启蒙相比，伏尔泰和中国的启蒙者虽然都可以一般地说是借外来的文化“说事”，但是，从对自身设立的批判原则上说，中国启蒙与伏尔泰的批判却是不同的。

如果我们从这里出发来反省一下中国的启蒙，就应该说，我们应该努力设法为自身设定一种肯定性的理想目标，既不是以现实的外在存在作为自己的目标——这样做，就是通过外在的否定来确立自身的肯定——也不是以肯定自己的现在就是自己的目标的方式来摸索着前进。这后一种方法，其实就是没有理想目标的苟且。就如一个能够“百发百中”的射手，我们可以称之为神箭手。但是其实，百发百中可以有两种，一种是所谓“指哪儿打哪儿”，另一种则是“打哪儿指哪儿”的。我们现在走到了这里，我们就说，这就是我们的理想目标，这就是我们自己的“特色”。于是，我们总是“形势大好，不是小好”，而且总是“越来越好”。这怎么能够说是理想的参照系？又如何可能进行对自身现实的批判呢？我们又如何能够在这种情况下有效地走向进步呢？

独立的思考

一个理想的目标、一个作为自省的批判的理论参照系，是如何出现的呢？一个根本的条件，是对于自身传统的“独立思考”，或者说，这种理想的参照系，从原则上说不可能在自身传统之外的地方以移植或者输入的方式获得，而只能在自身的传统中产生。

中国的启蒙，由于从一开始就是在外来的压力下产生的，因此，可以说中国的启蒙从一开始就是“先天不足”的。我们面临的问题，是如何在后天来进行补救，而在我看来，这种补救的工作现代中国人做得还不是那么好。

我们从伏尔泰的例子可以看到，他是如何在自身传统的基础上通过移植或者输入的方式借鉴外来文化而丰富自身文化的传统的，这也许可以对我们自身的文化批判的补救工作有所帮助。这里所说的完全不是所谓“保卫传统”。一个传统落到需要保卫的地步的时候，不是已然危机深重到几乎无可救药的程度，就是与理想的目标已经发生根本性的冲突了。就是说，不是已经无法挽救了，就是已经不值得挽救了。传统是人们生活在其中的文化氛围，传统是控制着人们精神的无形然而实在的话语或者价值，人们生活在传统中，实践传统原则的同时，也总是在自觉不自觉地改造着它。总之，简单地说，传统不是用来保卫的，也是无法保卫的。同理，传统不是用来抛弃的，也是无法抛弃的。我所要强调的只是，我们应该设立自身的理想目标，而不应该将他人作为一种批判的参照系或者说自省的参照系。而这种自省参照系的设定，则是从对于自省传统的内在批判中产生出来的。

伏尔泰可以说为这种批判方法树立了一个榜样。

伏尔泰虽然对笛卡尔的思想颇有微词，但是，我们仍然从他对笛卡尔

的批判中知道，他对于笛卡尔的思想是有着非常深入的了解的。而我们知道，所谓思想传统是这样一种东西，它不会因为你对它表面上使用的概念的否定而消失。伏尔泰不同意笛卡尔关于上帝的看法，不同意他的世界观，甚至对他的许多物理学方面的看法也不赞同。但是，从思维方式上说，伏尔泰与笛卡尔仍然有着深刻的共同点，就是对于理性——无论是广义的理性还是狭义的理性——有着深深的崇敬。虽然伏尔泰反复宣称他是崇尚洛克的经验论哲学的。

这里所说的，还不仅仅是伏尔泰对于推理逻辑得出的结论具有的那种深信不疑——如，他反复地说，人们相信二加二等于四这样一种真理性是不容置疑的，而对于感知得到的知识，无论有多少人有着共同的感觉，也无法得出如二加二等于四这样确实的真理性——更关键的地方在于，他肯定理性是获得人世间的真理的唯一手段，从精神方面说，这与笛卡尔的"我思故我在"的原则其实是并无二致的。我思的精神核心，就是一种独立地以自己的理性判断真理的精神，而不是迷信权威。在这一点上，伏尔泰与笛卡尔相比是一点也不逊色的。

他与笛卡尔的分歧，一个主要的方面在于理性与信仰的关系。在笛卡尔看来，上帝的存在是可以由理性来证明的，而在伏尔泰看来，理性的这样一种努力只能是徒劳。信仰与理性是人类完全不同的精神活动，无论是方法还是目的都不相同。我们不能简单地归纳说，在笛卡尔那里，是理性高于信仰或者说上帝，而在伏尔泰那里则是信仰或者上帝高于理性。当笛卡尔承认人的天赋观念的时候，为理性立法的，仍然是上帝，而当他用理性的方式证明上帝的存在的时候，只是希望建立起理性与信仰之间的一种可以互相往来的通道。而对于伏尔泰来说，这样一种通道对于理性来说则是非常危险的东西，它会最终将理性扼杀在信仰主义的迷信之中的——基督教中常年不息的论战，都是以理性为武器来进行的，都是在一些原则的问题上以推理为武器展开的。如果理性与信仰可以是互相往来的，其结果就是如此。因此，在伏尔泰看来，上帝虽然是给予人类的理性以法则和最初的原则的崇高存在，在他老人家创造了世界和人类之后，也就撒手不管了。人的理性与对上帝的信仰不再有关联，人在上帝创造了的世界中遵循着人类自身的理性行动。其实，笛卡尔的上帝观念，就其目的来说，与伏尔泰并无根本的不同。虽然我们说笛卡尔以理性证明上帝存在会对理性自省造成损害，笛卡尔本人并不这样认为，他做这种证明的目的也不是要否定人类理性的原则性地位。他们只是考虑问题的方面有所不同而已。为了理性能够从信仰主义的压迫下解放出来，在笛卡尔看来，就必须消除理性与信仰之间的鸿沟，而在伏尔泰看来，就应该是简单地肯定理性与信仰并不矛盾，而让那个鸿沟存在在那里。

比较这样两种看法孰优孰劣并不是没有意义的。但是，如果以所谓“阶级分析”的方法来进行这样一种比较却没有什么意义。例如，因为他们不愿意如后来的百科全书派中的一些人那样干脆地否定上帝的存在，就说他们是所谓“资产阶级软弱性的表现”，说他们的理性主义由于是从信仰主义中脱胎而来的而保留了信仰主义的某些保守特性，等等，都是没有什么意义的说法。如果从纯粹的思维方式的意义上说，理性的推理是需要一个不可讨论的超越性前提的，这是西方启蒙中启蒙者一般都肯定上帝存在的根本原因。正是这种超越性的前提的肯定，才使得启蒙对于现实的批判设定了理论参照系。从这个意义上说，伏尔泰与笛卡尔所遵循的，是同样一个理性主义的传统。

但是，如果我们比较一下伏尔泰的将理性与信仰分离和笛卡尔的以理性来证明信仰的真理性，在我看来，伏尔泰的观点也更适合于他的理想，即保障信仰自由或者思想自由的。

如果按照笛卡尔的理性主义，当他以本体论证明确立了上帝存在的时候，事实上也由于这种证明方式而规定了上帝的本质，并且，由于上帝的出现，一种“绝对真理”式的命题也就自然地确定下来。在这种情况下，笛卡尔的理性主义其实是与教会的信仰主义一样“专制”，一样难以容纳不同的意见的。

而我们在伏尔泰关于宗教问题的讨论中，经常可以看到，他在说到早期基督教或者其他宗教中信仰的各种“奇迹”的时候，只是按照理性的原则指出，这样的奇迹是理性理解不了的。这是什么意思呢？这只是说，如果有什么人愿意相信这样的奇迹，是他的自由。而伏尔泰是只相信理性的，他自己不相信这种奇迹的存在，但是，他却没必要去与信仰这种奇迹的人争论。如果他如笛卡尔那样以理性去囊括一切真理，为了保卫这种理性的

真理，他就必须去与信仰主义进行争执，一直到一方胜利为止。在这种情况下，他自己也其实就不得不进入他一直在反对的基督教中各个派别进行的那种在他看来是无谓的争论当中了。

伏尔泰的这种区别信仰和理性的看法，其实是更符合“现代精神”的。在他之前和在他之后的理性主义者们在这个问题上，其实都没有脱离笛卡尔主义的窠臼，没有脱离启蒙中的“古典主义”精神。

理解这一点，对于理解伏尔泰的思想是非常重要的。在《英国通信》中，伏尔泰以他特有的尖刻语调调侃英国存在着的几乎所有的宗教教派，但是，从总体上说，他却非常赞赏英国各个不同的教派之间的和平共处。表面看，他似乎没有是非观念，事实上，在这里才可能有真正的是非，即，只有容忍“错误”的观念发表和存在的权利，自由才有可能存在。

从理论上说，伏尔泰的这样一种否认理性具有无限的能力的说法，是来自英国的经验主义的，是从洛克和休谟的思想中直接传输过来的，因为按照经验论的原则，理性要想保持对于真理的忠诚，就应该防止自己做无根据的“飞跃”，应该防止理性在脱离经验的情况下自己向着超越性的领域挺进。对于上帝这样一种原则上说超验的存在，我们就应该承认，人类的理性或者说理智是无能为力的。

即便如此，伏尔泰却并不是一个英国式的经验论者，而仍然是一个法国式的经验论者。按照英国经验论的原则，对于上帝之类“复杂的观念”，由于用“白板说”或者“模拟说”难以解释，往往就不惜背离经验论的原则而在承认人的理智能力不足的借口之下，回归到上帝的直接赋予这样一种先验论的模式上去了。因此，在信仰主义面前，英国经验论哲学家往往表现得很“正统”，而不是如伏尔泰和百科全书派那样充满“战斗性”。从理论方面说，英国的经验论者往往直接接受圣经故事中的各种说法，宁愿“软化”自己的理论原则，也不愿意与这些说法发生冲突。老实说，英国能够在当时实现宗教宽容，这种因素的作用想来也是不应该低估的。正是由于能够容忍不同的信仰话语，不同的教派之间才容易和平共处。但是，伏尔泰对于宗教故事可就没有这么客气了。对于历史上犹太人经历的那些“奇迹”故事，伏尔泰虽然不可能有直接的经验，但是，他仍然毫不客气地以理性、以“逻辑”为武器加以抨击。任何作为“史迹”记录下来的文字，如果不能与现实的精神取得逻辑上的一致性，如果不能以现实的经验取得理性上说“可能性”的证明，就会被伏尔泰不客气地从历史中清除出去，被当做欺骗和谎言。在这个时候伏尔泰显然更像一个“大陆理性主义者”而不像是一个“英国经验论者”。

总之，有自己的独立思考，确立“我思故我在”的原则，其实也正是伏尔泰批判法国自身传统时一直遵循着的原则。这其实也是西方启蒙时代文化自省的一般原则，更进一步说，这也应该是文明的历史性自我批判的必要的前提。

让我们回到中国的话题。

在中国，启蒙是在比较中开始的。当然，比较也是一种自我批判的方式。但是，如果不能为自身设定一个理想目标，这种比较式的自我批判，其实是最容易走入歧途的。当我们用各种从西方经验中锻造出来的理论重新认识中国自身文化传统的本质的时候，在开始的阶段，由于这种新的视角，这样描述出来的中国自然很容易给人一种耳目一新的感觉，由于闻所未闻，自然也容易显得深刻，而由于中国当时的处境，存在着革命的要求或者说需要，这种新理论或者说这种按照新的理论模式描述出来的中国本质和对于新中国的理论设想，也自然会产生振聋发聩的作用。但是，毕竟，这能否是真正的中国本质，仍然是一个问题，因为如此观照着中国的理论模式本身是还没有在中国的历史事实中得到检验的，与真实的中国之间是存在着巨大的距离的。

伏尔泰的这种比较学的批判方式与中国启蒙的类似，正好为中国启蒙对于启蒙自身的反省提供了一个比较的范例。对于中国人来说，在启蒙已然发动之后，在进入了“现代化”的进程之后，在自身的传统已然断裂了之后，为了自身的进步与发展，为了能够真正地进行自省，一种从自身传统中产生出来的理想世界，一个以自身的传统为依据设定的自我批判的理论参照系，其实至今仍然没有确立起来，而这事实上是不可缺少的。

这里讨论的，毕竟是中学西渐的问题，而不是这个原则上说属于西学东渐的问题。恕我在这里不再展开讨论。

第二节 《哲学通信》的“遭遇”

《哲学通信》和法国的英国热

当伏尔泰由于一些不足与外人道的原因流亡到英国的时候，由于有有力的人物的介绍，他在英国也并不是寂寂无名的人物。但是，当时他并不懂英语，在英国的这次流亡，一共有大约三年时间。在当时的英国，贵族都是以法语进行社交活动的，英语被认为是一种粗鄙的语言，不能够体现贵族的优雅。作为上流社会中的人物，伏尔泰在英国并不存在语言交流方面的问题。但伏尔泰在英国却不满足于只与英国的贵族接触，他希望了解平民的英国，在他看来，这才是真正的英国，才是英国的进步与力量的真正基础。因此，他坚持学习英语，希望能够直接地深入了解英国的现实。但是，似乎他的英语始终都不怎么值得恭维，因为他大体只是通过英国的戏剧来学习英语的，而他的英语，据说也只适合于戏剧。而且，从对英语自身的观感来说，伏尔泰也同样认为这是一种粗鄙的语言。在他看来，英语的戏剧甚至就其艺术的水平来说，也无法与法国相比。他虽然将莎士比亚介绍给法国人，但对其并没有给予多么高的评价。他自己后来也说，相比之下，他更喜欢英国的书，而不是英国人——虽然他终生都是一个不折不扣的“崇英派”。

因此，总的说来，虽然伏尔泰的《英国通信》对英国的思想、政治制度和法律等的介绍可以说相当的准确，就是说，对于一个“精英的英国”，他的介绍相当的准确。但是，对于英国的基层社会的现实，其实伏尔泰不能说有多少实际的了解，《英国通信》对这个方面的英国也没有什么介绍。而且，从《英国通信》来看，虽然他写任何一个内容时似乎都在赞扬的同时有着尖刻的批评，但是，从总体上看，其崇英的情绪，对英国的溢美式的赞扬，仍然是非常明显的。

1734 年，他 40 岁的时候，《英国通信》的法文版以《哲学通信》的书名在卢昂出版，但是，这本书立即被禁，因为教会认为这本书反教会，而法院则判定此书“有悖良好的道德和对于统治阶层的尊重”——这应该说都是事实。我说这是事实当然不是说我认为禁这本书是正确的，以这种理由来禁这本书这件事本身就说明当时的法国，实在是需要这本书的。伏尔泰本人因此又一次被迫离开巴黎。但是，这本书仍然在私下里流传，而且产生了巨大的影响——而且，也许这种被禁的命运还使它引起了世人更大的关注。这样一种现象，我们应该并不陌生。在存在霸权话语的世界，由于对权威话语自身的批评不被允许，对于这种话语的赞扬自然也就失去了赞扬的意味。反过来，话语权威的赞扬，自然使得被赞扬的话语与权威话语成为一体性的存在，或者说变成了权威话语自身，这种“自称自”的赞扬当然没有任何意义，而权威话语的批评，却自然会受到普遍的欢迎，哪怕仅仅是由于这种话语自身显得“新鲜”，这种新鲜是由权威话语以自身的权威判定的，由于有着物质性暴力和财富暴力的共谋，被批评者的命运一般都很不妙。

伏尔泰的《哲学通信》在法国引起了一场“英国”热，牛顿、莎士比亚等等，开始为法国人所熟知，而且成为法国人崇拜的对象。在伏尔泰以及其他一些启蒙思想家的努力之下，英国的哲学、科学、法律和文学等开始被大量介绍到法国，崇英的热潮甚至开始变成一种时尚，从服饰、食物到做派，如果没有英国味儿，似乎就不够时髦。

这样一种现象，现代的中国人应该也不会感到陌生。虽然我们很不客气地将这样一种现象称为“崇洋媚外”，似乎是要无情鞭笞的，但其实，现代中国人似乎多少都有一些这样的倾向。

虽然伏尔泰本人一直就是一个崇英派，但是，对于这样一种英国热，对于这样一种“迷狂”其实非常反感，因为这种现象本身就说明当时的法国人中还深深地存在着一种非理性的特质。尤其是法国人对莎士比亚的那种崇拜，让他觉得很恼火。这里也许多少有些个人的情绪在里面。伏尔泰本人就是戏剧家，他认为自己应该被视为法国剧作家高乃依的传人，而高乃依才是最伟大的剧作家。然而，在当时反对英国热的人来看，伏尔泰就是这场英国热的始作俑者，而对他大加挞伐。

这样一种现象，我们中国人也很熟悉。将启蒙者引用西方斥为崇洋媚外的，实在是比比皆是。

当我们看到伏尔泰推荐英国而遭遇到的这种尴尬时，我们是的确会发出会心的微笑的。

共同的遭遇，应该说是共同的做法的共同结果。说伏尔泰是当时法国的英国迷狂的始作俑者，当然不能说是完全冤枉了他，就是中国的崇洋媚

外，中国的启蒙者当然也同样是难辞其咎的。

《哲学通信》在中国

中国人对伏尔泰的《哲学通信》同样并不陌生。它是最早翻译成中文的伏尔泰著作之一，在很长的时间里，在中国如果想用中文读伏尔泰，也许就只能找到这个《哲学通信》。自然，我们对伏尔泰的了解，也就只是通过这个《哲学通信》了。

我自己便大体如此。当乐黛云老师找我写伏尔泰与中国的时候，我之所以第一个反应就是拒绝，在很大程度上是认为伏尔泰与中国没有什么关系。他对中国所有的了解，就是知道中国人一百年前就种牛痘。当然，我还知道他改编过《赵氏孤儿》，而且这种改编的任意性是毋庸讳言的。

但是，这当然只是中国人对伏尔泰的一种误读。伏尔泰著作等身，对于世界文化的了解，在他的时代少有人能够相比，在他自己的世界知识中，对中国这种遥远的文化——不仅是地域上的遥远，更是性质方面的遥远——的知识，与对于其他的地方，例如欧洲和与欧洲文化有着更密切的亲缘关系的文化，如犹太文化、埃及文化甚至印度文化等相比，仍然只能说是很少的。但当时的西方人对于中国的了解总体上说也就那么一点，伏尔泰所了解的，相比之下应该说已经是非常多了。

只是，在伏尔泰写《哲学通信》的时候，对于中国的了解的确还不多。他的中国知识，应该是在他后来开始涉猎历史学，开始写作《风俗论》、《路易十四时代》等巨著的时候才大量地获得的。此后，伏尔泰对中国文化就变得越来越着迷，甚至多少已经有点“走火入魔”。但是，在我看来，看伏尔泰关于中国文化的讨论，既不能有助于我们理解伏尔泰本人的思想，对我们理解中国的文化传统本身，其实也很少会有多少帮助。要了解伏尔泰的思想，无论如何，从《哲学通信》开始，都应该说是一个不坏的选择。

我们在这里讨论他的《哲学通信》，主要还是着眼于他的方法论以及他的一般思想的本质，即他如何通过一种异域的存在作为例证来对法国的现实进行批判，以说明自己的理想。理解了他的这种原则，对我们理解他的中国观是会很有帮助的。

第三节 《哲学通信》简介

初看《哲学通信》这样一个书信体的小书所谈论的问题似乎很散乱，也不容易找到各个问题之间的逻辑联系。但当我们一边思考一边去读的时候，却发现，它其实是有着一种内在的逻辑的。

简单地说，通过对英国的宗教、哲学、科学和文学的介绍，伏尔泰所要表明的是自己的自然神论的世界观和开明君主制的“理想国”。

只有从这样一个正面的论说前提出发，我们才能理解，他明明是在借英国的状况批判法国的现实，却也绝不客气地嘲笑英国新教徒的宗教偏执等他看不惯的东西。当然，当我们真正理解了他的理论参照系的时候，就会理解，这种指斥或者嘲笑，其实对说明他的理想是一种更好的说明。例如对于新教教派的那种偏执的嘲笑，他其实并不是站在传统教派的立场上指责这种做派的异端性质，而是要指出，虽然这种教派的做法在其他人看来是可笑的，但是，他们在英国仍然被容忍，没有因此而受到迫害。在这种批判方式之下，这些新教徒显得越是可笑，英国人的宗教宽裕的态度也就表现得越充分，将这种新教的习俗表述得越是怪异，他们能够在英国和平地生活这件事给在专制——尤其是语言专制——之下生活着的人的心理冲击就会越大。当然，正面地说，伏尔泰嘲笑这种做法，也是他自己认为，与上帝“交通”这件事本身就透着荒谬，因为上帝创造完世界其实就不再直接干预它了，因此，这些出神作怪的做法不但不能证明自己信仰的虔诚，反而只是显得自己无知。

几乎在每一封信里，伏尔泰都没有忘记抨击法国存在着的这种与他的理想相背离的现象，有时甚至长篇大论，似乎已经离开了“英国通信”介绍英国现状的主旨。如果从“写作”的原则看，这几乎属于“离题”，但是，如果我们知道伏尔泰的主题其实只是他自身设立的理想世界，即一个有着自由思想的国度，则我们就可以理解他为什么这样做了。

《哲学通信》共有25封信。从内容上来看，如他在他几乎所有的著作中的基本倾向一样，主要讨论人类的精神生活或者与这种精神生活密切相关的领域中的事情。具体地说，主要讨论的就是宗教、哲学、文学、艺术领域中的问题，同时也讨论与人类的精神活动相关的社会机构、教会、政权

组织和学院组织等。

开始的7封信，就是直接地讨论英国当时存在着的各个宗教派别的。其中前4封介绍的是公谊会。这是一个小教派，从教义的方面看，似乎是早期基督教某个教派的复活——在新教改革中，这种向着早期基督教教义的复活是一种比较常见的情况——伏尔泰渲染了他们的祈祷仪式的怪异，对他们信仰中的偏执也颇有微词，但以极大的热情肯定了他们都是有着崇高的德行的人，而且对于他们在美国的宾夕法尼亚建立的以宗教宽容为法律的国度给予了极高的评价。对于圣公会这个英国的主流教派，伏尔泰像对几乎所有的主流教派一样不感兴趣，也不吝惜批评。但是，作为一个新教教派，圣公会允许教士结婚，在伏尔泰看来，这是一种非常好的规定，由于符合人性，这种规定会大大地提高教士的道德操守的水平。至于在苏格兰占主导地位的长老会，伏尔泰也嘲笑了他们的祈祷仪式和对于他们特有的信仰的那种偏执。但是，对这个教派对于其他教派的容忍，还是给予了充分的赞扬。

伏尔泰特别强调，在英国也发生过宗教战争，而且，与在欧洲其他国家发生的宗教战争一样，极度地惨烈。但幸运的是，在英国，宗教战争的结果是出现了一个从此宽容地对待所有不同的教派的社会结构。因此，在接下来的三封信里，伏尔泰讨论了英国的议会、政府和商业，它们构成了英国自由思想可能存在的基础。

在讨论了英国保护人民自由的制度之后，伏尔泰开始直接讨论英国宗教之外的精神领域中的成就，主要是哲学、科学、文学、艺术以及相关的组织。

最后的第25封信是对法国哲学家、科学家和数学家的帕斯卡尔(Blaise Pascal)的《思想录》的批判，显得与整本书谈英国问题有点不和谐。但这封信并不是伏尔泰专门为《哲学通信》写下的一封信，而是他以前写的一些随笔式的批判，但他显然是有目的地将它作为《哲学通信》的结论放在这里的。

第25封信的篇幅在所有的25封信中是最长的，而且比任何其他的信都长很多。伏尔泰显然是借批判帕斯卡尔的思想来比较全面地表明自己关于宗教、哲学和文学等方面的看法。

从总体的结构上看，伏尔泰介绍英国的逻辑是这样的：首先，当人们希望了解英国人的精神生活的时候，首先会注意到的，显然就是宗教。英国的基督徒分成许多的教派，对当时的法国人来说显然是一个非常引人注目的现象，法国在对胡格诺教徒的屠杀之后，成为天主教的一统天下，不能容忍异端思想，伏尔泰本人的遭遇就是一个活生生的例子。伏尔泰从英国的一个小教派公谊会入手，摆出英国不同教派和平相处这样一个事实，然后提出了一个问题：英国是如何做到这一点的呢？接下来，伏尔泰就介绍了英国的政治制度，即君主立宪制，认为这是英国人生活在自由的处境中的保障。而商业的发达，则不仅为“人民”参与政治提供了必要的条件，也是英国富裕和强盛的根本原因。

关于议会、政府和商业的三封信，在《哲学通信》中应该是最重要的三封信，虽然这三封信的篇幅并不大，讨论显得简略，但内容却是非常丰富的。

接下来，伏尔泰就可以在一个坚实的基础上展示英国人在哲学、科学、文学和艺术上的惊人成就了。

第 11 封信讨论种牛痘的问题。在所有 25 封信中，从标题上看，它显得有些奇怪。但是，只要知道了它的内容，我们就不会再感到它奇怪了。伏尔泰通过种痘所要说明的是在历史的进步中对自己还不能理解的事物持一种“开放的态度”是多么的重要。一些保守的传教士反对一切非基督徒发明的东西，牛痘的好处即使非常明显，这些传教士仍然反对。伏尔泰借这个例子说明，为了自身文明的进步，对外部文明采取开放的态度，吸收人类文化中的一切精华，是非常重要的。

这封信可以说是后面关于哲学、科学、文学和艺术等讨论的一个引言。从第 12 封信到第 24 封信，伏尔泰就是直接讨论这些内容的。

伏尔泰讨论了培根、洛克的哲学和牛顿的物理学及数学。伏尔泰本人信从英国经验主义哲学，提倡以试验和数学为根本依据的科学方法。他虽然对笛卡尔和莱布尼兹等理性主义哲学家的天才也表示了足够的敬重，但是，在他看来，他们关于世界的根本看法却只能被当做一些“哲学故事”。

而更重要的是，他通过天才人物在英国和在法国的不同境遇，说明一个自由而开放的政治和宗教氛围对一个民族的进步是多么重要的事情。英国在人类精神的各个领域出现了许多杰出的人物，并不是英国人比法国人或者德国人更聪明，更有天才，伏尔泰在举出英国的天才人物的同时，也

指出了在法国出现的天才人物和优秀的作品，但是，由于外部环境的不同，英国之外的地方出现的天才失去了充分发挥他们才智的机会。

这样一种逻辑说明，其整个一本书所涉及的主要问题，从其内容方面看，是“客观地”介绍英国本身。但是，如果从内在的逻辑上看，则是在阐明他的宗教宽容的理想。

首先，是通过英国的宗教现实表明，一种宗教宽容的氛围，在英国是一种真实的存在。然后指出，这样一种宗教宽容局面的出现，是因为有着一种商业经济基础和民主的政治制度，这样一些权力的存在制约了教会权力的无限膨胀——伏尔泰始终认为教会应该受到政权的有力制约，在他看来，中国在这方面的作为是堪称典范的。接下来，他就介绍了在宗教宽容或者说思想自由、文化自由的条件下英国在科学、文学和所有文化领域中的巨大成就。

第四节　从《哲学通信》看伏尔泰的思想

伏尔泰在《英国通信》中的几乎每一封信里都没有忘记批评法国现状，尤其是法国专制主义的弊端。在开篇的关于宗教的信中，他表达的是对法国当时的天主教教会的语言霸权主义的不满，而在对英国的议会制度进行介绍的时候，直接针对着的，其实就是这种王权专制的。后面关于英国的哲学、科学和文学等的介绍，更是对法国 18 世纪整体的思想倾向发生过巨大的影响。从这个意义上看，伏尔泰将英国文化的“椰子”——他在《哲学通信》中以椰子树的移植来比喻文化的引进和影响——引种到法国的做法是获得了巨大的成功的。

让我们先来谈谈伏尔泰关于宗教的看法，在《哲学通信》中，这些信是放在最前面的。

在最前面的七封信中，我以为，最关键的是第 7 封信“谈苏西尼亚主义者或阿里乌主义者或反三位一体主义者”。

这封短短的信，在许多事情上语焉不详，开始看的时候会有不知所云之感，但如果知道了必要的历史知识，就会豁然开朗。这封信一方面表达了伏尔泰的一般信仰的本质，也批判了当时英国在关于宗教宽容方面不尽如人意的地方。

从信仰的方面说，伏尔泰借助苏西尼亚主义者或阿里乌主义者这些早期基督教中的小派别的思想要表达的，是他反对三位一体的说法的态度。在他看来，只要是以理性的态度来对待上帝信仰，就不会相信这种既不合逻辑，又有着侮辱了上帝本身的尊严的说法。伏尔泰是“自然神论者”，而所谓三位一体的说法是建立在上帝是人格神的基础上的。伏尔泰否认耶稣（圣子）的神性，认为耶稣只是一个人，而不是上帝在人间的代理，是上帝自身的人格化的体现。事实上，我们不难看出，将耶稣神化，将教会与上帝本身一体化，是为教会存在的合理性做解释的。而在伏尔泰看来，如英国的公谊会等教派与苏西尼亚主义的信仰方式是有着某种共同点的，他们自己直接与上帝沟通。在伏尔泰看来，如果自由地开放人们信仰上帝的方式，就不会出现教会打击异端和异教而出现的各种纷争，信仰自由就会出现，而这个世界也自然会变得和平。

伏尔泰在后来的许多著作中都反复提起苏西尼亚主义，如在《风俗论》中，在《百科全书》的条目中以及许多其他的地方。他差不多将所有不相信三位一体的说法的人都归入他所说的这个小教派，如牛顿、克拉克、洛克，等等。[①] 事实上，是否真的存在这样一个“教派”，伏尔泰自己也未必敢肯定。由此比较清楚地看到的则是，伏尔泰希望这样一个教派的思想能够在信仰上帝的领域中占据统治的地位，因为如果能够实现这一点，信仰自由就大体实现了。

当时的英国政府制定了反对苏西尼亚主义者的法令，即废除了1689年的信教自由法令。伏尔泰如此地钟爱英国，不愿意明白地揭露出这个否定了信仰自由原则的事实，只是隐讳地说这个古老的小教派的复活是生不逢时的。

尽管有不尽如人意的地方，但伏尔泰对英国政权的根本结构的推崇仍然是不遗余力的。

我们知道，所谓“议会制度”，从罗马人的时代就存在了。不仅在英国，在法国也一直就存在着这样一种制度。但原来英国人的议会，与法国的议会一样，也不过就是宗教战争和政治战争的战场之一。这种议会原先也不过就是“封建制度”中的一种因素而已。在法国，只要王权足够强大

① 伏尔泰：《哲学通信》，31页，上海：上海人民出版社，2005。

了，议会就会被停止召开。在路易十四的时代，就一次议会也没有召开过。召开议会，只是因为专制无法实现。但议会召开的结果，也往往只是为专制开路而已。

但在英国，宗教战争之后，议会终于发生了本质的改变："在罗马，内战的结果就是奴隶，而在英国，内战的结果却成了自由。英国是世界上抵抗君主达到节制君主权力的唯一的国家；他们由于不断地努力，终于建立了这样开明的政府：在这个政府里，君主有无限的权力去做好事，倘使想做坏事，那就双手被缚了……"[①]议会成为制约王权专制的最有力的制度，也最终成为"人民"的代言人。

在关于政府的信中，他讨论了英国当时的下议院、上议院和王权之间的互相制衡的制度。在伏尔泰的时代，作为现代民主制度的核心原则的三权分立，即立法、执法及司法的三权分立的原则还没有正式形成。当时英国出现的"三权分立"，还只是立法、执法和外交这样的三权分立。下议院是立法机构，上议院对下议院的立法只有否决权，而王权只能按照法律行事。上议院由传统的贵族构成，下议院则由"法律研究者、科学研究者、商人、职员所组成"，[②] 伏尔泰称这些人为"人民"。他认为，这样组成的政权机构是"可喜的"，"前所未有的"。这的确非常符合伏尔泰心目中理想的君主立宪政体的原则。

伏尔泰对于王权有着特别的尊崇，而对于贵族的生活也有着无限的向往，在他看来，人的生活应该是自由的，但是，并不一定需要是平等的。而且，相反，在他看来，人生来就不可能平等，在精神、智力、知识方面都不平等，在政治的等级中也不平等，在财富的占有方面同样不平等。但是，这种不平等在他看来正是建立一种和谐的秩序的基础。我们可以很容易地发现，伏尔泰会如此推重当时的中国，也与他认为人与人之间应该是这样一种不平等而充满自由的关系有直接的关系。

这里也不纯然是偏见，而是有着他自身的经验和理由在其中的。作为一个成功的商人，伏尔泰很了解封建割据对商业带来的各种消极的影响，王权造成的国家统一，给欧洲商业带来的发展契机，也是一个公认的历史

---

① 伏尔泰：《哲学通信》，37 页，上海：上海人民出版社，2005。

② 同上书，41 页。

事实。伏尔泰对王权的崇尚，在很大程度上应该就是着眼于这一点的。当然，对于王权在其他方面的专制，伏尔泰很反感，因为他自己屡屡受到不公正的对待。而同时，英国在王权存在的情况下既能够保持英国的统一又能够避免王权其他方面的专制。这就难怪他成为一个崇英派了。

当然，伏尔泰由于对贵族生活的向往，而产生对平等的价值的否定，只能说是一种偏见。他的生活一直是养尊处优的，有仆人伺候着，讲究排场，崇尚法国贵族优雅的礼仪，对高贵的门阀有着一种发自内心的崇敬。而他对平民虽然有着深切的同情，认为他们同样应该享有自由权利，但是，并不认为不平等会给他们带来什么实际的伤害。这样一种做派和看法当然是与“平等”的价值格格不入的。他在后来对中国人当时的磕头礼也多有辩护，认为这种不平等的礼仪并不会给人与人之间的关系带来不利的影响。他将君主立宪制度当做自己心目中的理想政体，与这种崇尚自由并排斥平等的观念也可以说正是一脉相承的。

君主立宪制度，在中国的戊戌变法时期也曾是中国早期改革派人士的理想。在伏尔泰的时代，所谓“共和国”还只是在一些非常小的国家——应该说是“城市”中实行过。虽然荷兰曾经也出现过共和国，但我们知道，现在的荷兰仍然是君主立宪政体的国家。就是说，在比较大的国家里，共和国还没有稳定地出现过。而在伏尔泰看来，如英国这样的君主立宪政体，“保存了专制政体中有用的部分和一个共和国所必须的部分。在战争中，在法律中，在艺术中，在商业中，它都是高超的”(伏尔泰《理智史赞》)。

在中国，出于对“彻底革命”的精神的提倡，我们往往将伏尔泰这样一种君主立宪的主张视为“资产阶级妥协性”，当然是属于革命不彻底的，是对旧传统有所保留的保守态度。但是，其实，无论是君主立宪还是共和国都不过是政体方面的争论。民主政治，从政体的方面说，各个西方国家几乎都有一些只属于自己的特点，而各个国家在享有民主的权利方面，当然也多少会有些差别。如果用现代的英国和法国的政体进行比较，虽然英国是君主立宪制的王国而法国是共和国，但是，事实上法国的政体中容纳的专权因素比英国要多。从总体的方面说，政体的不同对实行民主来说其实无伤大雅。我们知道，法国的共和国是大革命的产物，而法国的大革命在我们看来是一场以“彻底”著称的革命。然而时至今日，我们却看到，法国人所享有的民主权利并不比英国人的高。虽然英国有国王，有贵族，还存

在着由贵族组成的上议院，在人与人之间的关系方面，存在着身份方面的不平等。但是，从法国人对戴安娜王妃的那样一种着迷来看，法国人现在似乎还真很羡慕英国人有个国王、有个王族。我们还应该强调的是，英国虽然存在贵族，存在政治身份方面的不平等，但是，在法律面前人人平等的原则却并不存在折扣，而这种政治地位方面的不平等也并不影响社会生活中人格平等原则的存在。由于英国仍然是一个功能组织的社会，单纯的政治地位，不仅不影响人民完全地拥有民主意义上的政治权利，更不妨碍人民在话语、财富方面的自由发展。而在中国这种全责组织社会中，由于政治组织是唯一的组织，所有人生活在一个组织中，如果存在政治地位方面的差别，那就会造成人格方面的不平等了。

总之，如果不是因为一些无法深究的想法，我们对各种思想的“定性”似乎完全可能并不是如此的。我们上面所说的这个看法，其实多少都属于一些“有中国特色”的看法。我在这里提出这些，也无非是希望读者不要用一些现成的模式性概念去套伏尔泰的看法，而以一种比较开放的态度来对待它们。

我们往往只看到君主立宪的制度中仍然保持着国王，也许还会像英国那样保留着贵族的称号，而没有看到，这种政体的真正本质在于宪法，在于法律高于权力的一种设计。或者，更深入地说，认识一个文明的本质，一个社会的本质，关键不是看政体，而应该看社会结构，看社会组织的本质。

伏尔泰在《哲学通信》的“谈政府”信中对此有很清楚的说明。

伏尔泰没有以一种普遍适用的理论模式来说明英国的民主制度的发生和发展的过程。在他的描述中，我们看到的是社会生活中各个阶级之间的力量消长，最终使得各种力量之间形成了一种可喜的平衡。在他看来，著名的英国“大宪章”虽然可以视为英国民主政府制度形成的起点，但这个宪章许诺给人民的自由权利事实上却是非常有限的，其中包括很多对于贵族特权的承认。但是，从这里出发，英国最终建立了下议院的制度。从制度设计的组织形式来看，国王是最高的领袖，而议会是在国王的领导之下的。但是，立法的权力是属于下议院的，在这种情况下，“这个下院，论地位，它是第二，论权力，却是第一。”[①]

如果从政治身份上说，下院的组成与上院的组成是完全不同的。上院是贵族，而下院的议员则是平民，是“人民”。在所有的“人民”中，伏尔泰认为商人是最值得尊敬的，正是他们的财富使英国的军队战无不胜，正是他们的财富使国家的力量变得强大。同时，也正是商业聚集起来的财富，使得整个国家不是国王和贵族颐指气使，而“人民”只能处在敛声闭气地忍受自己的不自由的无权状态。

对于商业，伏尔泰是这样说的：“商业已经使英国公民富裕起来了，而且还帮助他们获得了自由，而这种自由又转过来扩张了商业；国家的威望就从这些方面形成壮大了。”[②]

英国成为伏尔泰的重商主义的良好范例。也许，他的重商主义的思想本来就是从英国的现实中产生的。伏尔泰对商人在英国受到足够的尊重印象深刻，而对法国只尊重贵族而不尊重“人民”取严厉批判的态度。他自己就是商人出身的，而且本人也非常善于经商。而且，他自己非常羡慕贵族的生活，也希望获得如贵族一样的社会尊重。因此，对于商业可以给整个国家带来富裕和强大的看法，不仅是一种理论，而且也是他自身的一种体验，他对于商人身份在法国受到的屈辱大约也是非常不平的。但是，事实上他自己并不直接表达这样一种意思。他直接地只是说，文人应该受到充分的尊重。

我们在这里事实上只是对《哲学通信》当中的三封信比较细致地做了一些介绍。但在《哲学通信》中，这三封信的篇幅并不大，地位也不很突出。然而，在我看来，对于理解伏尔泰的《哲学通信》来说，这三封信应该说仍然是最重要的。虽然伏尔泰以最大的篇幅讨论的是精神或者思想方面的问题，是宗教、哲学、科学、文学和艺术方面的问题，但所有这些问题，其实都围绕这一个主题，就是人的自由，而对专制权力的制约，正是对自由的根本保证。王权的专制必须制约，教会的专制在他看来更需要制约。而制约专制权力最关键的力量，就是“人民”的力量，议会是人民直接参与政权的机构，而商业则是人民的力量的根源或者说基础，不仅是国家力量的基础，也是人民在政权结构中的力量的基础。

---

① 伏尔泰：《哲学通信》，43 页，上海：上海人民出版社，2005。

② 同上书，48 页。

可以说，当时的英国能够在哲学、科学和文学艺术等领域取得当时最为辉煌的成就，就是因为有这样一种自由的氛围。

通过介绍英国的学院制度和直接地介绍洛克、牛顿等的思想，伏尔泰不仅将当时法国人尚未了解的新思想介绍到了法国，也间接地表达了自己的哲学思想。

如果我们熟悉法国近代启蒙思想的历史，就会发现一个比较奇特的现象，就是法国作为欧洲大陆哲学派别的主要国家之一，其基本的倾向本是笛卡尔的"理性主义"，但是，在18世纪，法国启蒙哲学的基本倾向却是英国的"经验主义"。在这样一个转变的过程中，有着英国思想、英国开创的资本主义制度向着欧洲的延伸这样一个基本的历史发展倾向在其中，但也有着如伏尔泰、孟德斯鸠这样一些18世纪法国启蒙的先驱人物的努力的原因。

在哲学和科学的领域，伏尔泰介绍了培根、洛克和牛顿三个人的思想，其中篇幅最多的，是牛顿，伏尔泰比较细致地介绍了牛顿的数学尤其是物理学原理，这是当时法国人几乎还完全不知道的。但是，如果仅仅认为伏尔泰所关心的，只是科学知识的介绍，就错了。在伏尔泰的心目中，英国的哲学与物理学之间是有着亲缘关系的，这样的哲学、科学与信仰的关系，才是最重要的事情。

伏尔泰首先介绍的是培根。他认为："在掌玺大臣培根之前，没有人知道实验哲学；并且在他以后，我们所做的种种物理实验几乎没有一件不是在他的书里已经指示过的。"①而在伏尔泰那里，这种"实验哲学"具体的内容是在洛克那里实现的。理解伏尔泰对洛克评价的关键是这样一段话："洛克阐明人类的悟性，就好像一位最好的解剖学家解释人体各部的关键一样。他处处借镜于物理学；他有时敢肯定地说，但是他也敢于怀疑；他并不给我们所不认识的东西轻易地下定义，但逐渐地考察我们所想要认识的。"②

这里关于洛克的哲学借镜物理学的说法是值得注意的。伏尔泰在介绍洛克的这封信中并没有直接谈论洛克如何借镜物理学来建立他的哲学，而只是强调，洛克在否定了"天赋观念"之后，为信仰的存在找到了无限的空

① 伏尔泰：《哲学通信》，58页，上海：上海人民出版社，2005。

② 同上书，62～63页。

间，比起笛卡尔这样的“理性主义”哲学认真地论证上帝的存在，洛克的这样一种哲学对于保证上帝的信仰来说是更优越的。

了解一下伏尔泰的这样一种逻辑是有点儿意思的。

其实，对于这个问题的总体的看法，伏尔泰是将它放在最后的一封信，即关于帕斯卡尔的《思想录》的批判中的。他的批判方式由于是跟随着帕斯卡尔的那种语录的方式的，所以颇为凌乱，我尝试着以一种比较逻辑的方式来表述。

在伏尔泰看来，用笛卡尔的方法，或者帕斯卡尔的方法，以理性逻辑的方式来“证明”上帝的存在是徒劳的。就如我们所看到的，在教会或者基督徒早年的神话传说中，有着无数理性所无法理解的矛盾，也充满了人类的经验无法洞悉的奇迹。而如果我们绝对地相信理性，那么就只能说，这些早年的基督徒关于上帝所说的东西都只是一些谎言。而这些人中明明有许多都是道德高洁的人士，我们总不能说他们都是骗子。而如果我们相信他们说的话，却又无法用我们的理性或者经验来验证。我们应该如何来解决这个矛盾呢?

其实，理性与信仰是人类的思想中两个不同轨道上的东西，或者说，理性与信仰的思考遵循的是两种不同的逻辑。就我们尘世的生活来说，我们应该满足于我们是一种有限的存在这样一种原则。从这个意义上说，力图“证明”上帝的存在，就是一种自不量力的行为。

在物理学的领域，人们一般都满足于通过自己的经验所能够知悉的东西，而对于自己的经验不再能知道的东西，不再如培根所谴责的那样，让理性去做一种任性的“飞跃”，这是人类的理性的一种不能容忍的毛病。在伏尔泰看来，如笛卡尔、马勒伯朗士、帕斯卡尔等法国哲学家就都颇有这种毛病。他们不仅要用理性来证明上帝的存在，还想用理性来“补充”经验的不足，这就让他们总是难免陷入谬误。例如笛卡尔相信物质只是广延，而不知道牛顿所指出的，物质自身中还包含着“力”；如笛卡尔说物质惧怕真空，就认为世界上不存在真空，而是到处充实的(关于这一点，牛顿和笛卡尔究竟谁对恐怕是可以讨论的。伏尔泰推重牛顿的力学，当然认为牛顿所说才是真理)，等等。

对于笛卡尔数学上的造诣，伏尔泰是相当推许的。他认为笛卡尔与牛顿在数学上的造诣可以说是旗鼓相当的。但是，笛卡尔和牛顿不仅由于生

活在不同的环境中而有着完全不同的命运——一个在科学的领域中有了令人尊重的成就，另一个则客死他乡——而且，由于他们的哲学所依据的知识基础不同，这种哲学方面的优劣也自然高下立判。在伏尔泰看来，笛卡尔的哲学是完全建立在数学理性的基础上的，就绝对不如英国的经验主义哲学，或者用他自己的话来说，“实验哲学”来得优越。欧洲大陆的理性主义哲学是建立在“天赋观念”的基础上的，在伏尔泰看来，只有将这种天赋观念说置之死地，才有可能为信仰在理性面前争得一席之地。当然，其实也可以反过来说，只有将理性和信仰的领域分开来，理性在当时信仰主义占据统治地位的情况下才更容易争得一个合法的席位，而不至于总是要与信仰争斗或者设法调和，而弄得理性自身总要在信仰的问题上浪费宝贵的力量，或者是为信仰做论证，或者是反对信仰的合法性。

在伏尔泰看来，信仰在理性达不到的地方存在，信仰与理性既不是矛盾的，也不是一体的。

伏尔泰并没有全面地介绍洛克的学说，他满足于指出，洛克对“物质的本质”这样一种形而上学的问题保持一种存疑的态度，而这种态度无疑是最能表明人类的智慧的。如果像笛卡尔那样完全地相信理性，并且断定物质就是广延，就完全地否定了物质也可能思考这样一种可能。但是，如一些古代的哲学家那样将思想看成是物质的一种属性，一种活动，也同样有着无穷的问题要解决。在伏尔泰看来，这样两个问题想要以人类的思考能力为依托来解决都是不可能的。人们就应该像洛克所说的那样，“我们或许决不能够知道一个纯物质的东西是在思想还是不在思想。”[①]伏尔泰将这段引言加上了着重号。

这颇有一些孔子所说的“知之为知之，不知为不知，是知也”的味道。也许这也可以看做伏尔泰在后来是如此推崇中国人对待信仰的那样一种因存疑而宽容的态度的内在依据吧！

---

① 伏尔泰：《哲学通信》，63页，上海：上海人民出版社，2005。

第六章　从《风俗论》看伏尔泰的中国情结

第一节　关于《风俗论》

也许正是从写作《哲学通信》开始，伏尔泰开始了对于历史的巨大兴趣。

伏尔泰写作《哲学通信》是在他32岁流亡英国的时候，而第二年，他就开始了他的第一部历史学著作《查理十二世史》的写作。

他对于历史的兴趣，在《哲学通信》中已经有所流露。对于英国的现行制度的出现，他往往就是从这种制度的历史沿革出发来描述的。他有心要将英国的"椰子"引种到法国，当然也就会很关心这棵椰子树在法国能否成活，能否结果。而在他看来，既然英国的这种令人羡慕的制度是他们的历史的产物，在法国的历史中自然也就应该能够找到英国椰子树在法国能否生长的秘密。

世界的、包括中国的历史，应该也正是在这样一种关注之下进入他的思考视野的。

伏尔泰最有名的历史学著作，是《路易十四时代》，而《风俗论》可以说是前者的姊妹篇，而伏尔泰本人则是将《路易十四时代》视为《风俗论》的续篇的。对于历史学来说，伏尔泰这两本书的写法具有开创性的意义。以往的历史著作，可以说只是"帝王将相的编年史"。而伏尔泰对于这种"某某国王是某某国王的儿子"所构成的历史极度鄙视。在他看来，了解这样一

些东西对于人的精神的成长没有任何意义。在《风俗论》的序言中他借夏特莱侯爵夫人之口说："对于近代国家的历史巨著，无论哪一本我都无法卒读，我在那里看到的几乎只是一片混乱，一大堆既无关联、又无下文的琐事，千百次没有解决任何问题的战争，就连在这些战争中人们使用什么武器来互相残杀，我也不清楚。我只好放弃了这种既枯燥乏味又空泛无边、只能压抑思想而不能给人启迪的学习。"①

伏尔泰的《风俗论》也可以视为社会学著作中的开山之作。但是，对于伏尔泰本人来说，这其实是一本历史学的著作。我们现在的历史书中，总是不仅可以看到政治事件方面的记录，也总有关于一个时代的文化方面的成就、经济方面的发展等各个方面的内容。但这样一种写法，其实正是伏尔泰开创的。甚至，在我看来，伏尔泰在这个方面所做的，比我们现在的许多历史书要好得多。我们现在许多书只是将这样一些东西罗列出来，放在重大政治事件的描述之后，似乎只是为了给出当时时代的一个"全面"的风貌。而伏尔泰这样做的目的则是希望为五花八门的历史现象找到一个一以贯之的逻辑，这个逻辑应该是我们理解历史上发生的所有事情的核心和基础。在他看来，人类这种有意识的动物的历史，其本质就在人类的精神活动中，因此，文化这个在以往的历史学中似乎被遗忘了的东西，其实才是真正决定着历史发展的方向的东西，才是人类社会生活的基础，是历史的逻辑所在。

《风俗论》只是这本书的简称。与法国人的一般书名一样，伏尔泰的这本书的本名是很长的：《论各民族的精神与风俗以及自查理曼至路易十三的历史》。从这个书名，我们就可以很清楚地看出伏尔泰是将风俗或者人类的"精神"活动当做历史发展中的基础和主线的。

我们当然可以依据历史唯物主义等理论，提出与伏尔泰所设立的基础不同的基础。例如指出人类的生产活动或者说经济活动才是人类社会生活的基础。但是，其实在伏尔泰那里，这个风俗或者精神的概念所包含的内容是很丰富的，是事实上包含着一般的人类的社会生活方式的。生产、经济、军事、政治等等，都包括在内，对于工具的先进性也给予了高度的关注。这里真正有意义的地方在于，他是将历史建立在"人民"的生活的基础

① 伏尔泰：《风俗论》上册，1页，北京：商务印书馆，1994。

上，而不是“贵族”的活动中的。

我们现在看到的《风俗论》，实际是两本书合成的。正文的部分，从1740年开始写作，在1745～1746和1750～1751年间，以“世界史简编”的题目在《法国的水星》杂志上连载。《风俗论》的正式出版在1759年。而后，在1765年，他发表了《历史哲学》。在以后的《风俗论》的版本中，《历史哲学》就作为《风俗论》的“导论”出现。因此，我们现在看到的《风俗论》，“导论”之外，还有一个“前言”。而且，《风俗论》关于世界历史和文化方面的内容也有许多的重复。中国、印度和阿拉伯文化等都是如此。

《风俗论》讨论世界历史的足迹，从中国开始向着西方进展，最后，是随着欧洲工业发展的脚步回到中国和日本。这样一个逻辑很能说明伏尔泰对于中国文化的一种推重。在他看来，中国文化应该是世界文化的起点——或许应该说是“文明”的起点——因为在世界上其他的地方仍然被神话和迷信统治着的时候，中国人已经有了按照理性的精神记录下来的历史，而且可以以天文观察的结果来验证。

第二节　伏尔泰眼中的中国历史

在伏尔泰眼中，中国的确是一个相当理想的国度，无论是从政治制度、法律、对于宗教的态度还是从道德或者日常的待人接物的态度上都是如此。如果说中国还有什么不足的话，那就是中国人对于科学知识的认识不足，在这个方面的发展也十分有限，他认为，这一方面是由于中国的自然条件太优越，人们太容易得到生活所需要的物品；另一方面则是因为中国人过分迷信古人，不肯做超越古人的事情。

即使是这样一个简单的介绍，我们也很容易发现，伏尔泰对于中国的了解并不是那么准确的，但是，认真地说明他哪里说错了，哪里说的是对的，不仅并不是那么容易说清楚的，即使说清楚了也没有多少意义。

在我看来，重要的是要知道他为什么这样说。

让我们先跟随着伏尔泰论述的脚步，看看他是如何描绘中国的。

对于伏尔泰来说，中国这个国家最难得的地方，还不仅是它的幅员辽阔、自然条件的优越和历史的悠久，更在于它有着完整的按照理性的原则记录下来的历史——而不是如世界上其他民族那样，只能通过神话、通过猜测来还原历史。

显然，伏尔泰是将《史记》关于三皇五帝的传说当做信史看待的。《史记》当时已经有传教士部分地翻译成西方文字。我们当然知道，这种记载虽然不是典型意义上的“神话”，而是“传说”，但所谓三皇，其实与神话也很难说得出有多少区别，而五帝虽然也许是确有其人的，但他们传说中的事迹有多少可以直接地当做史实来看，其实也很可疑。但是，与犹太人的圣经故事相比，从描述本身来看，里面可信的成分也许的确是要多得多。圣经故事是当做历史来写的，但其中充满各种奇迹和一些夸大到不可理喻的数字，与这样一种“历史”相比，中国的这些传说就显得可信多了。伏尔泰这样评价中国的古籍：“这些古籍之所以值得尊重，被公认为优于所有记述其他民族起源的书，就因为这些书中没有任何神迹、预言，甚至丝毫没有别的国家缔造者所采取的政治诈术。”①而且，一些事件还可以有天象的记录做佐证，伏尔泰时代的欧洲的天文学已经能够相当精确地计算出日食、月食以及行星运行的轨迹，通过这些规律是可以判定一些特殊的天象出现的相当精确的年代的。他说：“中国的历史，就其总的方面来说是无可争议的，是唯一建立在天象观察的基础之上的。”②同时，这些历史记载还有中国长期统一的历法作为依据。

关于中国上古时期的历史，在上个世纪，西方人还往往取绝对怀疑的态度。在民国早期的时候，疑古思潮泛滥，中国也有许多人非常怀疑这些传说中的史料成分有多少。伏尔泰反而全盘地接受了这些传统，认定是可信的史料。倒不是伏尔泰轻信。当时，欧洲的启蒙者大都相信这一点。这应该说与中国总体的面貌给人们的印象有关。在伏尔泰的年代，我们说过，中国与西方世界给予人们的观感还是很不相同的。中国人当时在西方人眼中还是一个当之无愧的“文明古国”，而在鸦片战争之后的一个世纪里，中国的状况是满目疮痍，已经变得惨不忍睹了。这个时候，由于中国和中国人已经被人瞧不起，那古老的历史，无论自身多么辉煌，也就连带着要遭到侮辱了。

按照伏尔泰的逻辑，中国的人口众多和历史悠久其实是同一个事情的两面。伏尔泰认为中华“帝国”已经有4000年的历史了。显然，他是将三皇

---

① 伏尔泰：《风俗论》上册，241页，北京：商务印书馆，1994。

② 伏尔泰：《风俗论》上册，239页，北京：商务印书馆，1994。

五帝一概当做与明清时代的皇帝一样的身份了，而且，他的确认为，中国4000年来，“法律、风尚、语言乃至服饰都一直没有明显变化。”[①]而中国人现在是如此之多，一个景德镇就有100万的人口，一个广东省一次赏赐老人，“有142000人受到赏赐。那么全国人口该有多少?”[②]通过人口增长的比率来计算，也可以确定，中国的历史的确是有那么古老的。

一个如此巨大的——无论是人口还是地域——同时又是富裕的、强大的国家，有着如此漫长的历史，它必定有其存在的理由。

伏尔泰的解释是从文化、风俗，即他所谓“精神”的方面来进行的。

首先，他描述了一些中国的城市、军队和武器的状况、财政状况，还大量地列举了中国历史上技术方面的成就。但是，从总的方面说，虽然有着相当的成就，但是其不足也是非常明显的。一般而言，在伏尔泰看来，在远古的时代，中国人与当时的人相比是非常先进的，但此后就没有什么进步了。

中国虽然有80万给养充足的军队，但主要是做仪仗和狩猎用的，城市的防御措施非常原始。长城就其建筑的规模和它具有的功能方面来说要超过埃及的金字塔。至少在孔子的时代就已经有了四马的战车。但这一切并不能阻挡鞑靼人的进入，中国文化不灭绝是因为这些征服者最终都不得不“屈服于被他们夺取了皇位的国家的法律。”[③]这里的法律应该理解为一般的文明法则。他认为中国政府的财政收入颇丰，很早就会制造金银币，但“只有铜币才具有法定价值……从来没有官办的银行……”[④]中国得天独厚，有着欧洲没有的许多的果木、谷物和蔬菜；蚕丝的原产地在中国，中国上古时期就已经会造纸，两千年前就会制造玻璃；他们发明了印刷术；上古时代就会制造大钟；他们深入研究天文；发明了指南针、火药，已经懂得运用毕达哥拉斯定律，等等。但是，这里有两个方面的现象显得难以理解。一个是许多有意义的发明没有变成实用的工具，如火药和指南针。“(他们)发明了火药；不过他们只拿火药来制造烟火，用于节日。……几个世纪以前，教他们使用火炮的是葡萄牙人，而教会他们铸造大炮的则是

① 伏尔泰：《风俗论》上册，239页，北京：商务印书馆，1994。

② 同上书，244页。

③ 同上书，244页。

④ 同上书，246页。

耶稣会士。中国人没有致力于发明这些毁灭性的工具，但不应因此称颂他们的德行，因为他们的仗并没有少打。”[①]“罗盘，就像发射用的火药一样，对于他们来说只是纯粹的玩物，他们也不因此感到可惜。”[②]伏尔泰认为，这是由于中国的物产在自己的土地上都能够获得，用不着冒险去航海，而抵御敌人自有自己的文化。另一个奇怪的地方，则是为什么中国人不肯进步。他认为，“这可能有两个原因：一是中国人对祖先留传下的东西有一种不可思议的崇敬心，认为一切古老的东西都尽善尽美；另一个原因在于他们的语言的性质……用文字表达思想本应是一种极其简单的手段，然而对于中国人来说，却是极端困难的事情。每个词都由不同的字构成。在中国，学者就是识字最多的人；有的人直到老还写不好。”[③]就是说，伏尔泰认为，由于学习语言过分困难，阻碍了人们在前人积累的基础上的进步，因为单单学会古人的东西就差不多耗费了今人毕生的精力了。

如此一来，我们应该如何解释中国这个巨大的古国存在的理由呢？那是因为中国人有着最好的道德和法律。“中国人最深刻了解、最精心培育、最致力完善的东西是道德和法律。儿女孝敬父亲是国家的基础。在中国，父权从来没有被削弱。儿子要取得所有亲属、朋友和官府的同意才能控告父亲。一省一县的文官被称为父母官，而帝王则是一国的君父。这种思想在人们心中根深蒂固，把这个幅员广大的国家组成一个大家庭。”[④]

对于法律、礼仪、道德习俗方面一些西方传教士或者探险家、旅行者对中国的谴责，伏尔泰可以说进行了全力的辩护。他认为不能因为中国人行跪拜礼，就认为中国人都是奴隶，而接受跪拜的人就是一个可以任意胡行的专制君主。在他看来，中国的朝廷是很开明的，官府是依照法律行事的。虽然中国人也会与世界上其他地方的人一样，其中有些坏人会做坏事，但中国的法律是长时间保持着稳定不变的。这使得中国人大体都是守法的人。他指出，一些人认为中国人的繁文缛节影响了社交往来，这是只知其一，不知其二，因为“这些礼节可以在整个民族树立克制和正直的品行，使民风既庄重又文雅。”[⑤]他以他的方式说明了中国的道德治国的传统。

---

① 伏尔泰：《风俗论》上册，247 页，北京：商务印书馆，1994。

② 同上书，248 页。

③ 同上书，249 页。

④ 同上书，249 页。

⑤ 同上书，250 页。

他说："在别的国家，法律用以治罪，而在中国，其作用更大，用以褒奖善行。若是出现一桩罕见的高尚行为，那便会有口皆碑，传及全省。官员必须奏报皇帝，皇帝便给应受褒奖者立牌挂匾……这种道德，这种守法精神，加上对玉皇大帝的崇拜，形成了中国的宗教——帝王和士人的宗教。皇帝自古以来便是首席大祭司，由他来祭天，祭祀天上的神和地上的神。他可能是全国首屈一指的哲学家，最有权威的预言者；皇帝的御旨几乎从来都是关于道德的指示和圣训。"①

总之，中国在伏尔泰的眼中是这样一个国家，它有着古老的文明传统，地大物博、幅员辽阔，在西方世界还处在野蛮时代的时候，就已经有了高度的文化，也从自身的经验出发有了许多精致的发明，但是，从科学知识的角度来讲，中国人虽然起步很早，但在后来没有再发展，已经比当时的欧洲落后许多了。中国人最值得称道的，是他们在道德和法律方面的建树。还有，更值得称道的，就是中国人在理性的方面，很早就开始以理性的方式对待历史和宗教，以一种可靠的方式记录历史，以一种宽容的精神对待不同的宗教。

关于宗教的问题，伏尔泰讲得很多，不仅在《风俗论》中，在其他的地方也反复地讲述这个方面的问题。我们以专门的章节来讨论这个方面的问题。

第三节　中国人的宗教宽容精神

伏尔泰对孔子极为推崇，甚至自称是孔子的弟子。而且，他感兴趣的，除了孔子的学说本身之外，还有中国人看待孔子的态度。对于孔子本人，他很赞美。他说："世界上曾有过的最幸福、最可敬的时代，就是奉行孔子的法律的时代。"而他又说："他（孔子）不是先知，他不自称得到神的启示，他所得到的启示就是经常注意抑制情欲；他只是作为贤者立言，因此中国人只把他视为圣人。"②就是说，一方面，伏尔泰对于孔子制定的法则非常称许，但是，另一方面，他认为，中国人没有因此而将孔子神化——按照一般的理解，这似乎是说中国人对孔子的评价还不是那么高。

① 伏尔泰：《风俗论》上册，250～251页，北京：商务印书馆，1994。

② 同上书，253页。

但在伏尔泰那里，这种说法应该说是一种最高的评价。这是伏尔泰在借中国人对待孔子的态度批判西方宗教中将人神化的做法。“至于孔子本人，他享有一切荣誉——不是神的荣誉(神的荣誉谁也无法享有)，而是一个人由于在神明的问题上，提出了人类理性所能够形成的最圣洁的看法而受之无愧的荣誉。”①在伏尔泰看来，西方一些早期的宗教领袖或者活跃人物在后来的宗教中被当做先知，从而垄断了神意，并以这种垄断的身份压制其他的对于上帝的信仰方式，是一种最要不得的做法。而孔子之所以应该受到尊敬，就因为他不这样做，他的教导中，没有如西方宗教中的先知或者使徒那样一种通过垄断神意而将自身变成神的企图，而只是将自己当做一个人，而且，在他的教导之下，中国人后来也的确这样做了。

我们在前面说过，伏尔泰是以他自己的方式信仰上帝的。在他看来，中国人对待上帝的态度，是符合他的理想的。

虽然伏尔泰本人在当时的教会人士看来，是一个“无神论者”，而按照当时的一般价值，一个人被认为是无神论者，相当于被认为是“没有道德的人”。伏尔泰其实并不承认自己是无神论者。而且，这并不是说，他骨子里是无神论者，而在表面上不承认。他是非常认真地相信上帝的存在的。但是，他心目中的上帝，我们说过，并不是一个如基督教的正统教义所设想的那样一个“人格化”的上帝，而只是一个作为唯一的无限完美的创造世界者，即我们一般所说的“自然神”，或者说，他是一个自然神论者。

正是基于这样一种上帝观念，他认为，中国人所崇敬的“天”或者“天帝”，与他心目中的上帝是毫无二致的。在伏尔泰眼中，不仅中国人崇拜的天与上帝没有区别，穆斯林崇拜的安拉和古时以及当代的人所崇拜的任何一种唯一的和最崇高的神秘存在，他都认为就是他所信仰的那个上帝。因为在他看来，既然我们相信上帝是唯一的，而且是自身无限而又全知全能的，那么就是无所不包的。用什么样的名称来称呼他，其实只是枝节问题，只是信仰者自身的问题，不会影响上帝自身的本质，用什么样的方式来崇拜或者敬仰上帝，则只是信仰者自身的问题，更不会影响对于上帝的信仰本身和上帝本身的存在。因此，既然孔子、儒士和中国的皇帝、朝廷等所崇敬的“天”是唯一的神，而且天被认为是世界的创造者，那么，我们

---

① 伏尔泰：《风俗论》上册，253页，北京：商务印书馆，1994。

有什么理由说中国人、说孔子是“无神论者”呢？我们又有什么理由说这个天与自己崇敬的上帝不是同一个神呢？基督教会只承认他们自己的信仰方式的合法性，而对于其他任何对于唯一的无限的崇拜方式，都认为是异端和异教，只能说明他们自身对上帝的背弃。

理解这一点是理解伏尔泰对待孔子的态度的关键。

当时有许多教会人士认为，儒学是一种无神论的学说，而中国人，尤其是儒生，都是无神论者。现在，我们也有许多人认为，可以将儒学视为一种无神论的学说。但是，由于我们现在公然地宣称自己是无神论者时并没有什么其他的意义被加入进来，作为一个无神论者在生活中也不会带来什么不方便，甚至还可以是一种值得骄傲的事情，我们这个时候说自己是无神论者与伏尔泰的时代这样说的意义是不同的。在伏尔泰的时代，宣布谁是无神论者表明的是一种严重的谴责。就是说，这种说法表明的是一种非难中国文化的态度。难怪伏尔泰要认真地为中国人，尤其是儒生辩解了。他以大量的篇幅来说明，中国人所信仰的天，就是基督教所信仰的上帝，而中国人敬天的方式，礼拜的方式，如祭祀天帝时的跪拜，只是中国人习惯的一种礼节，是不能与基督教原则上所坚决否定的“偶像崇拜”混为一谈的——伏尔泰本人也是坚决反对偶像崇拜的，因为任何偶像当然都不可能代表伏尔泰心目中那个极度抽象的上帝。

在伏尔泰看来，既然中国的人民和统治者都表现出那样一种充满理智的精神，说中国人是无神论者就是一种无法解释的矛盾。“人们一方面激烈反对贝尔关于一个不信神的社会不可能存在下来的说法，另一方面又同样声嘶力竭地叫嚷世上最有理智的帝国(指中国)是建立在无神论的基础之上，这是只有我们才有的自相矛盾。”[①]这是一种归谬法的逻辑方式：既然无神论者就是没有道德的人，而中国人有道德，我们如何能说中国人是无神论者呢?

如果按照我们现代人的眼光来看伏尔泰称赞中国人对宗教的态度的话，我们只能说，伏尔泰的说法中的确没有多少正确的成分，恐怕那些正统的传教士的看法还要多少正确一些。中国人的“天”或者“天帝”，与基督教的上帝之间，即使我们不能说完全没有共同点，他们的区别也仍然是非

① 伏尔泰：《风俗论》上册，257页，北京：商务印书馆，1994。

常明显的。而说儒学是无神论的和儒学是有神论的，其实同样可以说出无数的理由。这样的争论，在今天看来是完全无谓的。事实上伏尔泰与传教士们争辩的真正的问题，是中国人是否有道德。如果将问题直接地提出来，当然也不会有多少争论，即使是传教士也无法否认在中国文明中道德的存在，而他们其实也并不真想否认这样一种存在。只是，由于设立了无神论和无道德是等同的，在这个成问题的大前提之下，问题才以一种看起来多少有些莫名其妙的方式展开来。

而从这里，我们也更清楚地看到，伏尔泰如此称许中国文化，如此称许孔子和中国人对待孔子的态度，其真正的目的是攻击当时的欧洲基督教会，尤其是教会中各个不同的教派之间的争论。在伏尔泰看来，这些争论是完全无聊的。而他们在中国仍然在争论这样一些无聊的问题，而中国人在这样一些问题上宽容地对待不同的信仰或者说信仰方式，甚至对完全不同的信仰都能宽容地对待，在伏尔泰看来，这就更难能可贵了。

但是，对于这个问题，我们其实只能说伏尔泰对于中国文化实在是没有能够理解。

对于狭义的宗教，儒家的确可以说是以一种宽容的精神来对待的。而从理性主义的精神的意义上说，儒家对于宗教信仰的这样一种宽容的态度，与其说是由于对宗教保持这一种理智的态度，还不如说是在展现中国人对于信仰或者神所取的是一种怀疑主义的态度。子不语怪力乱神，人世的事情尚未弄清，遑论鬼神；如司马迁以“礼神如神在”的态度来看待祭祀天神，的确可以说有些无神论的色彩。但是，这种怀疑并不是如笛卡尔的那种理性主义的怀疑，而是一种不求甚解的、不穷根问底的“存疑”态度，笛卡尔的怀疑是为寻找真理扫清道路，而儒学式的存疑，则可以说是放弃对于终极回答的追求。当认真地追问神或者天帝是否存在的时候，儒学的回答仍然不是就这个问题本身给出确切的答案，而是“宁信其有，毋信其无”的。当然，中国人的这种存疑的态度与伏尔泰推崇的英国人的经验主义的那样一种存疑态度也不那么相同，虽然的确有一些相似的地方。经验论事实上是肯定了人的认识能力的有限，从而肯定地否定了人有通过自己的理性达到上帝的可能，从而给信仰留下了空间，而中国人的存疑则是一种单纯的不肯定。中国人的这种答案让我们想起帕斯卡尔关于“赌上帝存在”的论证。帕斯卡尔说，一个人在赌博的时候，有两次选择的机会，一次是选择赌还是不赌，另一次是赌这边还是赌那边。对于信仰来说，或者说，对于人生来说，第一次机会是不存在的，你只能赌。如果你赌上帝存在，而上帝其实不存在，你并没有失去什么；而如果上帝是的确存在的，你就赢得了一切。如果你赌上帝不存在，上帝也的确不存在，你并没有得到什么，而如果上帝是存在的，你就失去了一切。在这种情况下，你选择上帝存在，就是一种有赢无输的选择，你为什么不选择上帝存在呢？中国人最不熟悉的就是这样一种逻辑的推论方式。但是，中国人实在是从日常的经验中就会如帕斯卡尔一样地进行“计算”。中国人绝对不会随便说亵渎神明的话，即使他是一个“无神论者”。而我们知道，伏尔泰对帕斯卡尔其实是颇有微词的。《哲学通信》中的第25封信，即最后一封信，就是“谈帕斯卡尔的《思想录》”，其中的第六条，就是谈论帕斯卡尔关于赌上帝存在的说法的。伏尔泰认为帕斯卡尔在讨论这个问题时的逻辑就是成问题的，而这种做法的结果只能是“您的理论只会造成些无神论者罢了”。[①] 如果伏尔泰知道孔子和其他的儒士在对待神的存在的问题上其实本质上与帕斯卡尔有着相通之处，不知他作何感想？

当然，中国式的存疑其实与帕斯卡尔的理性地证明上帝存在的态度本质上也并不相同，而的确与伏尔泰对宗教的态度有些相同的地方。伏尔泰虽然自己以一种“苏西尼主义者”的态度信仰上帝，但他也明确地说，这种信仰方式只是在一个小的范围内可以适用。对于普通的大众来说，一个教会还是需要的。如果对比中国的儒学观点，就会发现，虽然儒学的圣人对于鬼神采取“不语”的态度，越是高明的儒生，对于鬼神就越是“敬而远之”，但是，对于普通的民众来说，儒学其实也是鼓励他们相信鬼神的。

但是，无论如何，儒学的这样一种“宽容”与伏尔泰心目中的宗教宽容，尤其是言论自由、思想自由的理想其实有着无比遥远的距离。如果从这个更广泛的意义上看，即使可以说儒学或者说中国的朝廷对“宗教”信仰有着一种宽容的态度，在言论方面，以儒家学说作为正统原则的帝国朝廷也绝对不是那么宽容的。不仅“腹诽罪”是存在着的，清代早期大兴文字狱，更是尽人皆知的历史事实。也许是囿于见闻，伏尔泰对清代的文字狱似乎是一无所知的。他特别崇拜的雍正皇帝，其实就是一个以文字来迫害

---

① 伏尔泰：《哲学通信》，142页，上海：上海人民出版社，2005。

人而且特别严厉的皇帝。而儒家虽说没有将圣人直接地升格为神，但其实也不遑多让。而从对待圣人思想的方面来说，儒家的保守更是有目共睹的，数千年来，儒生们只是以“述而不作”的态度来对待圣人的经典，死守着“我注六经”的原则，不敢越雷池一步，这虽然并不是孔子自身的责任，但是，儒家的这样一种态度从某种意义上说毕竟是从孔子对于礼教原则亦步亦趋的态度中来的，而儒家的这种态度当然也与伏尔泰向往的思想自由之间很难找到共同之处。就是说，对于儒学来说，思想的禁锢，已经不仅仅是一种在外来的压力下不得不做的事情，甚至在长期的熏陶中已经变成了士人的一种自觉。

伏尔泰对中国人在很古老的时代就表现出科学技术方面高明的智慧而在后来却不发展有着强烈的体会，而他在总结原因的时候也指出，原因之一就是中国人对先人成就的一种迷信式的尊重，不愿意对先人的东西作任何的改变。圣人的思想是古人的东西中特别重要的内容。因此，在这种情况下，即使是从逻辑上，也可以得出结论说，“思想自由”在中国文化中只能是一种特别“奢侈”的东西，是不太容易见到的。

第四节　伏尔泰看当时的中国

《风俗论》的正文，我们说过，是以关于中国文化的讨论作为开始，向着西方进展，然后又回到东方的。我们前面的内容，是《风俗论》正文的第1章和第2章的内容。在第195章，伏尔泰又回过头来讨论“17世纪和18世纪初的中国”，就是伏尔泰时代的中国。《风俗论》一共197章，其中最后的一章是总结，倒数第二章讨论的是日本，但具体的内容只是关于基督教在日本传播的历史，而不是日本本身的历史。而在中国的这一章中，虽然也涉及了基督教的传教士在中国的作为的问题，但主要是介绍中国明清时代的历史的。

在伏尔泰眼中，明朝原本是一个非常理想的国家和社会。“人类肯定想象不出一个比这更好的政府：一切都由一级从属一级的衙门裁决，官员必须经过好几次严格的考试才被录用。在中国，这些衙门就是治理一切的机构。六部居于帝国各官府之首：吏部掌管各省官吏；户部掌管财政；礼部掌管礼仪、科学和艺术；兵部掌管战事；刑部掌管刑狱；工部掌管公共工程。这些部处理事务的结果都呈报到一个最高机构。六部之下有44个常设在北京的下属机构，每个省每个城市的官员都有一个辅佐的衙门。在这种行政制度下，皇帝要实行专断是不可能的。一般法令出自皇帝，但是，由于有那样的政府机构，皇帝不向精通法律的、选举出来的有识之士咨询是什么也做不成的……所以如果说曾经有过一个国家，在那里人们的生命、名誉和财产受到法律保护，那就是中华帝国。执行这些法律的机构越多，行政系统就越不能专断。尽管有时君主可以滥用职权加害于他所熟悉的少数人，但他无法滥用职权加害于他所不认识的、在法律保护下的大多数百姓。”①

而且，“土地的耕作达到了欧洲尚未接近的完善程度，这就清楚地表明民众并没有被沉重的捐税压垮。从事文化娱乐工作的人数甚多，说明城市繁荣，乡村富庶。帝国内没有一个城市举行盛宴不伴有演戏。人们不去剧院，而是请戏子到家里来演出。悲剧、喜剧虽然不完善却已十分普及。中国人没有任何一种精神艺术臻于完美，但是他们尽情地享受着他们所熟悉的东西。总之，他们是按照人性的需求享受着幸福的。”②

但是，“导致波斯和印度覆灭的奢侈逸乐同样使中国在上个世纪经历了一次比成吉思汗和他的孙子们所造成的动乱更大的动乱。”③

伏尔泰以他特有的说故事的本领描述了导致明王朝覆灭的战争过程。在李自成和满族人的两面夹击之下，耽于安乐的明朝廷几乎没有还手之力。北京沦陷了。伏尔泰复述出来的崇祯皇帝临死前的作为，显得极具悲剧色彩。

随后，伏尔泰对满族在关外和入关的历史做了简单的描述。依照着他描述欧洲的蛮族的历史时所使用的模式，即野蛮人征服了文明人而自身变成文明人，虽然在中国发生的事情的过程与欧洲的多少有些区别：“时间并没有像在我们的高卢、英国和其他国家那样，使征服者民族和被征服者民众消除一切差别。但是，由于满族采取了汉族的法律、风俗和宗教，这

① 伏尔泰：《风俗论》下册，509～510页，北京：商务印书馆，1994。
② 伏尔泰：《风俗论》下册，510页，北京：商务印书馆，1994。
③ 同上书，509页。

两个民族不久就成为一个民族了。”①

伏尔泰对与他同时的雍正皇帝的评价颇高。“耶稣会士和其他的教士们都承认这位皇帝是历代帝王中最贤明、最宽厚的一个。他一贯关心减轻穷人的疾苦，让他们劳动，他严格地遵守法律，抑制僧侣们的野心和诡计，保持国家的和平和富裕，奖励一切有益的技艺，特别是土地的耕作。在他的治下，所有的公共建筑、交通要道和联结这个大帝国各河流的运河都得到了维修，工程宏伟而又省钱。在这个方面，只有古罗马人才比得上。”②

伏尔泰无比推重的雍正皇帝，从他的即位到他的作为，伏尔泰显然都不怎么真正了解。他最看重雍正的，其实是他对待传教士的那种态度。

关于雍正的即位，伏尔泰在《路易十四时代》中是这样描述的：“康熙皇帝并未指定四子雍正几个兄长继承帝位，而是指定雍正执掌帝国大权。雍正登基，兄长无人啧有烦言。孝道为帝国国本，因此，无论具有何种地位身份，对于先父遗愿抱怨不满，都是耻辱罪恶。”③

其实，我们知道，关于雍正的继位，是清初有名的四大疑案之一。虽然我们现在也没有确切的证据证明雍正的确是弑君者、篡位者，但是，在他继位后这种传言就已经存在，他还要公开地作出说明，至少说明在他继位的过程中皇族和朝廷内有反对者。当然，皇帝的继位过程中出现不正常的情况，在中国历史上并不新鲜，唐太宗、隋炀帝都是这样继位的。在继位的过程中，只要不出现政局的动荡，我们往往对这样的事情也并不那么重视。雍正其实也可以说是如此，即使他是篡位者，他也是一位成功的篡位者，他的政局基本是稳定的，而且，作为一位勤奋的皇帝，他在位期间也可以说的确做了伏尔泰夸奖的那样一些事情。但是，伏尔泰不知道，这位雍正皇帝在整顿官场纪律的同时，采用了一些非常极端的措施来加强皇权，如让地方官以私人信件的方式向他汇报在奏折中不便说的事情，其实可以视为鼓励告密。而这种做法，对于主张言论自由的人来说，无论如何也只能说是一种道德方面冲击底线的做法。而且雍正兴文字狱时专横的态度也可谓独出一格，他不满足于前人的那种肉体消灭的做法，开创了以

① 伏尔泰：《风俗论》下册，514～515 页，北京：商务印书馆，1994。

② 同上书，516 页。

③ 伏尔泰：《路易十四时代》，600 页，北京：商务印书馆，1982。

“洗脑”方式改造反满人士的做法，让当时的帝国士人几乎可以说整体陷入了一种真正的精神恐怖之中。

伏尔泰赞美中华帝国的笔调，很能让我们想起中国的启蒙中人们描述西方时的笔触。那是不折不扣的对于理想国的描述。对于中国的启蒙来说，对西方的误解固然是这种理想化的一个原因，但真正的原因是要建立一个理想的参照系，来批判自身的文化，因此，这多少是有一种“宿命”的成分在内的。而对于伏尔泰来说，则多半是出于对中国文化的误读——虽然他对这个世界上出现一个符合他的理想世界的完满例证的强烈愿望，应该也是他如此赞美中国文化的一个原因。

也正如现实中的西方人不能认同中国的启蒙者描述中的西方，我们其实也很难认同伏尔泰所描述的中华帝国的样子。

明帝国在中华帝国漫长的历史上，已经步入了后期，从总体上说，情况已经不十分美妙了。当时的中国，土地资源与人口的矛盾已经变得越来越激化。在朱元璋赶走了蒙古人，建立明帝国的时候，一方面是没收外族贵族的土地——所谓“无主的”土地，另一方面则是通过对官僚地主的屠杀，获得比较多的土地来支持他的均田政策。朱元璋将官僚定义为“公仆”，官俸之低，历代罕见，在土地方面也有强制性的反对兼并的政策。同时，由于蒙古人在撤退时几乎可以说是将帝国的上层整体地撤离了的，朱元璋就获得了一个按照理想的模式来重建朝廷的机会。明朝廷的体制，其实是一种以皇帝本人为最高决策者的极度专权的制度。如果说，伏尔泰所描绘的那种“官僚民主”制度在中华帝国的漫长历史中的确曾经存在过的话，也只是在明朝之前的某些帝国或者说朝代中，而绝对不会是明朝。在实践中，朱元璋的理想模式变得无比荒谬，可以说，明帝国在中国历史上是最糟糕的一个大帝国。在明帝国，土地的兼并事实上一直没有停止，而且，皇庄正是最刺眼的兼并源，到明中叶，在国家注册的土地已经只有明初的一半左右了。而官奉的低薄不仅没有造就出一个廉洁的政府，由于中国的宗法关系和礼教的原则都要求官僚维持一种“体面的”生活，其宗族也总是需要他们的维护，而专制的政体使得官员拥有缺乏监督的权力，这种低薪制度不过成为通向“陋规”公行的道路而已。明清两代的官场，贪污成为一种“制度”，实在不能不说是朱元璋的“功劳”。而朱元璋所建立的皇帝专权的制度，也变成了一种世界上很少见的无效率的专制制度。明帝国的

动员能力之低下，在中国历史上所有的大朝代中可以说是首屈一指的，不仅是在后期，就是在中期的明帝国，在与分裂中的蒙古人也先部打仗时，那种失败到连皇帝本人都被俘虏，在中华帝国的历史上即使不能说是绝无仅有，也是极少有的狼狈的。而官僚组织内部的纪律之松弛，可以说也是历朝之最。明清时代官僚们的颟顸无能是我们非常熟悉的。明朝的灭亡，固然是由于"内外交困"，是李自成和满族双重打击下的结果，但根本的原因，仍然是明帝国自身的动员能力的消解，倒不是伏尔泰所说的"耽于安乐"——崇祯这个末代皇帝，在所有的末代皇帝中也算是一个"异数"，他其实在很认真地履行他的职责，只是面对他治下的帝国自身，他实在只能说是回天无力了。

关于清代，尤其是在伏尔泰的时代，清帝国正处在历史上所谓康雍乾的"盛世"时代。由于明万历年间从中亚引进的玉米、番薯等高产而耐干旱和贫瘠土地的农作物在这个时代进入普及时期，北方的可耕地面积大幅增加——原来不适宜种植小麦和小米的山坡地、贫瘠地，都被开发成了可耕地——贵州、云南等山区也变得具有了开发的价值。而清政府为改变明末的战乱造成的人口流离而推行的移民政策也比较奏效，土地与人口的矛盾在一定程度上有所缓和。但是，由于"清承明制"，皇权集中和官僚贪污及颟顸的状态可以说没有什么改善。前清几位皇帝的穷兵黩武，也使得帝国内部的各种矛盾日益激化。在伏尔泰写下这些赞美之辞之后百年左右，鸦片战争就爆发了，中华帝国的腐朽本质就彻底地暴露了。我们怎么敢相信伏尔泰所描述的这样一个几乎是完美的帝国，在数十年内，就变得如此不堪一击了呢？其实，正如曹雪芹所描绘的贾府一样，清帝国虽然表面上看起来是"烈火烹油"，花团锦簇，但是"内瓤"已经坏了。就是说，清帝国的内在矛盾，其实在前清盛世就已经酝酿着，而且其实已经相当深重了。

我们知道，清帝国由盛转衰的标志性事件之一就是白莲教的起义。白莲教的第一次起义是在乾隆三十九年，即 1774 年，那时伏尔泰已经 80 岁了。在他写作《风俗论》的时候，对于清帝国中这样的不幸事件当时是无法知悉的。

但是，白莲教是一个在民间长期以来就存在着的教派，他们的起义说明他们的力量已经发展到足以影响到帝国的政治运作的程度了。风暴起于青萍之末，事实上，清帝国的内部矛盾，是在帝国延续其发展政策的时候就孕育着的。我们刚才说过，前清的盛世是与朝廷鼓励移民方式的土地开发与新农作物的引进相关的。正是在这种政策的鼓励之下，当时先是向着在战争中变成荒原的中原、四川和两湖地区移民，而后则向着更西部的贵州、云南、川西等地区挺进。这些地区的自然条件其实已经不能说优越，甚至可以说是相当恶劣。但是，移民的风潮一旦发动，在信息滞后的情况下，人口密集地区的无地过剩人口会在前期移民生活改善的消息的诱惑下形成相当盲目的运动。而且，东部地区人口密度巨大，那里的生存压力也会迫使大量的移民产生。这样的大规模移民，不仅由于过度开发给这个生态本来就很脆弱的地区带来了灾难性的影响，也使得整个帝国内的政治矛盾变得尖锐起来。事实上，白莲教就是一种以游民为基础的以互助为宗旨的帮会类的教门，其宗教的意味要大大地小于帮会的性质。白莲教的起义说明游民的数量已经达到整个社会的生产能力难以容纳的程度了，这也直接说明，在清帝国，人口与土地资源的矛盾这个相当古老的难题已经又一次出现，而且是在一种新的条件下，以一种新的形式出现了。事实上，后来的太平天国，也是以游民为主体的起义，与白莲教的性质并无本质的不同。而如果我们向着清朝更早的方向追溯，就会发现，体现着土地与人口的矛盾的，不仅是内地游民的起义，还有西部少数民族的起义。

我们知道乾隆年间的大小金川的藏民起义，但是在一般的历史书中，都只说明这次起义发生的一些直接的“诱因”，而没有涉及最根本的原因。在我看来，大小金川藏民起义的最根本的原因，是由于汉族移民在向着西部的迁徙中对原本生活在那里的藏民的生活空间形成了越来越大的压力，随着人口密度的增加，藏民自身中的矛盾也变得激化起来，在他们争夺生存资源的过程中，涉及了政治权力的问题，引起了清廷的介入。这次起义的规模并不大，因为当地的藏族人口并不多。但是，镇压这次起义清廷的耗费却非常惊人，这一方面固然是由于当地的地形复杂，清廷的军力在那里难以施展。另一方面也说明起义者的意志非常坚定。这说明，他们当时遇到的矛盾是生死攸关的，因此，虽然一时在军事上失败了，被镇压下去了，起义却会立即重新爆发。最终解决矛盾，是在长期的战争中藏民损失了大量的人口之后，在当地实行军屯，建立“流官”政府，即取消当地的“土官”政权的方式结束的。这就是说，是在强制藏民改变其习惯的农业、牧业、狩猎混合的经济形式，而代之以比较单纯的传统农业的方式，才最

终解决的。传统农业在这里建立起来，对于这里的生态会有不利的影响，但在同样的土地上养活的人口则可以增加。矛盾一时之间得到了解决。这场被纳入乾隆的“十全武功”中的一场战争，其实与清帝国对西北边疆地区的战争是有着不同的性质的。对于新疆等地的战争多少有着保卫农业文明的意味，是中华帝国的生存环境给予帝国的一种责任，从某种意义上说也是不得不做的事情。而大小金川的战争，则是帝国内部矛盾激化的一种表现。这实实在在地说明，在清帝国的所谓前朝盛世的时期，清帝国内在的矛盾其实已经非常激化了。

这场战争发生在1742年，即乾隆七年。那时伏尔泰48岁，《风俗论》的写作尚未开始。但他显然对于发生在帝国边境的这场战争一无所知。这本也没有什么奇怪。伏尔泰的中国知识都是从传教士的书信和著作中得来的，而当时的传教士还很少深入到这些边缘地带，而中国的广阔使得这场战争的阴云并没有真正波及本土。就是说他们其实也并不知道，即使知道了也不会重视。

总之，伏尔泰眼中的当时的清帝国，其实已经不是那么美妙的。但是，既然对于伏尔泰来说，赞美中国只是要为他自己的宗教宽容的主张找到一个理想的现实例证，真实的中国究竟是什么样子，其实是并不重要的，尤其是，对于当时的欧洲人来说，中国是那么遥远、那么陌生，在中国究竟发生了什么事情，其实是极少有人知道的。当然，我也不是说伏尔泰是在撒谎或者说是受骗了。作为中学西渐来说，在伏尔泰的时代只有那样一种水平，传教士还不可能真正深入中国文明的本质，他们只是从儒学的经典中了解中国文明的精神，从一些非常表面的现象上对这样一些经典的内容做一些验证。而中国文明自身的一种统治方式，对于西方人来说，其实是非常难以理解的。

其实，不仅伏尔泰当时的中华帝国出现了问题，从根本的管理方式上说，中华帝国的管理模式对于西方世界这样一种以工商业为经济基础的文明来说，也是根本不适合的。

如著名的历史学家黄仁宇先生所说，西方在近代，开始了一种“以数目字进行管理”的国家管理模式。这种模式就是所谓现代化的管理模式，是一种以工商业为基础的社会生活中才有可能出现的管理模式。而在中国，帝国管理国家的方式，就是先设定一个大概念，然后按照这个概念向着全国笼罩下去，如果有什么地方的现实与这个概念不符合，也不是修正概念以适应现实的情况，而是反过来让事实向着概念靠拢。这里当然说不上按照数目字来进行管理。一种数目字的管理，首先要求经济生活中有着严格的会计制度，社会组织与政权组织之间也需要有密切的联系和沟通，而对于中国来说，小农经济是其基础，帝国的统治和管理，从自身的形式上说虽然相当规整，但管理本身却是非常粗疏的。对于传教士们来说，他们可以了解帝国的制度，发现其从理论上说来的规整，形式上说来的严格，而当他们观察社会生活的时候，会发现在社会自治的情况下的一种自然的秩序。其实，这样一种自然的秩序正是由于政权的管理不能有效地存在才出现的，但却完全可能给人在朝廷的严格管理之下社会秩序井然这样一种印象。真正说来，中国古代的这种统治既然存在了两千年之久，当然是有其存在的理由，也有其合理性的基础的。只要帝国中各种矛盾，尤其是土地与人口的矛盾不那么尖锐时，帝国的这样一种管理模式，就会造就出天下太平的景象。但是，一旦出现内外矛盾，帝国自身的动员能力是非常有限的。其根本的原因，就是帝国的上层组织与基层的社会生活之间，其实只有非常有限的联结。

伏尔泰的时代，人们对现代生活的本质也还缺乏必要的了解，对中国发生的事情也只能以一种良好的愿望来代替事实。我们看到伏尔泰对中国的赞美，只能说，我们的中国如果真的曾经如此的美好，我们的先人的生活可真是让人羡慕啊!

第七章　伏尔泰评说传教士在中国的活动和境遇

伏尔泰对中国的了解，都是从基督教在中国进行传教的传教士那里得来的，在关心着中国文化的本质的同时，他自然也关心传教士在中国的活动，而且，还通过传教士在中国的境遇来理解中国文化本身。

伏尔泰在他的若干部大著作中都有关于中国文化的专门章节。上面所说的《风俗论》中自不待说，作为它的续篇的《路易十四时代》的最后一章也是关于中国的，《哲学辞典》中也有若干关于中国的条目。但是，几乎在所有的关于中国的章节中所讨论的内容，都会涉及传教士在中国的作为，尤其是他们在中国进行的基督教各个不同教派之间的争论。有一些可以说专门就是讨论这样一些基督教内部的争论的，中国文化只是构成了这种争论的一种新的背景。

然而，一种新的背景对于理解这样一些争论的本质，对于展现这样一些争论自身的荒谬，却的确是很有帮助的。

《路易十四时代》的最后一章所讨论的，其实就是西方传教士在中国的争论以及这种争论引起的清政府的反应。从中，我们不仅能够发现基督教中这种派别争论的荒谬，也能够发现伏尔泰对中国文化的那种赞美。当然，我们说过，这里面的误读其实是很多的。

第一节　关于《路易十四时代》

路易十四的名字后面被加上了“时代”两个字，充分地体现出这位被称为“太阳王”的君主在法国乃至欧洲历史上的重要地位。法国人将17世纪称为路易十四的世纪，而将18世纪称为伏尔泰的世纪。虽然他们对于世纪或者说历史的贡献是不同性质的，但的确可以说同样的伟大。一个伟大的文人所写的伟大的君王的时代，《路易十四时代》这本书的历史地位，的确是很少有地奇特。

作为一个文学家或者说诗人，伏尔泰所写的历史，文笔优美，他说故事的能力也不是一般的强。看他写的历史，对于当时的事件会有一种感同身受的体会，他对事件来龙去脉也有清楚的交代，因此会给我们留下深刻的印象，而不是如我们在读一些历史书时那样，一合上书，不是感到整个的历史云山雾罩，一片混沌，就是只发现一些粗略的线条，大事件的时序串联和大人物的世代接续，几天之后，这个线条就消失，一切就又归于混沌了。但伏尔泰所写的历史最值得注意的，是他不是将历史只写作帝王将相的编年史或者大事记，而是将眼光注视到当时的社会生活中，是他第一次将一个时代的制度、经济活动、科学和文艺成就等作为历史最关键的内容在历史书中揭示出来。

从篇幅上说，关于路易十四时代的历史事件的描述，仍然占有全书一半多一点的篇幅。作为历史著作，这当然是不可缺少的。值得注意的是，关于制度、科学、宗教和艺术等内容，占全书将近三分之一的篇幅。

我们在这里要注意的，仍然是伏尔泰关于宗教问题的讨论。伏尔泰将关于宗教问题的讨论放在书的最后四章。不仅篇幅占据了相当的比重，其地位也彰显出来，伏尔泰是将讨论的总结式的结论放在宗教问题，或者说，放在信仰自由的问题、思想自由的问题上的。

关于路易十四时代，伏尔泰从总体上给予非常高的评价，但是，他也严正地指出，这个时代也不是没有黑暗的东西存在的，而他所说的这个黑暗，最主要的就是指在信仰自由的问题上，在宗教宽容的问题上，这个时代不仅是做得不够的问题，而是比起法国历史上的亨利第四的时代有巨大的退步。

伏尔泰认为“勤于思考和善于鉴别的人（这更加罕有）却认为世界历史上只有四个时代值得重视。这四个兴盛昌隆的时代是文化技艺臻于完美的时代；是作为人类精神的崇高伟大的划时代而成为后世典范的时代。”[①]他认为，第一个时代是菲利浦（古马其顿帝国国王）和亚历山大（菲利浦之子）的时代，第二个是恺撒和奥古斯都的时代（即古罗马帝国的时代），第三个是穆罕默德二世（征服了东罗马帝国的土耳其苏丹）的时代，而第四个时代就是路易十四时代。

伏尔泰说：“第四个时代被人称为路易十四时代。可能这是四个时代中最接近尽善尽美之境的时代。其他三个时代的发现使这个时代得以充实丰富，因此它在某些方面的成就比其他三个时代的总和还多。说实话，在这个时代，也并非所有文化技艺都比在美第奇家族，在奥古斯都和在亚历山大统治之下更有发展。但是，总的说来，人类的理性这时已臻成熟。健全的哲学在这个时代才为人所知。这种说法是千真万确的：从黎世留红衣主教统治的后期起，一直到路易十四去世后的几年止，在这段时期内，我国的文化技艺、智能、风尚，正如我国的政体一样，都经历了一次普遍的变革，这变革应该成为我们祖国真正光荣的永恒标志。这种有益的影响甚至还不局限于法国的范围之内。它扩展到英国，激起这个才智横溢、大胆无畏的国家当时正需要的热情。它把高雅的趣味传入德国；把科学传入俄国。它甚至使委靡不振的意大利重新活跃起来。欧洲的文明礼貌和社交精神的产生都应归功于路易十四的宫廷。”[②]

但是，伏尔泰也并不认为这个时代真的就是尽善尽美的，真的“灾难消除，罪恶绝迹”。他认为“热爱和平的公民培植的各种技艺臻于完美，并不能阻止王公贵族野心勃勃，平民百姓兴风作浪，教士僧侣骚动叛乱，欺诈作伪。”[③]伏尔泰对于路易十四的穷兵黩武颇有微词，但是，这种四处用兵与路易十四的法国对于欧洲的积极贡献毕竟是一种一体性的行为。就是说，如果路易十四不如此，他也成就不了他的太阳王的成就。个人的野心成就了一种历史性的伟大事业。但是，在关于宗教迫害的问题上，我们所能够发现的，就是一种纯粹消极的东西，一些非常有才智的人将自己的天

---

① 伏尔泰：《路易十四时代》，5页，北京：商务印书馆，1982。

② 同上书，7页。

③ 同上书，7～8页。

才浪费在如此无聊的事情上，实在是不值得。

在本书最后的四章中，伏尔泰分别讨论了路易十四时代的四个重要的宗教矛盾或者说教派冲突，第一个是路易十四时代法国的加尔文教派，即胡格诺教派重新被迫害的问题，第二个是迫害冉森教派的问题。第三个是迫害寂静主义教派的问题，最后一个就是在中国关于如何对待儒学问题在基督教传教士当中的争论，倾向于认为儒学也是一种对唯一的神的信仰的耶稣会教士在这个争论中落了下风。但是，伏尔泰在这里主要还不是要为这样一些争论定出个是非真伪。虽然他自己在这些宗教所相信的各种道理中还是有自己的倾向或者意见的，他认为儒学不是如多明我会传教士认定的“无神论”，而是信仰唯一的神的，他在《哲学辞典》的“信仰自由”条目中直接将儒生称为“中国一神教徒”。[①] 但在他看来，真正的问题在于，一个人固然可以、也应该保有自己的信念，但是，也应该容忍他人有保有自己的信念的权利。如果只承认自己的真理，对不同意自己意见的人就以暴力来迫害，其结果，只能是整个文化，整个民族都受到伤害，迫害式的争论的结果，只能是两败俱伤。

法国历史上的胡格诺战争曾经给整个法国的社会生活造成极大的破坏。在亨利第四继承王位，颁布了“南特赦令”，宣布信仰自由之后，法国逐渐恢复了元气，正是由于全体法国人的努力——其中包括许多有才智的胡格诺教徒——才成就了伟大的路易十四时代。在路易十四当政的早期，仍然有许多优秀的胡格诺教徒在为路易十四的政府效力，为路易十四实现他的辉煌作出了贡献，也使得整个法国的经济和文化都获得了可喜的进步与发展。但是，在路易十四的后期，国王宣布取消南特赦令，强迫胡格诺教徒改宗，甚至不惜采取暴力手段。残暴的手段引起了强烈的不满，使得整个社会生活动荡不安起来。许多胡格诺教徒由于不愿改宗而逃亡，国王则派士兵围追堵截，造成许多严重的冲突，一些地方甚至发生了民变，演变成战争。对于胡格诺教派的迫害使得当时许多富有的商人携资逃亡到周围新教占优势，或者采取了宗教宽容的原则的国家，不仅给当时的法国经济带来巨大的损失，对于此后法国经济和文化的成长也带来了长远的消极影响，因为胡格诺教作为加尔文教的一支，本身就与一般新教一样是以城

---

① 伏尔泰：《哲学辞典》，714 页，北京：商务印书馆，1991。

市居民为主体的教派，其中包括着当时法国几乎所有的富有和有着经济才能的商人，这些人的离去给法国带来的消极影响是双重的，不仅削弱了法国的经济，还使得如德国这样一些本来比法国落后许多的国家和地区的经济在这些胡格诺教徒的财富和经验的帮助下有了迅速的发展，这些国家的强大对于法国来说，就意味着在国际冲突中处境变得更加不利。

在讨论完路易十四时代对胡格诺教派的迫害之后，伏尔泰说："极端的宗教狂热引起的过火行动在英国无法成功，因为哲学在这里开始居于统治地位。自从天主教、福音教和加尔文教派等三个教派在德国同样受到威斯特伐尼亚条约保护以来，这种过火行动再也不能在德国引起骚乱。荷兰联省本着政治的宽容精神，对所有教会兼容并纳。总之，在本世纪行将结束之际，只有法国，尽管理性在那里已经取得进展，仍然饱受大规模的宗教纷争之苦。这种理性输进博学之士的头脑如此缓慢，几乎还不能在圣师们的心中露头，更难在一般平民心中萌生。理性必须首先在首要人物头脑里确立，然后逐步下达，最后主宰百姓。百姓对理性并不了解，但由于看到他们的长上已经变得温和节制，于是群起效仿。这是时间的伟大功业之一，但这个时代尚未来到。"①

冉森教派本身只是一个小教派，伏尔泰说："加尔文教派必然产生内战，动摇国家根基。冉森教派则只能引起神学争论和笔墨官司。"②中国人对于这种神学争论一般都很陌生。由于很少有基督徒或者说天主教徒，对于《圣经》和圣经故事也不熟悉，对于各种教义——应该说是奥义——更是隔膜，对于冉森教派这样一个在历史上只是在比较短的时间里在法国小小地兴旺过一阵的教派自然不怎么知道，对于这个教派的教理和它所受到的迫害，自然也所知甚少。但是，我们应该都知道帕斯卡尔，他是一位冉森派的教徒。帕斯卡尔是有名的数学家，数学中有以他的名字命名的帕斯卡尔行列式。是著名的物理学家，大气压以他的名字作为单位，还是有名的哲学家，他的《外省通信》和《思想录》为中国的学人所熟知。我们对于天主教中教派之间的歧见引起的纷争也不容易产生强烈的体会。但是，如果我们知道，如帕斯卡尔这样对法国文化有如此巨大贡献的人，却因为他是冉森教徒而不能进入先贤祠——即伏尔泰的雕像站立在其大厅中的那个万圣

---

① 伏尔泰：《路易十四时代》，545页，北京：商务印书馆，1982。

② 同上书，546页。

殿，因为这个纪念馆是由一个天主教的教堂改造成的——我们就比较容易对这种争论的严正产生一些印象了。伏尔泰曾经被教会指责为无神论者，在他死后，也曾被禁止埋葬在教堂的墓地，但是，由于他并没有直接地加入过任何教派，他最终不仅能够进入万圣殿，还能够站立在大厅里。法国人在宗教宽容的精神终于建立了主体价值的地位之后，已经不再以一个人的宗教信仰问题来抹杀他对法国文化的贡献，天主教徒也已经能够冷静地对待如帕斯卡尔这样的伟人。为了对帕斯卡尔的贡献表示尊重，他的坟墓被安放在先贤祠旁边的一座小教堂里，他的名字被刻在前台的一根柱子上。然而，毕竟，他仍然不能进入先贤祠。我们可以想见基督教对于教派的区别到底有多么重视了。

伏尔泰说："虽然这个教派确有若干才能卓越、品德高尚而极其可敬的信奉者，但这一派的教徒终于还是眼睁睁看到自己的教派几乎在整个欧洲受人藐视。"①伏尔泰所说的这些高洁之士中，就包括帕斯卡尔。

关于冉森派所信仰的奥义，在伏尔泰看来——在我们看来也是如此——则显得很无聊。伏尔泰这样描述冉森派的起源："最初，卢万的一个名叫米歇尔·贝，而根据当时的迂腐习俗则被称为巴伊乌斯的圣师，在将近1552年时，竟然提出了一些关于神的恩典和灵魂归宿预定论的陈述。这个问题，几乎像整个玄学一样，就其实质而言，属于使人迷茫的宿命论和自由论之列，所有古人无不迷失于其中，今人也没有引路的线索。"②冉森派特别热衷于奇迹，认为人的任何成功都是神的恩典。作为非基督徒，我们实在很难理解一些如此杰出的人物为什么会为了这样一些问题而不惜以性命相搏。但是，由于他人有这样一种信仰就要迫害他们，甚至要剥夺他们的生命，也实在是太过疯狂。在伏尔泰看来，迫害不同意见的人只能是自杀式的：反对冉森派最力的耶稣会在冉森派最终被压制下去之后，自身也被遗忘了，因为它在与冉森派的争斗中壮大起来，在敌手消失后，自身也就失去了存在的意义。

关于寂静主义的争论也是如此，即使人们对于一些非正统的做法可以表示不同意，但是，迫害的结果往往只是为它们扩大影响，让它们吸引更多的信众而已。寂静主义带有很强烈的原始宗教的色彩，相信预言，而且

---

① 伏尔泰：《路易十四时代》，546页，北京：商务印书馆，1982。

② 同上书，546～547页。

相信人们可以通过一些修炼而让自己具有预言的能力。这个教派似乎特别能够吸引女信众。在伏尔泰看来，这种主张的荒谬是非常明显的。但是，当对于一种信仰方式的反对与各种政治冲突或者利益结合在一起之后，它就会产生非常严重的后果，会引起暴力冲突。

在伏尔泰看来，这种宗教冲突的真正原因，都并不是所谓"宗教狂热"，就是说并不是人的精神缺陷造成的，而是由于对权力的追逐。"教理思想把进行宗教战争的狂热注入人们心中。我曾经长期探究：这种教理思想，曾经使古代异教的各个流派分裂，但并没有引起任何纷争，那么，它究竟怎样和为什么却在我们中间产生如此可怕的动乱呢？这绝不仅仅是宗教狂热所致。因为裸体修行者和婆罗门教徒，这些人类中最狂热笃信的人，从来都只是把苦难加在自己身上。这蹂躏世界的新瘟疫的根源难道不可以在共和精神的这场天然斗争中寻找吗？这种共和精神曾经激励最初的教会起来反对那痛恨任何形式反抗的当局。那些最初在地窖和岩洞里对抗某些罗马帝国皇帝的法令的秘密集会团体逐渐形成国中之国，即隐藏在帝国内部的共和国。君士坦丁使这个共和国脱离地下状态并使之与王权并列。不久，主教的权威便与迄今一直激励着基督教徒所有集会的民众精神对立起来。……任何权威都暗中伤人，尤其是因为任何权威都总想与日俱增。当人们找到一个被认为是神圣的口实来反对这种权威时，便立即把造反奉为天职。于是，一些人成了迫害者，另一些人成了造反者。双方都请上帝作证。"①

伏尔泰似乎对在宗教冲突中的双方是各打五十大板的。我们出于一种习惯性的"立场式思维"，会认为伏尔泰有些不分青红皂白，但是，只要认真想一下，就会发现伏尔泰这样说的理由何在。

伏尔泰描述了一种历史上的迫害与反迫害的循环。基督教徒在罗马帝国的时代是被迫害的。但在他们取得了权力地位之后，自己也自然地进入了迫害和造反的怪圈，他们迫害异端和异教，而这些人则变成了造反者。我们可以假设，一旦这些造反者取得了胜利，也获得了权力地位之后，情况会如何呢？从整体的"迫害—造反"的思维定式上看，我们可以大体断定，他们不过是变成一个新的迫害者，从而引起新的造反。

---

① 伏尔泰：《路易十四时代》，518～519页，北京：商务印书馆，1982。

我们为什么就不能对不同的信仰，不同的思想采取宽容的态度呢？

事实上，伏尔泰并不是那么不分青红皂白的。在他看来，在这样的冲突中，掌握着权力的人的态度是更为关键的。在他看来，如果政权能够以公正的法律来限定这种思想领域中的争论，不让这些争论变成暴力性的迫害，则各种信仰问题上的争论也就无伤大雅。问题是这种宗教争论总是要由宗教裁判所来判决，这种内部的判定是很难做到公正的，裁判者自身的立场是影响裁判公正的问题，另外这种内部的裁判自然就会造成一派压制另一派的基本态势。如果是政权的法庭来裁判，由于法庭是置身事外的，其裁决无论对哪一方有利，都不会造成迫害——当然，这就需要法庭或者说朝廷保持自身超然的或者说公正的立场，如果像路易十四对胡格诺教的这样一种态度，那就和宗教裁判所的裁判没有本质的区别了。

其实，我们不难看出，在伏尔泰看来，中国的朝廷对付传教士的争论的方法是非常值得推崇的。

在中国的争论，结果就是中国的朝廷禁止传教，无论你是哪个教派都一样。

第二节　关于中国礼仪的争论

伏尔泰在《路易十四时代》的最后一章不厌其详地描述了耶稣会和以多明我会为首的其他教派的传教士关于中国礼仪问题的争论，以及由此引起的中国朝廷的干预和最终被禁止传教的过程。伏尔泰本人的同情，显然在中国的朝廷方面。虽然他也觉得传教活动最终被禁止是相当遗憾的，但这也可以说是传教士的纷争引起的恶果。

争论的直接对象虽然是中国祭祀祖先的礼仪和儒家的“天”究竟是神还是自然这样一些问题，但从根本上说，分歧的产生仍然根源于基督教教义。

从伏尔泰对《路易十四时代》的篇章安排来看，显然他是将传教士在中国的宗教辩论当做是法国境内的辩论的一种延伸的。

当然，将中国的礼教作为争辩的对象，对于基督教这个从出现起就教派分歧不断的宗教来说，仍然是一个新问题。但是，判断中国的儒家学说和礼教仪式的本质，所依据的，当然仍然是基督教的教义所规定的一些

标准。

我们在导论中已经讨论过传教士在中国的争论，即利马窦的传教原则和多明我会的传教原则的争论。从法国传教士的方面说，在中国的主要是耶稣会的传教士，而他们在中国的传教活动中基本是同意利马窦的原则的。虽然在法国本土，耶稣会是以坚持正统教义，即教廷公开发布的教义为特征的，但到中国的传教士，却同意了利马窦的变通的传教原则，这个事实似乎本身是有一定意义的。

伏尔泰从原则上说是比较倾向于认同利马窦的原则的，但是，如果从理论或者概念的意义上说，伏尔泰对中国礼教的态度与利马窦，尤其是耶稣会的观点其实是有重要区别的。

让我们先来看看伏尔泰对这场宗教争论的描述。

伏尔泰首先对中国文化进行了简单的全面描述，如我们在《风俗论》中看到的，他认为中国这个文明古国虽然由于过分尊重古人而在科学方面鲜有进步，但在道德方面，却可以说是世界历史上最高明的："中国人因为两千多年来故步自封、停滞不前，所以在科学方面碌碌无为，由于它是世界上最古老的民族，它在伦理道德和治国理政方面，堪称首屈一指。"①耶稣会的传教士们"利用欧洲的科学，终于在他们尽力教育的中国百姓的子弟中间，暗暗播下基督教的种子。"②然而，矛盾也因此而起："一些也在中国传教的多明我会修道士指控耶稣会修道士在布讲基督教教义时容许偶像崇拜。这个问题和在中国应该如何为人行事这个问题一样，十分棘手。"③

问题的关键概念是"偶像崇拜"。

不熟悉基督教教义的人，很难理解这个概念的确切含义和它对于基督教信仰的重要性。在人类的神秘思维中，一个信仰的对象或者说崇拜的对象是必需的。在原始人类中，由于礼仪活动的需要，设立一个形象的崇拜对象来代表信仰的对象，是一种常见的做法。由于古人的神秘思维最初是巫术性的，在礼拜的活动中，这种被崇拜的形象就连带地似乎具有了神性。在后来的宗教中，有许多都是有着偶像崇拜的，典型的如佛教，庙宇和一些洞窟中的佛像，不仅构成了特殊的宗教文化景观，这样一些偶像自

① 伏尔泰：《路易十四时代》，594 页，北京：商务印书馆，1982。

② 同上书，595 页。

③ 同上书，595 页。

身也往往是非常神圣的。佛教至今还有“开光”的说法，这正是要让一些“俗物”具有“神圣性”的仪式。我们也在前面讨论过犹太教在一种特殊的历史条件下形成了一种严禁偶像崇拜的律条，我猜测这是犹太人为了消除部族内部各个部落之间的差别，建立统一的内部话语的一种努力的结果。这里最主要的意义在于避免在神通过偶像形象上的区别而造成犹太人各个部族的分裂，而同时，也可以通过这种无偶像的宗教而让自身与其他的民族区分开来。在犹太教派生出基督教后，这种律条被一体地接受下来。但是，这还只是一个方面。由于基督教是在罗马帝国的世界中诞生的，而罗马人的宗教自身带有强烈的原始宗教的色彩，不仅不同的部族崇拜着不同的神，而且诸神都是有着人的形象的，就是说，是典型的偶像崇拜的宗教。当基督教在这样一种文化氛围中产生出来的时候，为了彰显自身的个性，彰显自己的信仰的特殊，自己的信仰不同于罗马人所有的宗教，从而保持教团自身的团结，这个律条就得到了格外的强调。早期的基督徒都是穷人，他们的宗教活动也由于迫害的存在往往不得不采取秘密的形式，在这种情况下，没有偶像的崇拜反而使得宗教活动更容易进行，这也许也是这样的律条变得更彰显的一个原因。但是，事实上，在基督教当中，偶像崇拜的倾向其实始终存在着，不仅圣经故事中有着反对内部进行偶像崇拜的派别的斗争，在天主教中表现得更为清楚。天主教教堂中耶稣基督的雕像和画像，已经构成了一种特有的文化景观，它们的面前也总是插满了祈福的蜡烛。虽然信徒们会比较清楚地宣称，这些只是雕像，而不是神本身，但是这些偶像表现出某种神迹或者奇迹的事情，还是不断地发生。我们可以说，从基督教诞生时起，关于偶像崇拜问题的争论就没有间断过。但是，究竟什么算是偶像崇拜，如天主教的这种做法算不算偶像崇拜等，却也始终难以作出确切的规定。在这样的争论中，只有一点是可以确定的，那就是：偶像崇拜是“异教”的典型特征。如果什么人被指责为偶像崇拜者，那就是一种异常严厉的指责甚至是诅咒，就是异教徒或者就是无神论者的代名词，就意味着这样的人是会遭受天谴的。

关于中国礼教和儒学的争论，就是围绕着这种宗教或者学说究竟是否属于偶像崇拜的问题展开的。

但是，就耶稣会和多明我会的争论本身来说，并非是直接针对着中国的礼教究竟是否属于偶像崇拜的宗教问题的。对于耶稣会中一般的传教士

的意见，对于礼教是否属于偶像崇拜，并没有给出确定的意见。他们的不指责中国人祭拜祖先和祭祀孔子的活动，明显带有一种从策略的考虑而迁就中国人的古老习俗的倾向。

伏尔泰是这样描述罗马教廷关于中国礼仪问题耶稣会和多明我会的诉讼的："1645 年，多明我会修士把关于中国的习俗的问题，向罗马宗教裁判所提起诉讼。该所根据多明我会修士的报告，宣布在教皇就这一问题作出裁决之前，对中国的礼仪暂加禁止。耶稣会教士在这场官司中，为中国人和他们的习俗辩护。取缔禁止中国的习俗，就必然使基督教无由传入这个酷爱自身习俗的帝国。耶稣会教士陈述了他们的理由。1656 年，宗教裁判所准许中国读书人崇拜孔夫子；准许后辈尊敬长辈，但遇到迷信情事，则应提出抗议，加以反对。"①

我们应该注意到，耶稣会教士的理由是尊重中国的习俗。这里，他们显然有意避免将中国的礼教称为宗教，而是认定为习俗，这可以避免将他们指责为向异教妥协，甚至是将他们的做法称为是异教的。另一方面，他们也并没有直接说明，对孔子和祖先的礼拜，究竟是否属于偶像崇拜。

就伏尔泰本人的看法来说，他更倾向于同意一部分耶稣会士更极端化一些的看法。伏尔泰引用在中国的传教士中相当有名的耶稣会士李明的话说："这个民族将近两千多年来，始终保持着对真神的认识，他们在世界上最古老的寺庙中祭祀造物主。中国遵循最纯洁的道德教训时，欧洲正陷于谬误和腐化堕落之中。"②在伏尔泰看来，中国人所崇敬的天就是天帝，他还不厌其详地描述了乾隆皇帝与科农主教墨克罗在朝堂上的辩论来证明他关于中国人的天即"天帝"，而不是自然的"天空"的看法。"科农主教获蒙皇上召见。他中文懂得很少。皇上首先要他解释御座上方牌匾的四个漆金大字。墨克罗只认识其中两个。但他坚持认为皇上在匾额上的御书'敬天'二字并无'崇敬天帝'之意。皇上通过翻译对他耐心解释，这两个字正含此义。皇上屈尊与之详作研讨，指出礼敬亡人无可非议。主教坚持己见，全无所动。"③老实说，要从理论上真正弄清楚伏尔泰和多明我会的看法究竟谁对谁错，绝对不是一件简单的事情。在我看来，由于从根本上说

① 伏尔泰：《路易十四时代》，595～596 页，北京：商务印书馆，1982。

② 同上书，597 页。

③ 同上书，599 页。

中国人的神秘思维方式与基督教的或者说西方一般的神秘思维方式就不相同，要找到天与上帝之间究竟是相同还是不同的论点，都只能是似是而非的，或者说，都是不太可能的。而即使我们真的从概念上将这样一种区别和相同说清楚了，对于解决传教士之间的争论也不会有实质性的帮助。因为在基督教中，不同的教派对他们自己崇拜的上帝的本质，就存在太多不同的理解——正如中国人对于天和天帝其实也是存在着不同的理解的。

我们在前面的讨论中说过，在伏尔泰看来，既然天帝是唯一的或者说最高的神，与基督教中所说的上帝，就没有本质的区别，而只是名称上的区别，因为唯一的神自身既然是无限的，人类用什么名称来称呼他，就都不可能超出他的范围。而这样一种看法，恐怕当时任何正统的基督徒都不可能同意。而伏尔泰之所以坚持认为中国人所崇敬的天就是天帝，而这个天帝与基督教所说的上帝就是同一个神，或者说同一个神秘存在，正是基于他自己对于上帝的这样一种理解的。

传教士的这种争论，或者不如说，在传教士的争论中，代表着正统教会的意见，即认定中国人对孔子和祖先的崇拜是偶像崇拜，而认定儒学是一种无神论的看法占了上风，带来的结果则是清廷禁止基督教在中国进行传教活动。

如果我们没有忘记伏尔泰关于宗教信仰自由的原则的话，就应该说，伏尔泰从原则上说应该是并不赞成禁止传教这样一种做法的，这无论如何也不能说是一种尊重信仰自由的做法。但是，有趣的是，伏尔泰虽然对禁止基督教的传教活动的禁令表示了遗憾，但用了许多的篇幅来为清廷——不如说是雍正皇帝——的做法辩解。他没有直接说基督教的传教活动应该被禁止，而是反复地强调，作出这样的决定的皇帝本身是非常英明的皇帝，对自己的国家治理得非常好，为人民作了许多的好事，而在禁令的执行过程中，皇帝采取了非常文雅的做法，等等。他引用雍正皇帝的弟弟的话来为中国禁止传教的行为辩护："'你们的事使我很为难。……你们同其他欧洲人在中国礼仪问题上争吵不休。这对你们已经为害无穷。如果我们中国人去你们欧洲，也和你们在中国同样行事，你们会怎样说呢？你们老实说，这你们能容忍吗？'这番话很难反驳。"[①]甚至，对于有传教士因为非

① 伏尔泰：《路易十四时代》，602～603页，北京：商务印书馆，1982。

法传教而被判处死刑，伏尔泰也表示是正常的，可以理解的，因为对于触犯法律的人依照法律的规定来判处，是正常的。在他看来，“前来帝国传教布道的外国人之间的分裂不和，使他们传布的宗教名誉扫地。满清朝廷对欧洲人注意了解之后，得知不仅传教士内部四分五裂，而且在广州登岸的外国商人也分成派别，彼此不共戴天。在这种情况下，基督教就更加被人贬低。”[①]伏尔泰对于传教士们在中国的这样一种作为感到不齿。他在最后的评论中，语存调侃：“他们声称上帝曾为他们显灵，使中国地平线上的大片乌云中出现过四个十字架。他们认为这样说，就可以使他们的传教使命在欧洲受到尊敬。他们让人把这些十字架的图像刻印在他们的《有益和奇异的信札》里。但是，如果上帝要中国信仰基督教，难道他仅仅满足于把十字架悬放在云端，而不置放在中国人的心上吗?”[②]

鸦片战争以后，中国成为西方列强的殖民地和半殖民地，而传教士的活动在这样一种背景之下被定义为帝国主义入侵活动的先行，属于一种“文化侵略”的行为——其实这个概念是值得商榷的——因此，中国人对于传教士也普遍地缺乏好感，但是，当然，如利马窦等将科学带给中国的人除外。而在中国人的眼中，西方人就是帝国主义者，他们对于入侵中国这样的事情当然都是非常热衷的，而对于中国人也都是按照“华人与狗不得入内”的模式来看待的。事实当然并不是如此简单划一的。伏尔泰这样一种态度在西方人中当然并不是绝无仅有的。事实上，在西方，尤其是在启蒙思想所奠定的现代思想确立了主流价值的地位之后，西方的知识分子一般都将社会正义的概念作为判断是非的根本标准。在这样一种情况之下，他们一般都会批判自己国家中的那样一种“帝国主义”的态度。如上个世纪法国与阿尔及利亚的战争中，法国本土中的知识分子就普遍地谴责法国政府的行为。在某种意义上可以说，阿尔及利亚的最终获得独立，就是法国内部的这种斗争的结果。毕竟，法国在战场上并没有真正失败，而阿尔及利亚却最终独立了。鸦片战争的发动，在英国的议会中也只获得了微弱的多数，虽然战争最终仍然发动了，但反对这场非正义的战争的声音其实始终是存在着的。真正推行着“帝国主义”式的侵略政策的，是商人，或者说，是“人格化的资本”。伏尔泰是现代西方社会早期非常典型的知识分

① 同上书，600页。

② 同上书，603页。

子。他对基督教是随着商人的脚步走向世界的这一点看得很清楚。而伏尔泰作为一个成功的商人，在《哲学通信》中还对英国商人在英国的政治地位的提高表示了高度的赞赏，当然并不否认商人的这种行为的正当性。但是，如果他看到，他所尊敬的商人们在争夺市场的过程中最终诉诸武力，发动战争，相信他也会感到痛心疾首的。

第八章　伏尔泰看儒教

第一节　关于《哲学辞典》

在前面，我们讨论了伏尔泰与中国文化的关系中两个方面的问题，一个是伏尔泰对于整体的中国文化的评价，他对中国这个文明古国的道德治国的原则称赞不置，也指出了中国人思想保守，在科学知识方面不求进取，也少有建树；另一个则是对于基督教传教士在中国文化问题上的争论的看法。这样两个问题，其实都会归结到伏尔泰对于儒学或者说儒教本身的看法上来。对比起来看，其实可以说在伏尔泰的眼中，中国儒家文化的原则是可以当做当时欧洲的救世良方的，因为儒学的宽容精神可以用来矫正基督教的话语霸权主义。

伏尔泰在他的《哲学辞典》中有一个“中国教理问答”的条目，可以说就是关于他心目中的儒教精神的比较系统的表述。

《哲学辞典》并不是真正意义上的“辞典”，而是伏尔泰在他为反对教会而写的《袖珍哲学辞典》（也不是真正意义上的辞典）的基础上，加上他为《百科全书》和《法兰西学院辞典》所写的条目和一些哲学性的小文章汇集而成的。条目按照辞典的体例，以题目的字母顺序排列。从他所选择的条目来看，这也并不是一个用来全面地表述自己的哲学体系的作品，同样，我们也很难按照一般读书的方式来归纳出他在这里所要表达的主题思想。从内容上看，虽然被称为《哲学辞典》，但关于宗教的内容要更多一些。伏尔泰被后人称为宗教学家——注意，不是神学家。伏尔泰热衷于建立一种“理性的宗教”，“自然的宗教”，这种宗教没有宗教仪式，也不需要教会，当然，也只有有知识的人、有学识的人才有可能进入这样一种宗教的殿堂。按照这样一种宗教的理念，人们对上帝的信仰是不排斥理性的，但是，这也不是说，这样一种信仰是可以通过理性来“证明”的。可以说，理性和信仰是人类的两种互不干涉，原则上说也互不相干的思维方式。他说：“我只能从人类的观点来思维；神学家们从神的观点来决定，这完全是另一回事：理性和信仰性质相反。”①

话虽如此说，伏尔泰仍然坚持要用理性作为判断的标准来对各种宗教故事中的奇迹说三道四，就是说，他是以人类历史或者人类文化作为原则来解读这样一些宗教故事或者奇迹的。在他看来，这类神迹故事并不是为上帝服务，甚至也不是为信仰服务，而只是为“教会”服务的。他以理性的方式对这样一些故事进行“历史还原”。在他看来，有些历史故事变成奇迹是真实的历史事件被无限夸大和歪曲的结果，而有一些则是完全子虚乌有的欺骗，是那些所谓的“先知”们编造出来欺骗信徒的。尤其是对于《圣经》故事，伏尔泰极少认可其真实性。在他看来，这只是犹太人这个小民族、小部族的一个非常地方性的历史，其中涉及的数目字，几乎没有一个是可靠的，而他们的故事中使用的一些“世界性的”概念，在犹太教演变为基督教的过程中，就逐渐演变成了“世界历史”了。从这个意义上说，在伏尔泰那里，信仰事实上仍然是需要接受理性的检验的。

但是，这并不是说，理性可以为信仰作出“论证”或者说“证明”，就如笛卡尔等许多大陆理性主义哲学家们所做的那样，为上帝的存在作出种种逻辑推理方式的证明。相反，在伏尔泰看来，之所以要“信仰”上帝，就是因为理性其实并无能力证明上帝的存在。而反过来，如果一些所谓的“事实”，如先知或者一些狂热的信徒所宣扬的各种奇迹，如果是根本不符合理性的，如关于洪水的传说，关于诺亚方舟等等，则基本可以证明其不存在。在《哲学辞典》的“洪水”条目中，伏尔泰以调侃讽刺的笔调这样写道：

“这类奥秘是出于信仰而相信的，而信仰又在于相信理性所不相信的东西：这又是另一奇迹了。

① 伏尔泰：《哲学辞典》，56页，北京：商务印书馆，2005。

所以说世界洪水的故事也像巴别塔、巴兰母驴、耶利哥城墙应号声而倒、水变为血、渡过红海之类的故事一样，都是上帝施惠于他的那些杰出子民的。这些都是人类心灵所无力探索的深渊哪。”①

伏尔泰的意思是说，虽然信仰与理性是不同的思维方式，但并不是说，理性无法解释的事情就应该无条件地信仰的。这个世界上如果说有奇迹，那就是这个世界的存在本身，就是理性本身所依据的逻辑原则等这样一些属于理性自身所依赖的“前提”性质的东西，理性自身无法解释，但是，离开了这样一些东西，理性自身似乎就失去了坚实的基础。就例如牛顿设想的“第一推动”——伏尔泰的确将这个说法提出来过。这个世界的存在是无法否认的事实，而理性却无法说明这个世界的来源和它为什么会如此地运行。而对这个世界中的任何具体的事物来说，他们都在那个最大的，或者说唯一的奇迹的笼罩之下是符合理性的原则的。就是说，如果我们要判断一个不是我们自己直接地通过我们自己的感官感觉到的事物是否“存在”，就必须要通过理性的检验了。

总之，信仰是存在于理性的能力达不到的地方的，在理性有能力判断的事物中，理性是最高的权威，是判断事物存在的原则，也是判断事物不存在的原则。

对于中国的典籍中记录的历史，伏尔泰则几乎一字不漏地全盘接受，当做信史，即使他也说，伏羲氏从鸟背上发现文字仍然是神话，但总说明中国人在纪元前两千年就已经有文字了。从根本上说，是因为在伏尔泰看来，中国的古籍中记录的事件，没有什么不合逻辑的地方，其中既没有各种奇迹，也没有先知(预言家)之类的人物出现。

当然，我们现在已经不能再如此简单地依据伏尔泰的原则来肯定古籍中的记录了。一方面，事实上，在这样的记录中，仍然有许多的神话，只是伏尔泰囿于见闻，对这样一些古籍一无所知；另一方面，更为关键的是，对于历史上所发生的一切，人们的所谓“记录”，其实都是一种“解释”。就是说，历史本身就是“根据因果关系的法则描述”下来的，其中自然包含着记录的人对于事件，甚至是对于世界的看法。现代的考古通过“无言的历史”，为我们现在的人争得了更广阔的话语空间，使得我们可以

① 伏尔泰：《哲学辞典》，581～582页，北京：商务印书馆，2005。

用与古人不同的眼光来看待同一个事件的意义。正是基于各种各样新发现的事实，史籍中的许多内容已经被证明为不实，或者是需要重新解读的，《史记》中的记录所依据的只是当时的传说和司马迁依据自己的原则对于这些传统的记录或者解读。

但伏尔泰如此推重中国文化的态度，却在这样的一种谬赞中表露无遗。他为什么要如此推重中国文化呢？事实上是因为，他眼中的儒学，几乎完美地表述了他的宗教理念。

这一点在他的"中国教理问答"中表现得可谓淋漓尽致——虽然现在看来，他所描绘出来的儒学，与我们看到的儒学之间，除了一些细节方面的关联之外，很难找到共同点。尤其是他的那种理性推理方式的表述方式，我们更是无法在任何儒学思想的篇章中找到。伏尔泰这里所描述的与其说是儒学，还不如说就是他自己的自然宗教，虽然其中包括了一些他认为是儒学的内容——而且主要是他自己其实并不同意的那样一些内容，如灵魂的转世之类——而我们知道，其实儒学也并不主张这个。灵魂转世之类的传说基本是来自佛教的，伏尔泰显然是将一切存在于中国的思想都归给儒学了。

这是他晚年的作品，事实上，在此之前，他的基本思想已经形成，而他一生为之奋斗的目标，就是将信仰自由的理想变成一种事实。为此，他的思想的核心概念，即宗教宽容，在这部作品中，仍然是随处可见的。

第二节 "中国教理问答"

伏尔泰的中国教理问答，按他自己的说法，是"孔子弟子穀俶和鲁公子虢的问答录"。[①] 他还煞有介事地说："鲁是我们西方俗历纪元前 417 年周安王时的公国。"("中国教理问答"由前耶稣会修士福开神父译成拉丁文。稿存梵蒂冈图书馆，登记号 42759)[②]让人觉得他的这个对话录是古籍的记载，他只是翻译或者抄录似的。但是，这个对话是完全虚构的。不仅从哲学的意义上说，这位孔子的弟子所表达出来的意思与孔子的学说距离颇为遥远，更为明显的是，其中有许多的事情就是说的西方的历史，而这在孔

① 伏尔泰：《哲学辞典》，267 页，北京：商务印书馆，2005。

② 同上书，267 页。

子的年代，一位中国人是绝对不可能知道的。或者是佛教的故事，这在孔子的时代还没有进入中国。如，他让穀俶举出“迦勒底的教士们竟然要崇拜幼发拉底河里的竹签鱼”[1]这样的故事；让虢问出“有人告诉我们说佛化身为白象从第四层天降临人间”[2]这样的事情。

当然，这些对于伏尔泰来说，都并不重要，这样的游戏笔墨在当时可以说是一种时髦，而他真正关注的，也只是他心目中中国教理的“精神”或者说本质。要让西方人懂得他心目中的儒学精神，他心目中的孔子的精神，用大家都熟悉的话语来写作，当然是更容易达到目的的。

这个教理问答所“记录”的对话，一共有六次，其实，也就是说，是从六个方面，从六个不同的角度进行的，也可以说，是伏尔泰从六个方面归纳了他所理解的孔子学说的总体轮廓。

让我们跟随着伏尔泰看看他心目中的孔子学说是个什么样子。

第一次问答：关于“天”的概念

如果用一句话来概括伏尔泰关于中国人“敬天”的概念内涵，则在他看来，儒学意义上的敬天就是敬上帝，敬神。

老实说，在我看来，中国人心目中的“天”究竟是一种自然物还是神，始终就并不是那么清楚的。说天是自然物，并不是找不到证据的。如荀子说“天行有常，不为尧存，不为桀亡”的时候，这里的天是只能做自然的东西讲的，我们总不能说荀子这里所说的是天神按照法则行事，因为如果是天神，是一个有自己的意志的神在行事，他对于尧和桀，就一定会有自己的道德判断了。而当人们说“天知地知，你知我知”的时候，这里的天地既然能够“知”，应该就是有人格意义的神了。但是，也不好说得那么肯定。人生天地间，举头三尺有神明，知道你我暗中行事的，也许并不就是这个天神地神本身，而是天地间的无论什么神仙。天知地知也不过就是一种笼统的说法。所谓“玉皇大帝”，只是民间传说中的人物，与礼教中所敬的天，如历代皇帝在“圆丘”、“天坛”之类的地方所祭祀的天或者说天帝，其实并不是一回事。在三代时期和三代之前的时期，“帝”有时就是直接指天的，在这个时候，天是具有神性的，说自己的祖先“宾天”，即受到天的礼

① 伏尔泰：《哲学辞典》，276页，北京：商务印书馆，2005。

② 同上书，267页。

宾式的接待，天在这里应该也是有人格意味的。但是，中国人从来也没有给这个天帝一个具体的人的形象。从这一点上说，中国人的天或者天帝的确与基督教的上帝有些相似，都是一种无形象的人格神。但是，中国人毕竟是不用神或者上帝这样一些概念来直接表达“天”的。天就是天，天仍然就是我们直观地感受到的天空，只是这个天空自身是具有神秘性质的。

伏尔泰断然否定这样一种看法。他的穀俶这样说：“（天）并非是我们所看见的有形的天，因为天不过是空气，这种空气是由地球上的各种浊气合成的：敬空气未免太荒唐了。”①

“虢：我明白您的意思；只能敬创造天地的神。穀俶：不错，必须敬神。”②

其实，熟悉中国和西方人的世界观的区别的人都知道，创世说是西方人特有的世界观。对于中国人来说，从来没有过世界是由神从无中创造出来的说法。古人相信“天圆地方”，这是一种结构式的存在，人们并不说明这个结构是从何而来的，它是从来就在那里的。即使是作为民间传说的盘古开天辟地的故事，也并不是说盘古“创造”了天地，作为构成天地的材料的“混沌”本身是从何而来的问题，中国人也是并不追问的。如果你非要问中国人天地世界是从何而来的，最典型的回答应该是说，天地“本来就存在”。而如果非要追问世界的起源，就会出现有名的鸡与蛋的问题，人们一般都相信先有鸡还是先有蛋的问题是无解的。即使是最具有“哲学”意味的老子学说，如果归纳其世界观，世界也只是“化生”的，而不是创造的。

伏尔泰显然根本不了解这种区别，或者说，在他的心目中，当人们追问世界起源问题的时候，除了“创造”的概念之外，他也绝对想不出还可以有其他的回答。事实上，他一定要肯定理性可以理解的存在之外，还一定有理性无法理解的上帝的存在，就是这种典型的西方式思维的产物——他的理性无法想象现实感知的存在是“无原因”地存在的——而他理解中的孔子学说，已经设定了没有形象的天帝，在他看来，如果一个人是懂得逻辑的，有理性的，就会自然地追问天地世界的“来源”，而他就用自己的方式，代孔子做了一个上帝存在的证明，而这种证明，其实就与西方人的关于上帝存在的“目的因”的证明本质是一样的。但是，伏尔泰毕竟并不主张

① 伏尔泰：《哲学辞典》，266页，北京：商务印书馆，2005。

② 同上书，267页。

以理性的方式证明上帝的存在，因此，他在安排毅傚描述了世界中奇妙的秩序，并通过这种奇妙的秩序说明，必定有一个“工人”或者“立法家”创造了这个世界之后，并不是如一般的理性主义者那样直接将这位工人和立法家指为上帝，而是继续问道：“但是这位工人又是谁造的呢？怎么样造的呢？”伏尔泰的毅傚没有直接地回答这个问题，而是讲了一个寓言故事：“公子，昨天我在您父王所修建的广大宫殿近旁散步。我听见两只蟋蟀在谈话。一只对另外一只说：‘这是一座可怕的大房子。’另外一只便说：‘是呀，虽然我很自负，可是我却承认是一个比蟋蟀更有力的东西造成这个奇迹；但是我对于这个一点观念都没有；我看见他存在，可是我却不知道他是什么。”①

伏尔泰认为，对于上帝，我们除了能够说他是世界的创造者之外，说其他任何对话都不仅是多余，也只能是从我们人的理性那有限的思维方式中想象出来的东西，与上帝本身一定不会有多少关系；而从上帝的那个方向上看，上帝在创造了世界之后，也就让世界按照他创造出来时规定的那个法则自己运行，而不再进行干预。因此，对于人来说，信仰上帝的存在，叹赏这个世界的奇妙，就足够了。而任何自作聪明地规定上帝是“什么”，就都是“强不知以为知”。也许，中国人关于天的概念的模糊，反而的确是最符合伏尔泰关于上帝的观念的。当然，中国人的模糊是连天究竟是神还是自然都模糊掉了的。但伏尔泰也许是并不知道，也许是即使多少知道一点，却仍然更愿意想象中国人的天帝的观念是与他的上帝观念一致的。但是，当然，无论如何，认为孔子有与他一样的上帝创造世界的观点，是讲不通的。

第二次问答：关于道教或者道德相对主义

在伏尔泰的眼中，道教和道家是同一个东西，这也许是传教士们就弄错了。的确，道教是将道家的创始人老子神化为自己的教主，也是将《道德经》作为自己的重要典籍的，但是，老子从来没有将自己视为一个教派的领袖，而是与孔子一样的一位教师，他的《道德经》，也不是《圣经》那样的宗教故事汇编，而是一种古代智者关于世界本源和道德本质的思考。而

① 伏尔泰：《哲学辞典》，267～268页，北京：商务印书馆，2005。

道教则是从民间的神秘行为中慢慢发展起来的一种宗教。如果和孔子的学说相比，老子的学说反而更接近西方概念意义上的“哲学”或者说“形而上学”——虽然从本质上说，哲学只是一种近代才从西方传入中国的学科或者说思维方式，所谓中国古代的“哲学”在我来看不过是通过与西方哲学的类比而在中国古代圣贤的思想中搜取出来的东西而已。

当然，其实伏尔泰并不真的了解老子的“哲学”。在他看来，“老君学派……是既没有公正也没有不公正，既没有淫邪也没有德行。”[①]而在伏尔泰看来，道德和法律——在他那里是没有原则区别的维护社会秩序的公共法则——的根本原则就是公正。换言之，在伏尔泰看来，老子的哲学是在鼓吹一种道德相对主义，而道德相对主义是一种“唯物主义”的观点，是无法接受的。人类之所以必须信仰上帝，人类之所以会信仰上帝，就是因为人类的心灵中自然地发生的公正的意识事实上是无所不在的上帝存在于人类的心中的证明。“虢：但他(上帝)若是凭他自己而存在，那么就什么也不能限制他了，那么他就到处都在：那么他就存在于一切物质里，存在于我们自身的各个部分吗？榖俶：为什么不呢？”[②]从另外一个角度来说，正因为上帝就存在于每一个人的心中，人们才有了公正或者正义的观念，而人们只要明确地注意到自己心中的这样一种道德观念，就不难产生对上帝的信仰。

对于西方人来说，这样一种说法，这样一种观念，并不是什么神秘的东西。启蒙时代的许多哲学家都接受这样一种说法或看法，这本来也是经院哲学中一种相当常见的说法，伏尔泰总是郑重其事地宣示自己对上帝的信仰，也正是由于将这种信仰与道德紧密地联系在一起的缘故。只是，他将这样一种看法，甚至是这样一种关于上帝存在于人们心中的说法说成是孔子的，的确让我们感到奇怪，我们实在很难找到他从孔子的学说连通到他的这种哲学，尤其是这种表述方式的切入点。

当然，伏尔泰写这些本来就是给西方人看的，而他的目的也不过是启蒙，至于儒学本身是如何论述这样一种观点的，或者孔子的学说中究竟是否包含这这样一种天赋道德观念的内容，只是纯粹的学术问题，他并不真正关心。当然，也不是说伏尔泰是由于治学不严谨而犯了一种学术错误，

① 伏尔泰：《哲学辞典》，269页，北京：商务印书馆，2005。

② 同上书，268页。

或者说，伏尔泰为了宣传自己的观点而不惜歪曲事实，而是在伏尔泰的时代，对于孔子学术的介绍本来就非常简略，中国对于西方人来说，还是一个完全陌生的世界，人们通过翻译来了解这个陌生世界的神秘思维的时候，自然是用自己习惯的思维方式进行解读的，就如中国人在开始读西方人的思想的时候也往往如此一样。一个人从字里行间读出的，或者说读懂的，就只是自己懂得的东西。伏尔泰在儒学中读出了儒学中本来没有的一些东西，也不是什么值得大惊小怪的事情。

在伏尔泰看来，孔子的“善终吾身，死而无怨；己所不欲，勿施于人”，就是最集中地体现出“公正”这个原则的话语。一个有着这样的观念的人，怎么可能是不信上帝的人，怎么可能是不知道上帝就在自己心中的人呢?

似乎是自己也多少有些疑惑，伏尔泰在让穀俶说服公子虢相信人是有天赋道德观念的时候，启用了灵魂轮回转世的说法，这种说法其实是与上帝在所有人的心中的说法不相容的。而且，在伏尔泰本人看来，这种说法属于“迷信”，是根本不足采信的。但他的确是在中国文化中发现了这种以灵魂的轮回转世激励人们行善，激励人们的道德情感的说法，而这种说法本身虽然不是一个真正的知识分子应该相信的东西，但对于普通的民众来说，既然它可以将人引向道德，自然也可以采用而无伤大雅。

首先，关于“灵魂”本身，伏尔泰就不怎么相信人类有能力弄清楚它究竟是什么：“灵魂是一个含义不清的名词，它表示我们自身感觉到的已知效果的未知本源。”[①]只不过是人们为了了解一个生物是什么，他为什么会思想这样一个大问题时的困惑的产物。究其实，灵魂是和上帝的观念一样，人们除了可以知道人的思维背后总归应该有一个更本源的东西“存在”之外，无法说出更多内容的东西。“我只好承认我无知；说老实话；四千卷形而上学巨著，也不会告诉我们灵魂之所以为灵魂的道理。”[②]“总之，我们在全心全意崇敬上帝的同时，永远要老实承认我们对于这种灵魂，对于我们深受其惠的这种感觉和思维能力实在很少认识。老实承认我们薄弱的推理能力对于神启和信仰丝毫不能有所增减。最后结论，我们只好说用这种性质不明的智力来改进‘百科全书’研究的对象——各门学科，就像钟表

① 伏尔泰：《哲学辞典》，31～32页，北京：商务印书馆，2005。

② 同上书，44页。

匠在钟表里使用发条，并不知道发条之所以为发条的道理。”[①]

其次，在伏尔泰看来，认为灵魂永生——轮回转世当然也是一种永生——是一种谬论，而且对于基督教的信仰来说是很危险的。摩西和耶稣这样一些创立了基督教的先知都没有说过关于灵魂永生这样的话，如果它对于基督教的信仰来说是必须的，他们为什么不设立这样的信条呢——伏尔泰反问道。

但是，伏尔泰也并因此就断言灵魂是随着身体的死亡而消灭的——这是唯物主义者的主张。由于没有了死后的地狱惩罚，也没有了天堂和复活，没有了神启，人们变得“视死如归”，在伏尔泰看来，罗马人中就有许多这样的唯物主义者或者无神论者。一方面，对于一些理智健全的人来说，他们仍然可以终身为善，成为道德高尚的人，因为他们行善的目的并不是为了死后的回报。但是，另一方面，这样的人也可能不再珍惜自己的生命，同样也就不珍惜其他人的生命，残虐的杀戮因此而大量地产生，这样的世界太可怕了。

伏尔泰认为，灵魂轮回转世这种看法是很古老的，而它对于激励人们向善无论如何还是有所帮助的。“灵魂不朽的教义是人类心灵所能接受的最宽慰人心，同时又最责罚从严的观念。这一崇高的哲学在埃及人那里与他们的金字塔一样古老。在埃及人之前，波斯人已经知道这一学说了。……印度人就很相信，他们的轮回说就是一个明证。中国人尊敬祖先的灵魂。这些民族都在埃及人以前很久就已经建立了强大的帝国。……在来世生活里的赏与罚是古代神学的伟大基础。”[②]但是，这并不能说它就是正确的。

显然，伏尔泰虽然安排孔子相信这样一种学说，但是，他自己其实是有所保留的。

但是，在这一点上，伏尔泰似乎倒是有点冤枉了孔夫子。孔子不言怪力乱神。对于死后的事情，他是不说任何确定的话的。如果知道了这一点，伏尔泰也许就不会让縠倣坚持让公子虢相信有灵魂转世了吧——虽然伏尔泰的縠倣自己似乎也不能十分肯定灵魂会否转世，在虢坚持说确实地

① 伏尔泰：《哲学辞典》，46～47 页，北京：商务印书馆，2005。

② 同上书，71～72 页。

知道没有来世的时候，他只是武断地说，“您这话靠不住。”①

第三次问答：理性与信仰的关系

在这次问答中，伏尔泰阐述了他的自然神论的思想。当然，仍然是借着孔夫子的弟子瀫俶的名义进行的。

首先，伏尔泰让公子虢长篇大论地陈述了一通唯物主义式的怀疑灵魂存在的理由。总的来说，这样的怀疑我们在拉美特里的《人是机器》里几乎都能找到。可见，伏尔泰是用孔子在和当时的百科全书派的唯物主义思想论战——虽然他在启蒙的问题上与他们一直携手作战，对他们的人格和道德也非常敬重，但是，他是真心实意地信仰着上帝，对于他们的唯物主义主张也是真的不认同的，虽然他自己也常常被一些顽固的虔诚教徒指为唯物主义者。

伏尔泰的这样一种意思在这段话里表达得很清楚：“您想的倒也很好；这种有道德感的意见，即或是不对头，神明也是高兴的。您可能想错了，但是您并不想有意犯错误，因而就可以原谅。但是请想一想您向我提出的都是些怀疑，这样怀疑是苦恼的。还是承认一些比较令人心安理得的近似真理吧：虚无是很苦闷的；请您对生活抱着希望吧。”②

伏尔泰并不像当时正统的基督教教会那样认为唯物主义思想是一种多么大的罪恶，只是认为这是一种不正确的思想，而他反驳这种思想，也不是用理性推理的方式来证明上帝存在和信仰主义的正确，而只是指出，信仰上帝“要好一些”。在伏尔泰看来，唯物主义者的真正错误，还不是不信仰上帝，而是对于人类的理性过分地信赖——而任何过分极端的思想，在伏尔泰看来，都是容易走向偏执，走到不能容忍不同意见的立场上，会走向语言专制的。一方面，按照唯物主义的原则，事实上是认定人类的理性能力自身是无限的，就是说，人类的理性是没有不能确切地知道或者理解的东西的。在这样一个前提之下，既然在上帝是否存在的问题上理性不能给予确定的答复，不能做出上帝存在的无可置疑的逻辑性的证明或者直接地感觉到上帝的存在，那么，上帝就是超出了理性的范围的东西，因此，是不存在的。另一方面，对于人类理性的这样一种过分的信赖，事实上是

① 伏尔泰：《哲学辞典》，270 页，北京：商务印书馆，2005。

② 同上书，272 页。

会损害到理性的健全本身的。例如，在伏尔泰看来，对于来世的惩罚这样一种说法，与其说是一种可以从理性的推理来证明的学说，还不如说是人类道德情感中不能分割的一部分。他强调，在人做了不道德的事情之后，总会有一些后悔或者不安的心理，这事实上就是一种惩罚，虽然还不是地狱的惩罚。用我们现代一点的话来说，这里所说明的，是道德与责任的一体性关系。道德的一种核心的内容，就是要对自己自由地做出的选择负责。灵魂的永生或者轮回，只是这种道德责任感的一种信仰主义的或者说神学的话语。如果一个人是唯物主义者，认为灵魂只是附着在身体上的一个虚无缥缈的东西，一旦失忆，人的灵魂就消失，再醒来时，就可以说自己已经是另外一个人了，对于先前所做的事情，也不再负责任了，这就是一种非道德的态度，也是一个有着健全理性的人所不能认同的。但是，这种说法却正是唯物主义的思想自身可能推导出来的。简言之，按照唯物主义的观点，人们其实不难得出路易十五那句名言作为结论："我死后哪怕洪水滔天。"

但在否认唯物主义观点正确性的同时，伏尔泰似乎更注意与基督教中各种关于灵魂不灭的观点划清界限。他真正的观点只是强调，关于灵魂，我们除了知道它存在之外，它自身究竟是什么，我们是无法知道的。他与指责他宣传灵魂与身体偕亡的人论战道："这部合理而有用的著作的作者们并没有对你们说灵魂与身体偕亡；他们只是对你们说你们都是些个无知的人。不要脸红；所有圣贤都承认他们的无知；他们之中没有任何人妄自尊大，自以为认识灵魂的性质。伽桑狄总结古人所言，跟你们这样说：'您知道您思想，但是您却不知道您这个思想的人——您自己是哪一种哪一类本质的。您好像一个盲人，觉着太阳的热，便以为对这个星球有了一个清楚的观念了。'请读读这一封给笛卡尔的惊人的信的其余部分；读一读洛克；再重新把本书仔细地读一遍，您就可以看出我们不可能对灵魂的性质有半点概念，因为创造物不能认识创造主的秘密的原动力；你们可以看出不懂我们思想的原理，就必须努力思想得正确和公正，应该做到你们所没有办到的温、良、恭、俭、让；要效法毂俶和虢，而不要效法托马斯·阿奎那或斯各特，他们的灵魂都是隐晦的，也不要效法加尔文和路德，他

们的灵魂都是很严厉而激烈的。”①

由于伏尔泰在哲学观点上紧紧地追随洛克的经验主义，在关于理性能力的问题上，自然地走到认定人类的理性能力是有限的这样一种观点上。但是，他并不是作为近代英国经验论观点的逻辑结论的不可知论者，只是在关于上帝、灵魂等在大陆理性主义者们看来是“实体”的东西方面，虽然在口头上似乎是保持一种“自知其无知”的古代哲人的智者态度，其实却是与当时的大陆理性主义者一样，确定“实体”是存在的，只是关于这种实体的各种本质，不像理性主义者们那样振振有词而已。

第四次问答：神权与世俗权力的关系

我们前面说过，伏尔泰认为中国的礼教所信仰的“天”是“天帝”，在他看来，与西方人所信仰的上帝事实上是同一个神。而进一步说，伏尔泰对国王或者皇帝同时“是国王又是大祭司”这种中国特色的制度似乎非常感兴趣，因为这种将政治和宗教结合在一起的做法使得国王可以同时“对上帝许愿”而又“尽力行善”。②

与欧洲的制度相比，我们才能更明白伏尔泰在这里表达的意思。在欧洲的社会制度中，国王和主教从来就不是同一个人。这样，当主教向着上帝祈祷或者祭祀，向着上帝许愿要行善的时候，或者上帝给了祭祀的人一种善良的启示的时候，他们自身事实上并不具有行善所必须的权力。而当他们为了获得权力而争斗的时候，却只是将整个的社会秩序搅乱。因为一方面，欧洲制度的传统中主教是并不直接管理社会生活、关照社会生活中的秩序的，就是说，并不直接是执法者。在这种情况下，主教干涉社会事务就只是变成了一种与世俗政权之间的争权夺利；另一方面，教派之间的争论是基督教从出现时起就存在着的一种传统，而当基督教会在一些政治动荡的时期在偶然的情况下真的控制了一些地区，变成那里的领主，拥有了对于社会生活的世俗管理权之后，在那些高深莫测的理论问题的背后，就出现了利益或者权力之争，这使得教会中出现的矛盾直接变成了社会动荡的根源。而在欧洲的制度之下，掌握着世俗权力的国王自身又并不是祭祀上帝并全心全意服务于上帝的人，无法以对待上帝的那样一种高度的虔

① 伏尔泰：《哲学辞典》，274～275页，北京：商务印书馆，2005。

② 同上书，275页。

诚来使用自己的权力为社会或者说人民造福。从历史上看，欧洲的贵族原先都是一些“蛮族”的军事领袖，是最没有教养的人，是最需要接受教育的人。而在中国，既然祭司和国王是同一个人，自然就是最有教养的人，他就有了以自己的虔诚来善待人民的可能。

如果我们仅仅看这样一种说法，会认为伏尔泰是主张“政教合一”的制度的。但是，从他对欧洲历史的描述中，我们可以发现，他对欧洲历史上教会接管一些地方的世俗权力的做法是非常反感的。我们也知道，伏尔泰对于专制，对于将所有的权力都集中在一个人手中的做法，是有着高度的警惕的。前面我们在讨论伏尔泰眼中的中国制度时，也曾经看到，伏尔泰并不认为在中国的制度下，皇帝或者国王有这样一种绝对的专权能力，他认为“朝廷”是事实上决定着国家事务的“会议”或者说“议会”，皇帝在决定任何事情的时候都会咨询朝廷中的负责官僚，而不是自己武断地任意胡行的。我们不能简单地认定伏尔泰这是在颂扬政教合一的制度。

但是，的确，伏尔泰也并不主张“共和国民主制度”的。虽然他对如日内瓦、威尼斯和尼德兰等共和国制度非常赞赏，但是，在他看来，这种制度是只适合于城邦国家或者一些小国家的，对于如法国和中国这样的大国，共和国式的民主制度就不一定合适了。我们都知道伏尔泰关于民主制度的名言，他认为，民主并不能保证选择最好的，只是能够避免选择最坏的。这虽然只是一种很冷静的判断，但是，也说明他看到了民主制度中存在着的一种无奈，也可以说，这里指出了民主制度中的一种“缺点”或者说“局限”——就人类的本性来说，人们总是要追求完满，寻求最好的结果的。因此，在伏尔泰看来，一种开明君主制度是最好的，而保证君主的开明的，一方面可以是如中国人所作的那样，给予君主必要的教育，让他成为一个有着高尚的道德的人，在管理国家的时候依靠贤明的官僚和各种专门的人才，或者，如英国人所作的那样，以议会立法，使得君王只能行善。但是，无论如何，一种相对集中的权力，在他看来还是必要的，否则，政府就没有力量来维护整个社会的秩序，例如在各个教派的矛盾中无法实现公正的判决，在国际的战争中也难以集中整个国家的力量等。问题的关键，在他看来，就是君主自身的素质。如果是一个明智的人做了君主，而他的手中既有相当的权力，又不滥用，这个世界自然就会变得最美好了。

当然，伏尔泰对于中国传统的政治制度的了解实在是过分理想化了。中国的传统社会，当然没有伏尔泰想象得那么美妙，帝王们也并不总是会接受他们的老师的道德教诲。而且，对于统治一个国家来说，单纯的道德从来都是不够的，而中国式的集权，也并没有真的造就中华帝国的强大。伏尔泰死后大约60年，清帝国的纸老虎面目就完全暴露在西方人面前了。

而且，我们现在已经越来越明白，在人类世界中，并不存在这种完满。我们不能像莱布尼兹那样乐天地宣称这个世界就是“一切可能的世界中最好的”，我们恐怕只能生活在一种不是那么完满的社会中。虽然我们也确实地需要不断地进步，使我们的世界逐渐地向着完满的方向前进，但是，对于完满的这样一种执著，却往往会带来一种灾难性的影响。中国古人的智慧告诉我们：“过犹不及。”事实上，避免最坏的，实在就是人类智慧的最高体现。

其实，我们对于伏尔泰对中国传统的这样一种赞美也不必过于认真，他真正的目的仍然是批评当时的法国现实，主要是表达对于教会由于矛盾世俗化带来的这种社会动荡的不满。在他看来，这种以上帝的名义统治世俗社会的做法除了让教会自身变得富有之外，对于社会生活没有什么好处，反而更容易将社会拉入教派之间的各种无谓的争吵之中。如当时欧洲那样一种神权与世俗权力各自为政的状态是不好的。在当时的欧洲，由于教会的权力有着统一整个欧洲的态势，因此，看起来教皇的权力是比任何一个国王都更大的。在这种情况下，国家不仅无力干涉教派之间的争论，而且往往变成一些教派的附庸，参与到这些宗教争论中，而政权暴力的加入则使得教派的话语之争更容易变成暴力冲突。

因此，在他看来，至少应该让政权的法律能够管制各种宗教争吵，在这种争吵变成了一种对社会秩序发生了直接影响的暴力冲突的时候，能够进行真正的干涉。当然，这种干涉应该是以“公正”为原则的，而这里所谓的公正，并不是要由国王来判断各个教派、各种不同的宗教信仰或者主张谁对谁错——在信仰自由的前提下事实上不存在谁对谁错的问题——而只是要限制这种争吵，让这样的争吵不至于演变成冲突，尤其是暴力冲突。

国王应该如何做呢？

一方面，从原则上说，在伏尔泰看来，一位国王当然也会有自己的信仰，在自己的王国内出现与自己的宗教观点不同的信仰的时候，当然也会有自己的好恶，但是，国王不应该因为自己有权力就强行地镇压与自己不同信仰的人或者教派。他说："自然的规律准许每人要信仰什么就信仰什么，犹如爱吃什么就吃什么一样。医生无权杀死没有遵守他指定的禁忌而妄食的病人。一位王子无权绞死思想与他不同的庶民；但是他却有权防止叛乱。他若是贤明的话，他不难根除迷信。"①

这最后的一句话也是值得重视的。就是说，虽然国王允许在他的王国内信仰任何的神，但是，对于如偶像崇拜的各种，他应该动用自己的权力来消除迷信，只是这种方法，不应该是参与到一派中压制另一派，而是首先将各种矛盾限制在话语的争论中，不要演变成社会冲突，然后，则是以自己的理性来传播正确的信仰。

在这次对话中，伏尔泰讲了一个"大约四千年前迦勒底第六代国王达翁的事"。② 让一位孔子的门徒来讲这样一个西方故事，实在是一种太荒唐的事情。但是，伏尔泰要讲的，是一个国王应该如何处理教派争执的方法的问题，而他大约实在无法在他有限的中国知识中找到这样一种例证。那么就让我们原谅他吧。这个故事本身倒是很有趣的。由于与中国文化无关，让我们就此打住吧。伏尔泰讲这个故事是给国王们处理教派争执一种机智的方法，揭示出这样一种争执中他们的信仰的荒谬。"内战终止，各个都感谢善良的达翁王。"③

第五次问答：什么是道德

我们说过，在伏尔泰看来，道德与法律是同样性质的东西，都是维护社会秩序所必需的规范。也许正是中国的"道德法"给了伏尔泰一种能够说明道德与法律的同质的例证。在《风俗论》中，伏尔泰曾经这样来形容中国的"法律"："在别的国家，法律用以治罪，而在中国，其作用更大，用以褒奖善行。若是出现一桩罕见的高尚行为，那便会有口皆碑，传及全省。官员必须奏报皇帝，皇帝便给应受褒奖者立碑挂匾。"④我们不必讨论在这样的例子中伏尔泰究竟是受骗了还是以偏概全了，其实有一点伏尔泰并没

① 伏尔泰：《哲学辞典》，276 页，北京：商务印书馆，2005。
② 同上书，276 页。
③ 同上书，277 页。
④ 伏尔泰：《风俗论》上册，250 页，北京：商务印书馆，1994。

有弄错，那就是在中国，“道德法”的确并不是简单地罚罪，而是讲究“奖惩”的。

在伏尔泰的这一次问答中，伏尔泰首先提出的，就是这个问题：

“穀俶：您既然好德，一旦做了国王，又将怎样实践呢?

“虢：不对邻邦和庶民做不义的事。

“穀俶：岂止不做恶而已，您还得为善……”[①]

至于什么是行善，在伏尔泰看来，除了“给穷人安排有用的工作来养活他们……修大道，通沟渠，筑宫室，奖励种种艺术，表扬诸般功劳，宽恕无心中犯的过错”[②]之外，就是节制国王自身的奢华，如不用太监这种违反人性的方法，减少后宫女人的数目等等。当然，伏尔泰也没有忘记将诸如要爱自己的敌人之类的西方道德赠送给孔子。在伏尔泰看来，这种道德在实践中最高的体现，就是现代中国人常常说的“优待俘虏”了。

但是，我觉得，对于伏尔泰的这样一种“赞扬”，我们倒是应该特别地警惕的——还包括上一个问答中关于中国的王权也同时包括着神权的“颂扬”。这倒的确是中国的一种传统，伏尔泰虽然对于中国的传统有许多的误读，但是，在这个问题上，他却有一种特殊的敏锐，把握住了中国传统的一种非常核心的本质。

然而，在他看来如此美妙的东西其实正是中国传统中我们最应该摈弃的，因为正是这样一种传统使得在中国，伏尔泰理想的思想自由和信仰自由等精神始终没有能够出现，而中国也总是在外来的入侵战争中失败。

中国的“道德法”与欧洲的传统法律的区别，并不是像伏尔泰所说的仅仅是罚罪和同时包含奖惩这么简单，而伏尔泰将道德和法律如此一体地看待，也只能说是他在理论上的不成熟。

设想一种西方的法律能够“奖励”谁，是荒谬绝伦的。因为在西方，“法”这个词——如法语中的 droit 或者英语中的——right 在中文的翻译中还有一个意义，就是“权利”。在我看来，西语中的“法”、“权利”这个词最好翻译成“法权”，意思是“保护权利的法”或者说“法保护的权利。”因此，在以这样的法为原则建立起来的制度中，法制或者说法治的“主体”，其实是被保护者。在这种情况下，我们无论如何也难以想象法的主人会通过法

---

① 伏尔泰：《哲学辞典》，278 页，北京：商务印书馆，2005。

② 同上。

律来“奖励”自己——对他们来说，法律能够保护自己，就是自己对自己最好的奖励了。但是，中国的法，与其叫做“道德法”，不如叫做“权力法”更能说明其本质。从本质上说，中国传统的法与权利是没有任何关系的，法从原则上说是“牧民之术”，是牧羊人手上的鞭子，是统治者维护自己的权力的手段。法律所代表的，是权力。

既然法只是统治术之一，是维护统治者所要求的秩序的手段，在这种情况下，惩罚扰乱秩序的人固然能够维护秩序，奖励在遵守秩序方面做得比其他人好的人，当然也可以起到同样的作用。

如果事情只是如伏尔泰描述的这样，我们当然也用不着对中国的法律或者权力法的本质说三道四。但是，由于权力法“唯上”的本质，这种法在维护秩序的同时，也自然地成为压抑个人自由的东西，如果伏尔泰能够想清楚这一点，恐怕就不会那么热衷颂扬这种权力法了。在奖惩的双重作用之下，人就如前有胡萝卜后有皮鞭的驴子，除了按照主人的意志走上规定的路之外，是没有其他的选择的。

请特别注意权力和权利这两个汉语中的同音词的根本不同的含义。就我看到的文字而言，中国许多的人至今对这两个概念的区别也没有弄清楚，混用和滥用的现象非常严重。在一个提倡法治或者法制的时代，应该说这样的混用和滥用是最不能容忍的事情之一，因为这说明，人们还根本不具备法制或者说法治所必需的文化。在西方，这样的错误是不太可能出现的，不仅在传统上，人们就有着清晰的权利意识，而且，从概念或者词语上说，这两个概念的混淆也不可能发生。在法语中，权力是 pouvoir，在英语中是 power。西方的法与权利是同一性的概念，而中国传统的法则是权力的工具。所谓权利，是人们自己选择做什么事情获得的一种允可；而所谓权力，是支配他人服从自己意志的能力。距离的遥远是不言而喻的，前者的本质是保护，而后者的本质是支配；前者原则上确立的是人与人之间的平等，后者的存在是以人被分成支配者和被支配者这样两个对立的阶级——政治阶级——或者说等级为基础或者说前提的。前者是功能组织社会中个体人格能够存在的基础之一，而后者是全责组织社会中身份道德的具体体现。

当然，作为法律，中国的权力法仍然也要维护社会秩序，从而间接地保护了人的生命财产的安全。但是，从原则上说，社会公共权力在保有维

护社会秩序的权力的同时，也拥有损害社会生活的能力，而由于是权力法，由于政权是缺乏程序化的社会监督的权力，它一旦起而伤害社会生活，社会对于它是缺少和平的制约手段的，在这种情况下，人民或者是起义，或者是忍受。这实在是中华帝国长期以来周期性地治乱接替的一个重要原因；而我们在中国老百姓中发现的能够忍耐不公平和铤而走险这样两种极端的性格，实在不是中国人的所谓"劣根性"，而是这样一种"权力法"制度的传统使然。在这种情况下，人民想要安居乐业，也就真的只能指望国王的仁慈。伏尔泰似乎意识到了这一点，因此，总是在称赞着中国的皇帝是如何地英明，如何地有德，如何地通情达理，甚至是如何地"民主"——总是和自己的大臣们商量着办事。他也很欣赏中国人给皇帝安排老师的做法，认为这样就会培养出英明的皇帝。但是，看来伏尔泰是过分乐观了。

第六次问答：关于爱心

借中国圣人之口，伏尔泰说明了他自己关于道德的看法——这也是法国 18 世纪启蒙思想中关于道德问题的看法，这个时代的道德与以往的道德，尤其是欧洲大陆传统的道德观念有本质上的差别。

伏尔泰让孔子的弟子縠僦这样说道德："其中有的只是为我们自己实践的，像'慎以修身''和以养体'：这都是些政治原则和卫生之道。真正的品德是那些有益于社会的，像忠诚老实、好善乐施、仁恕之道等等。"[①]粗略地说，这里可以理解为两种不同的"善"，一种是对自身的善，另一种是对他人的善。但是，如果我们的理解只是停留在这里，就不能理解道德自身的本质了。在上一次问答中，伏尔泰从"奖惩"这样两个方面入手，力图说明的，其实是一种"积极的"道德态度，在他看来，一个人如果自身对自身有着严格的要求，能够有力地节制自身的欲望，当然是善，但这样一种善只是消极的善，只有"与人为善"才是一种积极的善。在伏尔泰看来，这种积极的善应该是更好的。

从基督教维护的方面来看，如修道士，本身就是一些"道德高尚的人"，他的修道，本身就是一种献身上帝的道德修炼。但是，在伏尔泰看

① 伏尔泰：《哲学辞典》，280 页，北京：商务印书馆，2005。

来，这样的道德即使可以说是道德，也只有消极的意义，真正的道德应该是做有益于他人，有益于社会的事情。在他看来，中国的道德就是这样一种道德。

我们初看伏尔泰关于中国教理的第六次问答的时候，会找不到他所要说的主题。他先是说两个道德，马上接着说中国人在家里接待自己的朋友，而不是让他们住到小酒店里去，完了立即说到孔子的“以直报怨，以德报德”，再接着就谈到谦虚，最后是对上帝的一种“正确的”信仰。其间似乎没有什么逻辑上的联系。但如果我们深入到道德情感的本质，就可以发现这其中的联系。道德情感的核心是爱。自爱——对他人的爱——对上帝的爱。

如修道士那样对上帝献身，或者如中国人所说的“修身养性”，只是一种自爱的表现。这样的道德不是不好，但是不够。更重要的是对他人的爱。

伏尔泰显然对从中国的传教士们那里听到的关于中国人的“好客”很有感触，对于孔子的“有朋自远方来，不亦说乎”有一种特殊的理解。伏尔泰认为“好客”是“有益世道人心的美德”，[①] 因为在自己的家里招待客人，可以使人们成为亲密的朋友，由于原本陌生的人在这样的交往中增进了友谊，就可以使得世界上减少无数不必要的纷争。在这样的基础上，伏尔泰立即转而叙述孔子的以直报怨，以德报德，就显得顺理成章了，这样的道德更是减少人与人之间的矛盾摩擦的最好的方法。关于谦虚的美德也是如此。伏尔泰说：“以直报怨，以德报德。西方的民族能够用什么格言什么规则来反对这样纯洁完美的道德呢？孔夫子在多少地方要人谦逊哪！如若大家都实践这种美德，人世上也就永不会有争吵了。”[②]而在伏尔泰看来，爱他人，只做对他人、对社会有益的事，本身就是对上帝的爱。而世界上各种各样的宗教中要求人们的，无论是偶像崇拜也好，无论是要求信徒作出各种自虐式的修行行为也好，都不能说是真正的对上帝的爱。难怪当虢说“我愿意活着履行所有这些德行，并且信奉一位单纯而普及万方的神，远避那些荒诞不经的诡辩和虚伪的预言的迷惑，我要从政以仁、敬神以礼”的时候，伏尔泰就要让榖俶赞美道：“贤明的虢啊！您讲话简直好像一

① 伏尔泰：《哲学辞典》，281 页，北京：商务印书馆，2005。

② 同上书，282 页。

个受了上帝感化的人一样；您将成为一位有道明君。”①

如果我们希望从原则上说明伏尔泰在这里的立论方面的问题，必须从关于“爱”这个道德所依存的概念在中国文化传统中和在西方文化传统中的不同前提说起。

如费孝通先生所说，中国是一个“熟人社会”，因此，中国人的“爱”，可以说是一种“推爱”；而西方人的爱则是来源于基督教精神中的“博爱”的。

孝的价值特别强烈地体现出中国传统道德的“情感基础”的特殊本质。孝道所依据的基础是“亲情”。

亲情之爱与“博爱”的区别非常大。虽然从爱的概念上来说，亲情的爱可以从“推爱”的概念出发到达“普遍的爱”的程度，但仍然与来源于基督教精神的“博爱”具有完全不同的本质。

虽然从字面上看，博爱似乎就是普遍的爱，但具体地说，博爱这个概念在中文中来自翻译，博爱精神从其本来的意义上来说是来自基督教中上帝的爱。在上帝的眼中，所有的人都是平等的，他对所有的人也一视同仁，同样地爱护，这就是博爱的本义。

换言之，按本义来理解，博爱的观点从根本上所要强调的，是所有的人都应该“得到”同样的关爱，而不直接是要一个人去爱所有的人。就如我们都很熟悉的自由、平等、博爱这个法国大革命提出的三大原则，所指都是人所应该获得的“权利”，正是说，人有权利获得自由，有权利获得平等对待，有权利获得爱。

当然，也并不是说博爱的要求中完全不包括去爱他人的意思。如果每个人都不爱他人，博爱当然也就失去具体性的存在了。从最一般的意义上说，博爱当然也可以说是一种“互相的爱”。但是，从逻辑上说，爱他人毕竟是在得到上帝关爱的前提下推论所得到的要求。我们都知道一句西方的格言：人人爱自己，上帝爱大家。这句话，我们常常做一种非常消极的理解，似乎就是在号召人们自私。这样的理解当然是不正确的。首先，这里的确强调，人要“自爱”，这是博爱的首要原则。自爱的原则就是“自为”的原则，就是首先确立“自为”作为道德主体。按西方人的概念，如果没有了

① 伏尔泰：《哲学辞典》，282～283页，北京：商务印书馆，2005。

这样的自我的首先确定，则其他的一切就都将是无源之水，无本之木。换言之，自爱的根本原则在于对自身道德完满的要求，因此，一个人如果没有自爱，我们就无法指望他能爱他人。人是否应该爱他人？回答是肯定的。但是，意义却不是直接的。“爱”是一个动词，我如果只是心中充满对于所有其他人的爱的感情，是没有实际意义的。爱是只能在行动中体现出来的。而从行动上说，任何人也没有能力将他的爱直接地作用到所有人身上。就行为而言，作为行为的主体，人可能去爱，却无法实现“博爱”。博爱是上帝的特权。而当上帝将他的爱施与我的时候，我就应该以同样的爱来回报他，而回报他的具体方式，就是按他的要求去做，就是说去实践上帝所颁布的各种道德，各种善的要求。从逻辑上说，这样做就是在与上帝合作实施博爱，实施对他人的爱，因为上帝就是通过这样一些道德要求来体现他的“博爱”的。例如，摩西的十诫中就有爱你的邻人的要求。因此，“人人爱自己，上帝爱大家”的意思就是这样。中文的这个翻译不是那么好。其实不如翻译为人人自爱，上帝博爱，这样就不容易理解为人不必去爱他人，而更容易凸显出人通过实践上帝的律条来实践博爱——或者，反过来说，上帝借人之手实现自己的爱——的意味。这样的自爱与中国人习惯上常常理解的自私无关，而是自尊、自重等等，就是说，人人努力自我完善，在内心中服从上帝关于善的一切律令，而对他人的关爱，就自然地在其中了。

这里还有非常具体的道德要求在中间。例如，按西方人的道德，所谓“主动帮助他人”这样的道德要求不仅是不存在的，而且，是应该尽量避免的。当明显地看到他人需要帮助的时候，首先也要问：“我可以帮助您吗?”在得到明确的要求时才能进行帮助。这是因为，按自爱的原则，人的自我意识中最核心的内容就是“自由”，或者说就是“自己决定”，而当你“主动”地帮助别人的时候，就是将你的意志强加给他了。当然，在他人要求帮助的时候，依据博爱的精神，你就应该尽量地帮助他了。

按儒学的方式解释孝道的根据，是说人的一切，包括生命，都是父母的赐予，人从孩童时代起就一直在父母的照料之下，人应当知道感恩，应该报恩，而这种感恩的具体方式，就是尽孝，就是服从父母的意志和决定，在这样的前提下，任何自主的决定都可能被认为是不孝，但也不是完全不能自己决定，在照顾父母的方面，尽力地照料父母的需要，主动地为

父母做一切自己可以做的事情，又是必须的，等等。这里的道德要求中，不仅明确地存在着孩子是“属于”父母的意味，也明确地存在着父母是“属于”孩子的意味。从这个意义上说，在孝道的要求中，无论是孩子自身的意志，还是父母的意志都是完全被忽视了的。完满的孝道要求，并不就是以父母的意志为意志，而是完全的以他人的意志为意志。在这样一种“父子关系”中，父母对孩子的爱和孩子对父母的爱是一种绝对的前提。所谓可怜天下父母心，父母的决定，被认为对孩子必定是好的，至于这样的“好”是否是孩子自身认为的“好”，则不在考虑之列了。反过来也是一样，孩子照顾父母的需要是同样必须“无微不至”的。

正是从这里，我们可以知道“己所不欲，勿施于人”与博爱的区别了。

虽然“己所不欲，勿施于人”是一种否定的说法，就是说，它并不是直接说，自己欲望的，就直接地提供给他人，而是说，自己所不希望的，就不要加于他人。不是直接地“行善”，而是不要“为恶”。但是，中国的语言其实是很难如此“逻辑地”理解的。在孝道所提倡的道德中，事实上就是以认定父母与孩子互相之间为对方所做的决定必定是好的为前提的。这样一种理由所依据的经验事实，就是孩童时代孩子们其实是事事都在父母的照料之下的，而当孩子已经“成人”之后，就要以同样的方式来报答父母的恩惠。同时，当这样一种孝道的精神变成了一种普遍的道德要求的时候，“推爱”，变成一种高尚的善。己所不欲，勿施于人这句名言所表达的根本意义正是“推爱”，所谓“爱吾爱及人之爱”，就是要将“照顾自己的亲人”的方式直接地应用到对他人的爱之中，因此，推爱的概念其实是一种“主动帮助他人”的要求。这样的要求，甚至往往直接地就变成一种强加于人式的“越俎代庖”，变成了一种“包办一切”式的“照顾他人”——直到如今，中国人仍然习惯于让他人包办一切，而自己，则只需要“全心全意为人民服务”，就是说，一门心思地照顾他人就行了。许多中国人仍然将这样一种状态视为合乎理想道德的状态——虽然有时这样一种“无微不至”的照顾中充满善意，甚至有一种温馨，但这当中包含着“无我”意味，也是毋庸讳言的，这里不仅有关爱者的无我——所谓毫不利己——也有着被关爱者的无我——他人自身的意志无法表达，似乎也毋庸表达。

从这里，我们才可能理解“孝道”的真正含义。从直接的意义上说，孝道中所包含的情感是亲情之爱，但是，从这种爱所体现出来的人与人之间的关系方面来说，就只是一种“关爱一服从”的关系，这就是所谓父慈子孝的本义。这里，我们已经涉及了“仁爱”的概念了。而我以为，就仁爱概念本身的内涵来说，所包含的情感性的内容已经不如“世界观”方面的内容为多了。从情感方面的内容看，仁爱可以从两个方面来理解，上位的人的仁爱是仁慈或者说慈爱，下位的人的仁爱，事实上就是我们前面刚刚说过的感激。感激这个概念，与爱的概念是一体的，因此，在中国文化中和在西方基督教文化中一样是区别巨大的。中国文化中的感激其实应该更具体地表述为“报”，或者说报恩(当然也可以包含报仇)。而基督教文化中的感激则可以说是感恩。单纯从字面看很难看出其中的区别。具体地说，报恩或者感恩的对象都是施恩者，施爱者，但是，在熟人文化中，施爱者是自己的亲人或者熟人，而在基督教文化中，终极的施爱者是上帝。因此，报恩感恩的本意就是回报，就是己所不欲勿施于人的另外一种说法，虽然施恩不图报，但是，接受恩惠的人是要做到滴水之恩涌泉相报的。这种对他人——其实主要是对上位者的——感激，最具体的体现，就是忠孝，就是服从。这样做了，所有的人就结成了一个亲密的整体。而基督教的感恩文化其实没有现实的对象——上帝自身是完满的，不需要接受人的“回报”，他是绝对的仁慈者。或者，换一个比较现实一些的说法，上帝事实上是人类的整体性的一种代表性存在，是人类抽象的整体性的一种表达，因此，对上帝感恩，就是对人类的整个社会文化的感恩，这样，感恩文化就成为一种对于生命、生活或者社会的一种“心存感激”的一般心态，感觉到社会给予自己的一切，感觉到自己接受的一切都是一种恩惠，不觉得自己接受到的任何好意为“理所当然”，这样就会怀着一颗感恩的心去对待社会，对待所有人。当然，就具体的实践来说，无非仍然是按照上帝的律条去做而已。然而，在感恩的心境之下，这种道德实践所体现出来的，就已经可以说是对上帝的爱了。

推爱和博爱的不同是深刻的。

推爱、仁爱或者说孝道本身所包含的最终精神，就是服从。不言而喻，其中“专制”的意味是非常浓厚的。尽管这是一种“情感专制”，从积极的方面说，这样一种关爱当中的确不乏温情，但是，从消极的方面来说，这种情感的要求是有非常强烈的限制性倾向的，情感或者温馨的存在，并不能掩盖这是一种暴力性的专制的本质。这种推爱，原本就属于全责组织

社会，也是全责组织社会所要求的。

伏尔泰在他杜撰的对话中所描述的中国道德，其实是西方的博爱精神的“中国版”，他的逻辑，正是从自爱出发，通过对陌生人的爱，达到对上帝的爱的道德境界。这与中国式的推爱的距离实在非常遥远。从根本上说，中国文化中的爱，不是从自爱出发的，也不会回归到通过爱上帝而实现真正的自爱或者说自我完善。中国道德的最高境界，真正说来是“无我”，这种无我境界与自爱即使不说是完全不相干的，也是差异巨大的。

当然，伏尔泰只能这样设想他心目中理想的中国传统道德。

我们说过，伏尔泰以中国作为完美世界的例证，真正的目的在于批评法国的现实。可以说，在这个关于中国教理的问答中，这样的倾向表现得是最清楚不过的。这个问答的虚构性，不仅表现在我们前面说过的那样一些“硬伤”方面，即表现在他让2500年前的中国人说了一些当时的人绝对不可能见闻到的事情，而更重要的是他基本上是无视中国文化的本质自身的状态的。

相信对中国文化的本质有所了解的中国人，不会因为伏尔泰对中国文化的这样一种赞美而晕头转向。

第九章　文明如何战胜野蛮

在我们讨论伏尔泰与中国文化的关系的时候，首先想到的往往就是他的《中国孤儿》，这并不是因为这个剧本中有着最浓缩的“中国元素”，其实大半倒是因为它的标题。伏尔泰对中国文化的比较集中的说明，其实是在我们前面讨论过的那些理论和历史著作中的有关章节里。反而是这个《中国孤儿》，我们要比较深入地理解了伏尔泰整体的思想之后，才能在其中“发现”一些“中国元素”——因为如果我们看看这个剧本中的故事，就会发现，里面的人物虽然被说成是中国人和蒙古人，故事本身却非常“西方化”，不仅剧本的写作手法是西方的，从其中人物的道德价值和作为来看，我们也很难将他们看成中国人。

第一节　两个剧本

按照伏尔泰自己的说法，他是在看了翻译成法文的元杂剧《赵氏孤儿》的故事后而萌生出创作这个剧本的念头的。我们有的时候会自然地说，是伏尔泰看了《赵氏孤儿》的杂剧后“改编”出他的《中国孤儿》的剧本的。虽然我们的确能够在伏尔泰的剧本中发现原剧本中的一些“元素”，如张惕（即中国故事中的程婴的化身）以自己的孩子来代替孤儿去死等等，但是，认为这是改编却实在不如说重新创作更确切。按照伏尔泰自己的说法，这两个剧本“迥不相同，只是名称相似”。（《中国孤儿》作者献词）

让我们先看看两个剧本的故事，让它们自己来说话。

元杂剧《赵氏孤儿》为纪君祥所作，其基本的素材显然来自司马迁《史记·赵世家》中赵盾的故事。杂剧中写赵氏孤儿由程婴等人救护，长大后杀屠岸贾报仇的故事。全剧五折一楔子。故事是：晋灵公时，武臣屠岸贾与文臣赵盾不和，设计陷害赵盾，在灵公面前指责赵盾为奸臣。赵盾因此被满门抄斩，仅有其子驸马赵朔与公主得以幸免。后屠岸贾又假传灵公之命，迫使赵朔自杀。公主被囚禁于府内，生下一子托付于赵家门客程婴后，亦自缢而死。程婴将婴儿放在药箱里，负责看守的韩厥同情赵家，放走程婴与赵氏孤儿后亦自刎。程婴携婴儿投奔赵盾老友公孙杵臼。此时屠岸贾急欲斩草除根，为搜出孤儿便假传灵公之命，要将全国半岁以下一月以上的婴儿杀绝。程婴与公孙杵臼商议，献出自己亲生儿子以保全赵家血脉。后程婴便向屠岸贾告发公孙杵臼私藏赵氏孤儿，屠岸贾信以为真，派人搜出婴儿，三剑剁死，程婴见亲子惨死，忍痛不语。公孙杵臼大骂屠岸贾后触阶而死。屠岸贾心事已了，便收程婴为门客，将其子(实为赵氏孤儿)当做义子，教他武功。二十年后，赵氏孤儿长大成人，却一直不知自己身世。程婴见时机成熟，准备告诉他详情，便绘一手卷，将赵家大仇详述给他听。赵氏孤儿悲愤不已，决意报仇。此时悼公在位，因屠岸贾兵权太重欲除掉他，便命赵氏孤儿暗中捉拿屠岸贾，酷刑处死，全家满门抄斩。赵家大仇得报，赵氏孤儿被赐名赵武，救护赵家的众人受到封赏。

伏尔泰的《中国孤儿》的故事是这样的：

成吉思汗攻陷北京，宋朝皇帝在临死前托孤于大臣张惕。蒙古人得知后大肆搜索——一个旧皇室的后裔对于新王朝总是一种威胁。张惕在这种情况下决定以自己的亲生儿子冒充赵氏孤儿，交给蒙古人——这几乎是作者从原剧本中采用的唯一的元素，后面的故事完全是伏尔泰式的，甚至应该更进一步说，是完全“西式”的了：张惕的妻子伊达梅出于对儿子的爱而向成吉思汗道出了真情。成吉思汗年轻时曾流落北京，并曾向伊达梅求婚而遭到拒绝。当成吉思汗得知伊达梅出现时本欲报复，但在见到她之后却旧情复燃，再一次向伊达梅求婚，并以她的丈夫、儿子和赵皇室遗孤的性命来要挟。但伊达梅在最后关头终于倒向了“大义”，力图救孤，但事败，所有的人都被捕了。张惕夫妇以自杀来回答蒙古人的酷刑逼迫。成吉思汗被感动了，他不仅赦免了张惕夫妇，还将他们的儿子和赵氏遗孤收为义子，并将张惕留在宫中教授“法律”——也许应该说是道德。

如果不是有受命托孤的人以自己的孩子取代遗孤这样一个元素作为进入故事的线索，我们实在很难相信这个故事与《赵氏孤儿》的杂剧之间有什么关系。

伏尔泰故事的主题，是文明人以自身道德的力量战胜野蛮入侵者。

故事被移到元代，显然是为了服务于伏尔泰写作这个剧本的“劝喻”帝王的目的的。如果按照原来的故事背景，出现的只是国家内部的一种政治矛盾，就很难展现中国文化以自身的道德力量同化征服者实现反征服这样一个主题了。只是无巧不巧的是，中国孤儿倒仍然是“赵”氏孤儿，只是从原来作为晋大夫的赵氏变成了宋朝皇帝的赵氏。当然，孤儿的姓氏在伏尔泰的故事中已经不再被强调了。

但是这种改变还不是最重要的。最重要的改变是，在赵氏孤儿的真实历史中似乎始终只是隐藏在背后的“王”——晋公，在《赵氏孤儿》中也只是一个简单的符号，而在伏尔泰的剧本中，成吉思汗则不仅仅出现在了前台，而且成为主要人物。故事自身的一系列改变可以说都是伴随着这样一种改变而来的。

受到中国故事的文本的影响，中国的读者也许会不由自主地认为作为程婴替身的张惕是伏尔泰剧本中的主角。但在伏尔泰的剧本中，真正的男女主角，当然是成吉思汗和伊达梅。在故事中，张惕本身不仅没有多少戏，就其人物性格的表现来说，也是很单薄的。相反，成吉思汗不仅处在矛盾冲突的核心，而且整个故事的发生和转折，都是通过他的想法的转变来完成的。

从这两个剧本来看，无论是故事中的矛盾冲突本身还是设置出这样一种矛盾的戏剧手法，都深刻地表现出中国与西方文化的巨大差别。

第二节　伏尔泰为什么写《中国孤儿》

伏尔泰为什么会想到运用这样一个杂剧的题材来写作自己的剧本?

从总的方面说，伏尔泰对中国人不是将戏剧当做纯粹的娱乐，而是强调要“寓教于乐”，是相当赞赏的。这并不是说唯有中国人才有这种“寓教于乐”的想法。我们看到，在启蒙时代，法国出现了“哲理小说”这样一种文艺种类，以文学的形式对一些哲学概念进行阐释，其根本的目的，当然

也正是寓教于乐。伏尔泰自己的小说也往往就是这种哲理小说。而且，这种做法在法国可以说是源远流长的，至少一直到现代存在主义流行的时候，所谓“观念剧”、“观念小说”等文学艺术形式仍然相当兴盛。因此，伏尔泰赞赏中国人的这种做法，根本的原因恐怕也正是他在文明程度如此发达的中国人身上发现与他相同的做法，感到相当的欣慰。他认为这是传播文明精神的一种非常好的做法。作为一个戏剧作家，伏尔泰对中国的戏剧总是有非常多的观众，让众多的普通民众能通过看戏受到道德教育或者文明教育，应该说是非常羡慕的。

而他选中《赵氏孤儿》来进行改编的原因，恐怕主要还不在于他发现了这个故事中强烈的“戏剧性”。作为一位法国的戏剧作家，伏尔泰看不起他的法国前辈之外的所有其他民族的戏剧，他甚至看不起莎士比亚，就更不用说中国的杂剧了。他认为中国人还根本不会写戏剧，虽然这些剧目中，有一些，如这个赵氏孤儿的杂剧，是有着戏剧性的。当他要选择一个劝喻帝王的题目，表达他的文明战胜野蛮的主题的时候，选中《赵氏孤儿》这么个“中国故事”来写剧本，却可以说相当合适，因为在他看来，中国文明在历史上多次被野蛮人征服，而整个文明的精神却能够始终以一以贯之的方式保持着，不仅说明了中国文明自身的伟大力量，征服中国的野蛮人领袖，应该说也是欧洲蛮族领袖们的好榜样。

伏尔泰自己是这样说的：“这个中国剧本作于14世纪，就是在成吉思汗朝；这又是一个新的证据，证明鞑靼的胜利者不改变战败民族的风俗；他们保护着在中国建立起来的一切艺术；他们接受着它的一切法规。”①

就是说，伏尔泰写作这个剧本的道德目的，是要教育欧洲的、尤其是法国的贵族统治者，向鞑靼的统治者、向成吉思汗学习，接受文明的法规，克服野蛮人的那种唯力是视的态度，不是以强制和镇压来维护自己的统治，而是向着文明低头，向虽然被征服，但在精神上更为优越的人臣服——一种精神方面的臣服。

我们知道，欧洲中世纪的历史，就是在蛮族征服古罗马帝国文明的过程中开始的。因此，欧洲的世俗贵族，本身原来都是野蛮人，作为武士，他们不仅不能知书达理，而且总是会带着野蛮民族中的各种价值和习俗。

---

① 伏尔泰：《致黎世留公爵》，范希衡译，载《中国比较文学》，1987(4)。

早期的欧洲征服者，如哥特人，始终没有改变“强盗”的特点，给欧洲人带来了巨大的劫难。征服了法国的法兰克人，早期也是如此。正因为如此，在被蛮族征服之后，古罗马文明在欧洲事实上就灭亡了。中世纪的封建文明，是在蛮族征服的基础上建立起来的。在伏尔泰的眼中，古罗马的文明即使不能说是一种十全十美的文明典范，在许多方面也是比当时的欧洲好许多的，至少，古罗马人对于宗教是无比宽容的，而罗马帝国统一的政权对于社会的管理、对于社会秩序的维护，也都是足够有力的。而当时的法国，政权虽然在亨利四世到路易十四的历代国王的经营之下开始统一，但地方的封建势力仍然很强大，而王权对教会的话语专制也缺乏管制，自身在统一的过程中专制的倾向也越来越严重。在路易十四的时代，在征服的过程中，采取的最通常的做法，就是强迫被征服的民族改信基督教。是否放弃自己的信仰而改信基督教，是判断被征服者是否服从的根本标准。尽管在伏尔泰看来，基督教主张信仰唯一的上帝，是一种“正确”的信仰，但是，强迫他人改变信仰，不改变就以暴力镇压，甚至进行肉体消灭，总是一种极度专制的做法，是一种绝对的野蛮。换言之，如果欧洲的统治者能够如鞑靼的征服者对待中国人那样，欧洲的现状相信就会好得多。

当然，我们在这里又要说，伏尔泰对成吉思汗的理解也是不那么正确的。在中国与北方民族的矛盾冲突中，的确有着伏尔泰所说的，鞑靼人接受中国人的道德和法律这样一种基本的态势，但这个成吉思汗和他后裔的帝国则几乎可以说是唯一的例外。但是，反正这只是戏剧，真正的成吉思汗是什么样的人其实是不重要的。而且，无论如何，成吉思汗的蒙古帝国时代，作为中国的民间文学艺术的戏剧仍然在创作着，这本身就说明蒙古人在征服中国之后，并没有如欧洲的征服者那样强迫被征服者接受征服者的宗教、文化，消灭被征服者的文化和信仰。

他曾将《中国孤儿》名为《五幕孔子道德剧》，希望通过这个戏剧来传播孔子的道德，只是为了照顾观众的欣赏趣味而改名为《中国孤儿》。是向谁传播道德？传播一种什么样的道德？当然，是向帝王传播道德，而传播的道德的核心内容，就是包含在对于成吉思汗的赞许中，因为他毕竟放弃了自己野蛮民族的统治方式，而接受了中国的文明的法则。

第三节　两个剧本中体现出两种道德价值

有人说，伏尔泰创作这个剧本是因为他被《赵氏孤儿》这个剧本中的“中国精神”所感动，但是，在我看来，这个剧本中的“中国精神”，与伏尔泰特别推重的“孔子的精神”却几乎不相干。

我们在前面一章中讨论过伏尔泰的《中国教理问答》，他在那里比较系统地讨论过他心目中的儒家道德观点。在他看来，儒家在“敬天”信仰的指导之下，以“己所不欲勿施于人”——即“爱”，也许用中文自身的概念来表达，应该说是“仁”，当然，仁自身的含义其实比己所不欲勿施于人要丰富得多——作为一切道德的核心或者基础，在宣扬道德精神的方面表现出了一种理性主义的精神，尤其是，中国的统治者自觉地以儒学作为自己的治国原则，就使得中国人在长期的历史中一直沐浴在文明的雨露之中。

一般来说，我们其实无法同意伏尔泰对儒学精神的这样一种归纳。说儒家敬天不错。将这种信仰视为儒家学说的精神基础，在我们以这些作为原则来对儒学进行一种现代化的归纳的时候，似乎也是可以接受的。但是，以为己所不欲勿施于人是儒家道德的核心和基础，我们就不太容易接受了。虽然这的确是儒家道德中的重要内容。儒家的基本精神是“礼”，而礼的核心内容是尊卑。虽然礼与乐是永远结合在一起的，而乐的精神，即和谐的精神，的确可以解释为仁爱，或者说是以仁爱为基础的，但是，这种仁爱是一种在尊卑等级的原则确立起来的条件下的仁爱，这与西方启蒙精神中的“博爱”其实是有着本质的区别的。

应该总体地看看伏尔泰的误读究竟是如何产生的。

儒家学说，从本源的意义上说，并不是如我们在西方历史上看到的各种“学说”那样是一种哲学或者宗教，就是说，它并不是一种纯粹的学术性、理论性的东西，或者说，一套“纯粹的”话语，而是一种“治国之道”，是政治暴力的附庸或者说，是政治暴力、政权暴力的一部分。作为中华文明政治原则的礼，从中国进入文明前夕的英雄时代——即中国神化传说中的“三皇五帝”的时代、“圣贤”的时代，就已经开始萌生，在三代封建时期，就已经成为指导性的原则了。因此，我们知道，不仅有周礼，还有夏礼和殷礼。作为一种连续性的文明，中国文明中的政治法则，与氏族部落时代的社会规范原则有着千丝万缕的联系。礼，原本就是氏族部落中规范着人与人之间的关系的一种法则，是从亲情关系或者说血缘婚姻关系的法则中提升抽象出来的。在氏族部落时代，人与人之间的血缘关系中的辈分亲疏的关系，构成了基本的社会关系的格局或者说结构，形成了部落秩序。在英雄时代，随着社会规模的增大，人与人之间的关系变得越来越复杂，这种习俗性的规范逐渐变成强制性的法则，在夏人以武力征服了九黎、苗蛮等部族，而以井田制的方式将自己的部族组织起来形成“贵族”（国人或者士）以统治被征服的“平民”（“野人”或者“庶人”）的时候，我们说中国就进入“文明”时代了。在这种情况下，礼就变成了一种政治法则，氏族部落中的血缘关系中的长幼有序的秩序，就变成了政治等级中的尊卑秩序，这就是礼的精神的核心。作为礼原则的最高道德要求的，也并不是所谓“爱”，而是忠孝等以服从为最高要求的律条。同时，在氏族部落的社会关系中血缘婚姻关系带来的亲情关系，也转化为“乐”的精神出现在文明时代。这种乐的精神强调人与人之间要和平或者说和谐。因此，忍让、容忍、所谓“己所不欲勿施于人”的精神，也就成为礼的精神中，或者说“乐”精神中的一个重要的内容，但这种精神的核心，与其说是“爱”，不如说是“忍”，是“自我克制”。对一个帝王来说，己所不欲勿施于人的要求，其实就是“一日克己复礼天下归仁”的治国原则的具体做法之一。按照司马迁《史记》中《礼书》的说法，礼规定了等级，是秩序形成的基础，而乐的精神则将这种不同等级的人团聚在一起。二者形成的是一种互补的关系。一方面，社会秩序井然；另一方面，尊卑上下之间又不至于因为这种不平等的关系而变得对立。这种政治原则是一种道德治国的原则，而作为政治原则在道德领域中的反映的，其实是一种“身份道德”，作为普遍而最高的要求的，抽象地说，就是“本分”，无论是帝王将相还是平民百姓，如果大家都恪守本分，就达到了“克己复礼”的境界，那么，也就“天下归仁”了。

即使孔子在无法获得政治权力来一展抱负，只能作为教师来宣扬自己这种看法的时候，就是说在他将礼的精神作为自己教育学生的基本内容而形成自己的学说的时候，心中的目标始终是进行政治实践，而不是将礼教的精神“学术化”、“体系化”或者逻辑化。就是说，他从事教育的目的绝不仅仅是完善学生的道德，而是力图将他们培养成治国的人才。所谓儒家学说，就是在这样一种情况下产生的。

我们说过，从总体的意义上说，这种精神与伏尔泰的开明君主制度的政治主张相当一致，但是，其中的重要区别也是我们不能不注意的。

伏尔泰的开明君主的主张是建立在他的“理性主义”的基础上的。在他看来：“我们大家都是由弱点和错误塑造成的。我们要彼此原谅我们的愚蠢言行，这就是第一条自然规律。”[①]所谓彼此原谅愚蠢言行，其实就是他所提倡的“信仰自由”。在他看来，“民主”的最基本的要义，也就是这种自由。而宽容，则是确立这种自由的存在的最根本的保证。在信仰自由的前提下如何保证宽容的存在？就是说，既然提倡信仰自由，则人们就难免会有五花八门的信仰，而且人们就都有信仰他们自己的神的自由，这样就难免会有争执，会有矛盾。在这种情况下，就需要有公共权力来规范这种矛盾，使得这种争执不变成破坏了社会和平或者秩序的冲突。在这种情况下，有力的公共权力就是必要的。而在他看来，强有力的王权正是最好的保证。为了权力的存在和秩序的形成，人与人之间的不平等也许是难以避免的。但是，他反对专制，他认为，这种王权应该是明智的，执掌着权力的人不应该滥用他的权力，最好是有一种制度性的约束使得这种王权只能做有利于社会的事。

因此，如果用儒家的概念来归纳伏尔泰的思想，则我们应该说，在伏尔泰那里，“乐”的精神是第一位的，而礼所强调的等级关系，则是第二位的——与经典的儒学精神相比，两个基本原则的位置正好掉了一个个儿。但是，虽然表面看只是两个原则的次序发生了转化，基本的精神却是从本质上就不同的了。

如果我们考察一下《赵氏孤儿》和《中国孤儿》两个剧本中的道德主题，就可以很容易地发现这样两种完全不同的文化精神。在《赵氏孤儿》中，剧本通过主人公体现出来的是一种“忠义”的精神，而伏尔泰的剧本所要表达的道德主题，却是和平——爱——的道德精神如何战胜了暴力的野蛮。

在伏尔泰的剧本中，成吉思汗显然对宋室遗孤的生死并不看重，他在乎的是张惕夫妇和以他们为代表的中国百姓是否屈服。如果伊达梅答应了他的求婚，当然就表明了他们的一种屈服。在这种情况下，他可以让他们都活下来。但是，在张惕他们看来，这些人是野蛮人，因为他们只会用暴

① 伏尔泰：《哲学辞典》，714页，北京：商务印书馆，2005。

力来达到自己的目的。他们蔑视暴力。在张惕的眼中，既然他对大宋皇帝有过承诺，要保全他的孩子，他就必须守信，这是一种道德责任。而在这些野蛮人已经发现了事情的真相的时候，可以说他的行为已经失败了，但是，从道德上说，就这件事而言，他没有任何责任，而仍然是从道德上说，他不屈服，因为不能屈从野蛮，不能屈从暴力也是一种道德要求。从道德上说，他只能服从正义，而最高的正义，人作为人的第一个原则，如伏尔泰认为的，就是宽容，就是博爱。张惕对宋皇帝的承诺是他的一种“信仰”，成吉思汗试图用暴力改变他的信仰，他的信念，对于他来说，这是一种野蛮的行为，是一种专制，是不正义的，因此他选择死亡。当然，在成吉思汗改弦更张之后，事情就变得完全不同了。虽然他转而为成吉思汗服务，他自身的道德也没有任何的瑕疵，因为不仅宋皇帝的遗孤得到保全，他自身所信奉的正义也得到了实施。

张惕的行为，按照中国传统的道德，是完全不合适的。虽然在外族入主中原之后，总是有大批的士大夫转而为他们服务，向他们表示臣服。张惕的这种做法，并不是完全不符合儒家的精神的。例如，在明清之际的王夫之等后世大儒看来，“亡国”也远不如“亡天下”重要——在他们看来，“国”只是朝廷，是皇帝的姓氏问题，而所谓“天下”则是道统的问题，是礼教的存续的问题。就是说，只要礼教的精神能够存续，改朝换代只是小事，皇帝是什么种族的人只是小事。但是，从“忠孝”的概念来说，我们恐怕只能说王夫之的这样一种看法是“异端”。按照中国人的精神，即使在正宗的“民族主义”还没有发生的明清时代，在史可法和吴三桂之间来做一种道德取舍，恐怕人们也不会选择吴三桂而否定史可法吧?

张惕的行为，与程婴的行为相比，区别就更大了。程婴的所作所为，应该说是符合“忠义”的规范的，但是，这样一种规范，在伏尔泰看来是否属于高尚的道德，就是有疑问的了。

第四节　忠　义

在讨论《赵氏孤儿》这个剧本的时候，我们还应该注意一个问题，就是在中国，宋元时代出现的戏剧、传奇或者小说，其实并不是正统的儒家文化的作品，而是“游民”文化。所谓游民，按照王学泰在其《游民文化与中

国社会》中的说法，是在这个人口过剩的矛盾已经相当严重的时代出现的大量“脱序”人口，虽然可以视为正统的儒家文化的一种反对力量，但是，其思想本质却只能被认为是消极的。

无论是从《史记》的记载来看，还是从《赵氏孤儿》的杂剧来看，这个故事中所包含的道德内涵，主要的都是“忠义”——主流的儒家文化中的道德要求。但是，必须要说明的是，游民文化意义下的“忠义”与士大夫所提倡的“忠义”从基本的内涵方面看是有着深刻的区别的。

“忠”和“孝”的概念的基本内涵是一致的，主要就是“下”对于“上”的尊重和服从。如果要将忠义的概念与仁爱的概念进行对比，就应该说，忠义概念体现的是礼的精神，而仁爱所体现的，则是乐的精神——当然只是粗略地说。

从比较深入一些的道德意义上来理解，忠孝的内容也包含着一种“爱”，如，我们常常也将“忠君爱国”视为一体，认为对君上的忠体现的是对国家、民族的爱，或者，将忠君视为对国家民族的爱的一种历史表达方式。尽管如此，有时对国家的忠诚与对君王的忠诚是冲突的，就是说，为了对国家的忠诚有时是可以否定对于君王的服从的。因此，我们会在一些场合发现“忠臣”不仅不服从君长，反而常常通过顶撞君长来表现出自己的忠诚——当然，这里的忠诚应该说是忠诤，也可以说，这是一种更高意义上的忠君——因为避免了君王陷于不义。

但是，在《赵氏孤儿》这个剧本中，却说不上其中包含着这样一种忠或者说“忠君爱国”的道德内涵，这里只是典型地以服从或者俗话说的“不变心”为内容的忠。在历史的发展中，忠的概念内涵发生了一些历史的改变，忠君中的君仅仅指皇帝是帝国出现以后的事情，在三代“封建”时代，君臣关系中的君就是指一般的“主人”的，君臣关系就是一般的主奴关系。所谓“我的附庸的附庸不是我的附庸”。例如对于程婴来说，他的君，就只是指他的主人赵氏家族，而不是指晋国的国君的。按照《史记》的记载，程婴是赵朔的“友人”，公孙杵臼是赵朔的“客”即门客。其实他们是同样身份的人，都是赵朔的门客。规范着一般而言的“主客关系”的道德，既然主人与客人一般说来是平等的，从概念的意义上说就不是主奴道德，不是忠，而是义。但是，春秋时期的这种主客关系多少只是名义上的。这种关系的确可以说就是后来的君臣关系的一种早期形态。因此，说程婴等的作为是

“忠于”他们的主人也是不错的。在中国历史上，始终并没有出现西方历史上的那样一种奴隶制——因为中国历史上的奴隶，主要是家庭奴隶，而不是从事生产劳动的奴隶，因此，奴隶的存在不构成一种特殊的生产方式——但是并不是说在中国历史上不存在奴隶，只是在中国历史上的奴隶从意义和形态上都与西方历史上的不同而已。同时，在中国，奴隶与主人的关系是以“家人”的方式存在的。就是说，奴隶与自己的主人的关系，是比照着家庭血缘关系中的“辈分”关系建立起来的，这种辈分并不是真正的血缘关系中的辈分，而是比照着辈分中的上下确立起一种身份上的贵贱关系。但同时，作为“家人”，主奴之间也存在着一种类似亲情的亲密关系。春秋时代的“养士”，主人与宾客之间，并不是“家人”的关系，主人不能如对待自己的晚辈那样对宾客颐指气使，而必须要“敬重”，所谓“相敬如宾”，对门客是不能如同对待家奴或者家臣的。如果要类比，帝国时代的君臣关系的确是与这种主客关系最为类似的。君臣关系，从概念上说，是一种主奴关系，臣的概念是从奴隶来的。但是，事实上，皇帝对自己的大臣，并不是如对待自己的奴仆那样的，虽然上下尊卑的等级分明，但也多少包含着尊重。

当帝国以集权的方式将“诸侯”消灭之后，君变成了唯一的，在这样一个前提之下，忠的概念所包含的道德内容就开始发生一些改变，君与国的同一性的建立才使得忠的概念中包含了爱国这样一种意味。其实，应该更进一步地说，“爱国”这样一种有着民族主义意味的概念，其实是在近代启蒙运动之后，才在中国的主流话语中变得比较重要起来的。在近代启蒙中民族主义从西方传入之后，现代中国人往往以一种现代的精神来重新诠释古人，在这种情况下，如岳飞之类的人物，其忠义的精神就往往也被解释为一种“爱国主义”的精神，一种民族主义的精神了。忠义与爱国的概念就这样在不经意间被联结了起来。

在《史记·赵世家》中，公孙杵臼和程婴要保全赵朔孤儿的理由，是因为“赵氏先君遇子厚”（《史记·赵世家》），就是说，支撑着他们牺牲自己来做这样一件事情的背后的道德，就是“报”——这是一种“义”举。所谓“士为知己者死”，正是春秋时代士人的一种道德表现。所以，程婴在赵武终于得“立”之后，还要自杀以“报”公孙杵臼，因为公孙杵臼为程婴“能成事”故而先死了，如果程婴不死于其事，杵臼在地下就会认为他没有“成事”，

他的义举对赵氏来说虽然已经完成了，但对朋友就仍然是“不义”的了。

可以说，程婴是春秋时代的忠义精神的一个典型。

而就《赵氏孤儿》的戏剧本身来看，其中与其说是在进一步张扬这种精神，还不如说是中国文化中作为所谓“小传统”的另外一种精神，一种被称为“义气”的精神。

如果我们去看看《史记》就会发现，《赵氏孤儿》中人物的名字虽然是真实的，但故事本身和通过故事的寓意所要表达的道德，却根本无法说是春秋时期的了。例如文臣武将这样一种朝廷格局，忠臣奸臣之类民间故事中的说法，尤其是故事本身的发展轨迹是一种非常典型的“发迹变泰”——王学泰先生语，见他的《游民文化与中国社会》——故事的主角是程婴，故事的主题思想，就是他忍辱负重地将自己的小主人养大，自己最终也受到封赏——这让我们清楚地看出，这是“游民故事”，它与司马迁所要表达的士大夫的道德情怀是大相径庭的。

在元杂剧中，与在宋代开始的各种本质上属于游民文学中的各种故事一样，忠臣、奸臣的概念，作为主流的高雅文化的符号的忠的概念的影子，总是保留着的。在中国传统的高雅文化或者说儒家文化中，在传统的礼教文化中，忠孝的概念作为一种核心道德始终被提倡，形成了中国文化中一种不能违背的“绝对命令”，一种绝对不能背离的价值标准。因此，虽然对游民们来说，“天高皇帝远”，忠的概念已经淡薄到仅仅是一种抽象的符号，孝的概念要稍微浓厚一些，但对于游民来说，“家”已经多少变成一种奢侈，尽孝在现实中也已经变成一种很少有机会表达的道德，尽管在口头上，不孝仍然是被当做一种非常显著的恶行的，不像“忠”的概念，在“明君”、“昏君”概念的冲击之下，已经大大地变味了。对抗昏君是游民意识的一种相当重要的内容，这与士大夫的忠君概念是不相容的。当然，游民化的忠奸故事中仍然一般都会包含着对于“忠”这种作为礼教道德中最为核心的道德的提倡。如程婴的作为，也是可以当做对赵氏旧主人的“忠”来评判的。但是，游民故事中最基本的道德是“义”。

义的概念自身含义非常丰富，有时也显得很含混，非常难以用简单的概念来归纳。但在这里，可以说义就具体地体现在“报”这样一种规范中。报是“礼尚往来”的中国礼教精神的基本含义中一个重要的内容。所谓来而不往非礼也。在游民的道德中，义也是包含着浓厚的报的思想的。如俗话所说的："滴水之恩，涌泉相报"，所说的就是这样的一种"义"。但是，我们必须注意，在士大夫中报的意义与游民道德中报的意义是不一样的。公孙杵臼对程婴所说的"赵氏先君遇子厚"，其实并不是说赵家给了程婴优厚的物质待遇，这里的"遇"，主要还不是我们现在经常说的"待遇"，而是"礼遇"，厚，也不是物质方面的优厚，而是说赵家主人很看重程婴，将其作为"高士"对待，而不是作为一个平常的士人来对待的，这里主要是主人对于宾客的评价，道德评价和能力方面的评价，尤其是道德方面的评价。这种评价是通过主人对待宾客的各种态度表现出来的，这种态度表明的是一种"知遇"，说明的是主人知道自己的价值。所谓"礼贤下士"。春秋时代"养士"是有权势的贵族的一种普遍的做法，门客与自己主人的关系，名义上是一种主客关系，"友人"关系，并不是主奴关系，但是，既然是"养"，其中就仍然包含着一种长辈对后辈的关系成分在内。我们知道，在三代封建的时期，所谓的士，即"国人"，与"野人"或者说"庶人"相对立，士是贵族的称号。他们在开始的时候，一般都是"武士"，但在春秋时期，士人开始从武士向着文士的方向转化。从历史的发展过程来看，士阶级是在中国建立文明的过程中出现的，是中国进入文明时代，即进入阶级社会的最根本的标志之一，而所谓的武士，就是不同的部族或者部落在征服了其他的部族或者部落，将他们变成"野人"或者"庶人"之后形成的，因此，武士就是在征服与被征服的过程中胜利者的部族中的成年男性。由此可知，士人是在自己的部族的血缘关系系统中存在的。而在春秋时期，被贵族"养"着的士，都是"游士"，就是说，他们其实已经脱离了自己的部族，脱离了自己的血缘关系组织，而进入了养士者的家族或者说氏族。由于从更早的时期开始，一个以非血缘关系的方式进入一个氏族或者家族的人，其实都是作为"家臣"或者说作为家庭奴隶的，因此，这些被"养"的士，其实多少是有着奴隶——"臣"的身份的。但主人，尤其是一些被认为是"贤明"的贵族的人，在对待自己的宾客时取一种比较平等的态度，对他们的"士"的身份保持足够的尊重，在这种情况下，往往更容易获得宾客的效忠。这就形成了春秋时期士人，尤其是游士们的一种特殊的道德，就是在"报"的规范的基础上形成的忠义。这里的报或者说报答，也如刚才所说的"涌泉相报"一样是不等价的，士为知己者死是当时士人的最高的报答方式。这种道德在帝国时代逐渐变成中国文明的主流道德。

孟子以“义利之辨”将士阶级的这样一种忠义的道德说得很清楚，对于士大夫来说，忠义的概念与利益的概念是完全不相容的。如果涉及了利益问题，涉及了物质需要的问题，义就会消失。

但是，游民的“义”是不同的。由于游民总是生活在物质匮乏的状态之下，他们眼中的“义”，就总是会与对物质的需要交织在一起，如果没有了物质方面的内容，义就变成了一种空洞的废话了。游民要求的义是所谓“仗义疏财”，就是说，要建立的是一种在物质方面你的就是我的，我的就是你的这样一种“大同”。当然，这只是“理想化”的说法，在实践中，其实更常见的，是你的就是我的，我的还是我的。在这种游民文化中，“义”已经变成了一种贯穿着“小买卖”的精神的价值，“报”的概念已经从“礼尚往来”变成了“交换”，“义举”已经变成了一种“投资”行为。一方面，有人以仗义疏财为手段，获得接受了自己的好处的人的更大的回报——甚至是以身相报，以死相报；而从接受他人好处的人的方面说，自己“以身相许”其实也并不真正是不要回报的，这种回报往往就是所谓“同甘共苦”，在大家共同造反胜利后，自己也最终是要“发迹变泰”的。因此，如程婴那样，养大了赵氏孤儿，自己也将得到封赏，在游民道德看来，是非常相宜的。

于是，我们看到，在《史记》中，程婴以死称义，而在《赵氏孤儿》中，程婴却是以“封赏”作为自己的“义”的回报的。

如果回到伏尔泰对中国文化的态度和评价方面来看，如果伏尔泰能够真正理解《赵氏孤儿》的历史原本和游民故事中各自表达的道德含义和它们之间的区别，则我们就只能说，伏尔泰恐怕一种都不能接受。

从司马迁记载忠的故事所体现出来的儒家传统道德观念看，除了养育出专制主义之外，是不可能有伏尔泰心目中的宽容的开明君主的，而游民的这种“道德”，在伏尔泰心中能否算是道德都成问题。

第五节　从写作手法看两剧的不同

这里所谓的写作手法，不是一般而言的写文章的起承转合、前后照应之类，而是说，以什么样的故事主题来切入道德主题。

伏尔泰的剧本中出现的故事主题是爱与死，而这种主题从西方文明出现时起，可以说就是西方的文学与艺术的永恒主题。纵观西方近现代的文学，几乎所有的故事都是用这样一种主题来贯穿的，只是不同的故事发生在不同的背景和不同的人物身上，而由于对这样一个矛盾的解读不同，它们所包含着的道德价值内涵也就不同。

它在中国的小说和戏剧中是非常罕见的。中国的小说戏剧中，当然有许多是属于“才子佳人”的，在游民文学中，这类作品被称为“银字儿”——也许应该写作“淫字”？——我们当然也可以将这种主题归入爱情题材的故事，这种爱受到外界压力的影响，因而也存在着矛盾冲突，也有以死殉情这样一类故事。但是由于处理这种矛盾的方法或者说解读这种矛盾的方法的不同，这种故事一般只是通过“发迹变泰”完成一个大团圆的结局，其中很少能够给人道德震撼的力量——虽然几乎都或真或假地包含着一些道德说教——当然不是全部。

文学艺术是文化自身本质的一种相当典型、相当浓缩的体现。在文学艺术作品中，体现着这种文化底蕴的，主要还不是它们所描述的题材，而是处理这些题材的手法、通过这些题材所要表达的思想或者道德价值。而反过来我们也可以说，文学中的人物如此这般地处理这样一些矛盾，也正是这样一种现实的生活的忠实反映。

爱与死的主题出现在西方文学和艺术中，是西方人的社会生活方式、西方人的思维方式的产物。这种主题中的各种矛盾的本质，就是个人的意志与社会规范之间的冲突、就是理性与情感之间的矛盾。中国人的文学艺术作品中不呈现爱与死的主题，并不是中国文化中、中国人的社会生活中没有爱与死的冲突，而是中国人解决这类冲突的方式和解决矛盾所依据的价值与西方人的迥然不同。

在中国文化中，最根本的原则是“礼乐”，就是说，虽然万事都要有规矩，有尊卑规范，但是，在处理具体的事情、具体的矛盾的时候，真正的原则是“情理”。就是说，在尊卑“秩序”确定了的条件下，讲究以“人情”来建立一种和谐。因此，如果出现了个人的意志不合规矩的事情，例如男女之间产生了不合乎规矩的爱情，如果就事论事地讲，处理这个爱情事件时在犯规的情况下是更合乎人情的，人们就会按照人情的要求来做。这是一种比较“人情化”的说法。如果用不好听的话来说，中国人在处理事情的时候，是有着“机会主义”的倾向的，所谓“因地制宜”，所谓“具体问题具体分析”等，都是一些“政治手段”。中国人始终要讲“规矩是人定的”，总要

说，“人是活的，规矩是死的”，那意思其实就是说，人是可以做不合规矩的事情的——尤其是掌握着权力的人。在这种情况下，只要是符合理想状态的，就会出现大团圆的结局。而如果出现了不合情理的结局，那也只能说是当事人没有运气，遭受了“冤屈”。这里，没有内心的道德冲突，也不存在个人意志与不可违背的社会规范之间的矛盾。而既然如此，文学艺术或者小说戏剧中自然也就没有那种让人感到死去活来的心理冲突和无法解决的矛盾了。

从这个意义上看，伏尔泰的这个以中国为题材的戏剧，事实上是一个典型的西方戏剧，从故事的结构本身、它的创作手法和所要表达的精神都是西方的。成吉思汗与伊达梅的矛盾，从故事主题方面说，正是一种爱与死的矛盾。从伊达梅的立场看，这个矛盾是难以用死以外的方式来解决的。她如果屈服于成吉思汗，表面看，她是接受了成吉思汗的爱情，但由于这毕竟只是在暴力的高压下的屈服，她接受的就很难说是爱情。因此，虽然她可以因此而保全自己的生命和她丈夫以及赵氏孤儿的生命——这是代表着一种承诺的，但她在这个行为中却不再表现出她是有道德的，或者说她是在实践着自己的道德理念的，因为她已经在没有爱的情况下屈服于高压，已经出卖了自己的人格。在这种情况下，即使她选择自杀，也遭遇到难以解决的道德矛盾，因为她这其实也是在“代替”她的丈夫和赵氏孤儿选择死亡，因为本来，她如果牺牲了自己的人格，选择屈服，他们的生命是可以得到保全的，而由于她对自身道德追求的考量，却将他人的生命作为代价。当然，相比之下，选择死亡虽然只是一种逃避矛盾的解决的方法，只是证明了她在她的道德追求的实践中的失败，但是，她毕竟并不是直接杀死他人的凶手，这应该也可以说是她无奈中的一种选择吧。

然而，伏尔泰最终给大家安排了一个中国式的大团圆结局，虽然这种大团圆从本质上说与中国游民故事中的发迹变泰并不是一回事，但也许也可以视为一种“中国影响”吧？而伏尔泰此剧的道德劝喻的目的，也正是在这种结局中体现出来的。

当伊达梅处在一种道德冲突中无法解脱的时候，成吉思汗观念的改变，使得一切矛盾都迎刃而解了。

这个故事的“眼”，存在于张惕夫妇和成吉思汗的矛盾冲突中，故事的开始是暴力和杀戮，最后，是在道德的感召之下，屠夫变成了文明的王者。伏尔泰正是通过他的思想转变来表现孔子道德的伟大力量的。张惕夫妇的表现，固然直接地体现了伏尔泰心目中的“孔子道德”，但是，如果没有成吉思汗的“明智”，这样一种道德也不可能具有真正的力量。

伏尔泰正是通过这样一个榜样来劝喻帝王，达到他的“寓教于乐”的目的的。

但是，当然，如果这样一种道德自身不具备一种震撼的力量，整个剧目的说服力就会大打折扣，甚至变得完全没有说服力，那么，剧本自身也就只能说是失败的了。

在伏尔泰看来，张惕夫妇的道德情怀，正是孔子的道德的最具体的体现，我们在张惕夫妇的身上的确会发现一种高尚的道德，但是，这种道德是儒家或者说礼教所提倡的那种道德吗？是我们前面说过的那种“忠义”精神吗？

在我看来，完全不是。这里出现的，是一种“伏尔泰化”了的儒家道德，有着中国文化的外表，骨子里则是西方启蒙中的人道主义道德。

从前面的讨论中，我们已经大体知道了伏尔泰心目中的孔子道德是什么。对伏尔泰这个以信仰唯一的神作为道德基础的西方人来说，孔子道德的核心内容，就是仁爱。应该说明一下的是，伏尔泰心目中的孔子的仁爱概念，与西方启蒙中所提倡的人道主义的精神是完全相通的。但是，我们现在已经清楚地知道，孔子的仁爱与人道主义其实并没有多少相通之处。人道主义所规范的人与人之间的关系，首先是个人主义的，在这个基础上，人与人之间的根本关系当然是爱，如果不是如此，任何个人在这个世界中都无法和平地生存。但是，从这种个人主义或者说个体主义的精神出发，这样一种爱的具体内涵，就是自由和平等。但在孔子的思想中，仁爱所要达到的境界，从根本上说是一种绝对整体性的原则，爱所要达到的目的，就是一种不分彼此的和谐，是在礼乐精神的笼罩之下的、尊卑等级秩序之下的一种整体性。在孔子的仁爱精神中，是不可能包含着平等原则的，爱可以是一种上对下的慈爱或者下对上的敬爱。当然，伏尔泰对这样一种中国文明的本质并没有多少了解。当他看到孔子将仁爱当做原则的时候，仅仅是爱这个概念，就足以让他激动不已了。更何况，孔子是将这种爱的精神传授给君王的，这就更容易形成博爱或者说普世的爱了。在伏尔泰看来，中国文化中对于“礼”的尊重，只不过是一些待人接物的礼节。虽然他也看到，中国人的礼仪中表现出来了一种规定尊卑的内涵，我们当然知道，这种内涵与人道主义所提倡的平等概念是不相容的。但是，这也许正是伏尔泰本人也相当推重的一种概念，伏尔泰本身虽然全心全意地提倡自由，却并不如此看待平等。他对于贵族的优雅非常着迷，认为那是文明的一种高级的表现，他自己非常希望得到贵族的尊重，但是，他并不认为所有的人应该都如卢梭所说的那样“生来平等”的。在这种情况下，即使伏尔泰知道孔子的仁爱是一种尊卑等级关系之下的仁爱，或许也会欣然接受吧。不过，在这个意义上只能说伏尔泰思想中有一种局限性，这种思想与整个现代精神并不相符。

如果我们相信，伏尔泰的确是以传输孔子的仁爱精神为目的来写作《中国孤儿》的，那也不能说《赵氏孤儿》这个杂剧包含着这种精神。这种精神是伏尔泰自己“解读”出来的。

第十章　宽容的力量

第一节　宗教宽容是伏尔泰一生的追求

我们在讨论西方启蒙精神的时候说过，启蒙所反对的“黑暗”，并不是简单地指神学或者说宗教信仰主义自身，而是反对基督教的话语霸权主义；启蒙自身也并不是一种“教育”，而就是一种如中国话所说的百花齐放，百家争鸣的状态；而启蒙的实质，就是对这样一种状态的追求和对于这样一种状态的保护的要求。换言之，启蒙精神的实质就是对于思想自由的诉求，是对于宽容的精神的诉求。正是在这样一种前提之下，我们才能真正理解伏尔泰为什么会被称为18世纪法国启蒙运动的旗手，而18世纪为什么会被称为伏尔泰的世纪，因为他终其一生孜孜以求的，就是宽容的精神，就是思想自由。

从这里我们也能够明白为什么伏尔泰会如此推崇中国文化，因为在他看来，中国文化中各种不同的宗教之间的和平相处是一种最符合他心目中的宗教宽容精神的状态——虽然这可以说基本是建立在一种误读的基础上的。

从他不同的著作中我们看到，在伏尔泰眼中符合宗教宽容的精神，保持了宗教宽容的状态的文化或者国度，当然不仅仅中国一个，从古至今，有许多的国家都采取过这样的原则，在西方历史上有古希腊、古罗马帝国，他的时代有英国和其他一些已经进入资本主义时代的国家，而在世界

的其他地方，这样的国家也不少，如土耳其大帝国等等。但如此众多的例证中，就他存在着的时代而言，伏尔泰特别中意的，一个是英国，一个是当时的中国。而他特别多地谈论这两种文化，是有着不同的意义的。在他看来，英国之进入这样一种理想的状态，是在经历了与法国历史上一样的宗教迫害和内战，经历了不同宗教或者不同教派之间的你死我活的争斗之后，最终进入这种宽容的状态的，它为法国树立了一个现实的榜样。而中国，在他看来，是完全不同的另外一种状况，中国“自古以来”就是如此，这样，中国的例证就从哲学的意义上，从本源的意义上说明，宽容是人类本性中的一种美德，而基督教中的这样一种教派之间的无情争斗，则是误入歧途的人们的做法。换言之，对于伏尔泰来说，英国是法国的一个现实的“榜样”，法国应该在自己的国土上“移植”英国这个“椰子”，而中国的例子的意义是理论上的，是关乎人性的，是哲学的，它从人的本质的意义上说明，宽容是符合人类的本性的，是符合人类文明的一般本质的。

伏尔泰并不认为基督教的信仰自身有什么错误，在他看来，基督教既然是信仰唯一的神，信仰上帝的，而且在总体的意义上说，对于上帝的各种看法，在他看来也都是正确的，但是，他们仍然在许多枝节的问题上争论不休，而且，在争斗着的人看来，对于这些枝节的问题如果不争论清楚，就会影响到对上帝的信仰本身。从王权的问题上看也是如此，如果在社会中允许不同的思想存在，允许不同的信仰存在，似乎整个国家的力量就无法统一，就会从本质上削弱整个国家或者民族的力量。因此，欧洲的王权也总是参与到教派的争斗中去。

但在伏尔泰看来，这种看法是没有根据的，而中国的例子正好从正面说明，在宽容的精神之下，整个文化才展现出最为强大的力量。

从信仰自由或者思想自由的意义上说，一个国家、一个民族的人们当中存在着不同的思想，不同的信仰是最自然不过的事情。如果所有的人在所有的问题上的看法都是完全一致的，这个世界就不仅是奇怪的，而且自然是没有任何生气的。而如果事情是这样的，也就用不着提倡思想自由或者信仰自由了，从否定的方面说，在这种情况下，人们已经意识不到有思想自由的需要的问题，而从肯定的方面说，因为思想自由的问题本来就是在不同的思想存在着，而对于不同的思想的压制也存在着的情况下出现的。伏尔泰并不一般地否定争论的正当性，相反，在他看来，许多问题都是可以，而且应该在争论中弄清楚的。而说到底，提倡思想自由就是提倡争论，提倡思想的多元化。只是，如果这种争论变成了一派人利用自己的权势来压制不同的意见，甚至以暴力的方式压制对方，就完全不对了。而从反面说，一种意见要以暴力和权势来压制对方，也不是自身有力量的表现，而正是自身本质虚弱的表现，是对自己的意见没有信心的表现。而且，这样的压制，也不可能造就出真正的信仰，而只是让人在恐怖面前闭嘴而已。上帝是不需要这种虚假的信仰的。因此，这样压制他人的做法，本身与对上帝的信仰就是不相符的。

因此，按照伏尔泰的想法，最合适的，就是在宽容的气氛下，让各种不同的意见，不同的信仰方式都能够存在，而且任由他们争吵，但是，如果这样的争吵变成了暴力的冲突，就是说，变成了违法的行为的时候，政权就应该出面制止。对“闹事”的人进行法律制裁。掌握政权的人本身即使有自己对于信仰或者思想方面的意见，但也不能将自己的意见以政权的力量为依托强加给其他人。一个理想的状态是国王有着正确的信仰方面的看法，而以正面引导的方式让尽可能多的人接受正确的信仰。在这种情况下，一个国家，一个民族，一种文化，不仅不会是没有力量的，相反，是最有力量的。

在伏尔泰看来，中国就是这样一种力量的象征。

伏尔泰在他一生最后的重要著作《论宽容》中，写了一个“故事”：“记一场在中国进行的争论”——我说它是故事，不仅因为对这场争论的记述很生动，而且，似乎也有很明显的虚构成分。但是，与其他关于中国的说法一样，这里对中国朝廷允许不同的宗教存在的精神的理解，是符合当时中国的现实的，而对中国文化的这种精神的真正理解，则是伏尔泰式的。这个故事树立了一个样板，伏尔泰通过它说明关于法律在维护宗教宽容的方面应该做的事情或者说应该尽的责任。

一种以宽容作为自己的精神原则的文化，在伏尔泰看来，才是最具有自信，因此最有力量的文化。在上面一章，我们讨论的伏尔泰的《中国孤儿》这个剧本所表达的，正是这样一个主题。《中国孤儿》故事中中国文明之所以能够感动成吉思汗这样一个武人，在战争中失败了的人之所以仍然保持着自己的道德力量，正是因为这种文化中的人的自信和骄傲，不是建立在物质力量的强大之上，而是建立在能够包容一切，甚至包容自己的敌

人的弱点这样一个基础上的——在伏尔泰看来，一个一味相信武力的人，是一种心理上不健全的人，因此，是一种有着心理弱点的人——因此，一种以宽容为本质的文化自身是不可战胜的。

在《论宽容》中，伏尔泰以另外一种形式再一次展现出了这种文化方面的自信。

第二节 《论宽容》中的中国故事

这个所谓中国故事，严格说并不是中国人之间发生的故事，而是西方传教士在中国发生争执的故事，只是一位中国的官员介入了这个事件。而在我看来，这整个故事中真正有意思的，就是这位中国官员的态度和他处理这个事件的方法。这个官员处理这种宗教争执的方法，的确与中国官员处理问题的原则相当一致，有些不问青红皂白，但在这个特定的案件中，这种处理方式却的确显得很合适。

故事本身很简单，各派传教士各自坚持自己的观点，不肯做任何的让步，中国的一位官员在弄清问题的努力失败之后，就放任了。但最终，传教士们大打出手，这下，言论的问题变成了治安的问题，于是，官员将打架的传教士关进了监狱，并且要一直关到"他们彼此谅解时候为止。"至少"到他们假装互相原谅时为止。"①

为了理解《论宽容》中的这个中国故事——更确切地说，在中国发生的传教士中的争论和中国官员对他们的处理的故事，对这本重要著作有一个总体的了解是必要的。

在本书的献词上，伏尔泰写着"为让·卡拉斯身故而作"——这是一个在宗教狂热中被冤屈而丧生的人。伏尔泰与他素昧平生。但是本书的意义和内容都要大大地超出这个冤案的范围，而是伏尔泰比较全面地讨论他关于宗教宽容的思想的重要著作，在他的著作中，还要算是相当理论性的著作。

问题当然还是要从卡拉斯的案件说起。

让·卡拉斯是法国南部城市图鲁兹的一位商人，新教徒。新教徒在图

---

① 伏尔泰：《论宽容》，141页，广州：花城出版社，2007。

鲁兹的处境一般来说不太妙，因为这里的天主教徒的信仰过分狂热。但在平时，新教徒还能够大体和平地生活，如果他们不去招惹宗教问题的话。卡拉斯是能够与其他教派的人和平相处的，他家的保姆就是一位天主教徒。他的一个儿子马克-安托万有些自闭症，不适合经商，而学习其他的知识，当时的主要出路就是做律师，但新教徒却没有资格做律师。马克-安托万的心理未免有些怨恨父母的宗教，甚至也产生出改宗的念头。但即便如此，一家人也仍然在信仰问题有分歧的情况下和睦地生活着。一天，在一位客人造访这个家庭，大家都在饭桌旁边的时候，马克-安托万在屋内上吊自杀了。一家人惊恐的叫喊惊动了邻里。虽然家人立刻报警，尸体检验的结果，都说明这是一个自杀事件，但由于这里狂热的宗教热情，在无聊的传言中，马克-安托万的死仍然被说成是被他的父亲和家人所杀害，马克-安托万被当做了殉教者，而合议法庭上的七位法官虽然意见不统一，但法庭仍然在群众的宗教狂热情绪的煽动之下判处了让·卡拉斯死刑，并且执行了。对他的家人的迫害也没有因此而停止。卡拉斯的妻子在一位同情他们的律师建议之下毅然到巴黎找国王申诉。巴黎在启蒙的理想精神长期的熏染之下，已经不再有外省的这样一种宗教狂热情绪，卡拉斯的案件最终在无数正义人士的奔走呼号之下平反。在这些人士中，伏尔泰是最核心的人物之一。《论宽容》就是为此而做的。

伏尔泰学习过法律。他首先以法律的精确笔法交代了这个事件的始末，而又以哲学家的清醒特别地指出了图鲁兹特有的那种宗教气氛。这样，我们知道，这个案件虽然表面看是一个司法不公正造成的法律事件，但是，卡拉斯其实是死于宗教狂热。

伏尔泰真正的关切，是要大大地超出这个案件本身的。人死不能复活。即使人们可以给这个案件平反，无辜的人已经死去，他家人的痛苦也无法弥补。对于人类来说，更重要的是要避免这样的事件再次地发生。而避免这类事件的再次发生的根本措施，就是消除宗教狂热，让整个社会接受宗教宽容的概念。

因此，《论宽容》的整个篇幅中，交代卡拉斯案件本身只占很小的篇幅，可以说只是一个引子。

本书正式的篇幅是23章。只有前两章是交代案件始末的。在最后，在案件平反后，在23章之后又补充了两章说明这个案件本身。其他的篇章，

说明的都是关于宗教宽容方面的理论问题的。

引子之后，伏尔泰就从理论和历史的方面，讲述宽容的必要。他首先从16世纪法官对新教徒的迫害开始，从理论和现实的方面说明宗教迫害给整个民族和国家带来的巨大伤害，然后非常详尽地描述了历史上犹太教、古希腊和古罗马文化和基督教自身事实上是实行着宗教宽容的原则的。就是说，从世界上的各个文化的历史上看，这样的宗教迫害，这种对于某些特殊教义的执著和狂热，教派之间的你死我活方式的争斗和迫害，实在只是后起的，而且是病态的，是在教会的各种物质利益的驱使之下发生的，因此，其实是与对上帝的信仰无关的。从篇幅上说，这个关于宗教宽容的历史方面的讨论共有16章，显然是本书的主要内容。

但在第18章，即这16章中的最后，伏尔泰的话锋开始有所转换，他说出一个不宽容然而又是合理的例子。当然，他并不是说有些时候宗教宽容的法则是不适用的，而只是要指出，如果说我们仍然要有对于什么思想不宽容的话，那就是这种对其他的信仰方式不宽容的看法。就是说，如果谁在宗教信仰的问题上坚持狂热甚至要迫害他人，那么对这样的思想是绝对不能宽容的。

当然，这有在逻辑上陷入悖论的嫌疑。这时，伏尔泰在第19章写下了“记一场在中国进行的争论”。事实上，不难发现，伏尔泰写这一章，是为了解释如何正确地对待那些不肯实行宗教宽容的人，就是说，如何能够既坚持了宗教宽容的原则，又能够对不愿意实行宗教宽容的人实行有效的管制，使得他们无法将他们的无谓争吵变成宗教迫害。此后的4章，事实上只是讨论一些结论性和附带说明的问题的，如说明，即使是偶像崇拜或者多神论这样一些在伏尔泰看来是“错误的”信仰，也比宗教狂热和迫害强，说明有道德比有知识——或者说正确的信仰——更重要，就是说，一种与人为善的态度，比对上帝有正确的认识是更重要的等等。因此，事实上，这个中国故事正是伏尔泰本书的一个总结性的篇章。

换言之，在伏尔泰看来，应该如何解决欧洲，尤其是法国的这种宗教狂热或者宗教迫害的问题呢？根本的方法就是按中国人的方法办，按中国关于处理这类事件的方法办。

我们看到，在这个故事里，这位中国官员处理宗教狂热的方法与伏尔泰多次讲述过的雍正皇帝处理宗教狂热的方法原则是相同的，就是以物质性暴力来制止争吵，防止这种争吵变成迫害。

伏尔泰不止一次地描述雍正皇帝将攻击中国的祖先崇拜和儒学精神的传教士驱逐出境的故事。在《论宽容》的故事中，官员是将争论的传教士关进了监狱。这两个故事里处理宗教争执的方法其实有所不同。驱逐出境的解决方法只适合于中国。如果是法国的教士们在法国争执和迫害，是无法将他们驱逐出境的。因此，制止他们争吵，就只能将他们关进监狱。同时，我们还看到，惩罚这些传教士的原因也是不同的，雍正处理的传教士攻击了中国的宗教，而在《论宽容》的故事中，传教士们只是就他们自己的信仰问题在争吵。但是，这种区别是很表面的。事实上，对于儒学的本质的争吵，只是对基督教教义本身的理解问题方面的争吵的一种延伸，中国人自身从来也不会为儒学是无神论还是一神论之类的问题争执，这个问题本身就是基督教的，而不是儒学的。而雍正之驱逐传教士的根本原因，也不是因为他们攻击了儒学和祖先崇拜，而是因为他们在信仰问题上的争吵大有引起社会矛盾甚至要演变成社会动荡的趋势。从这个意义上说，雍正的做法与《论宽容》中这位官员的做法就是出于同样的原因的了。

对于传教士们的争论，伏尔泰列举的是在法国最主要的一些教派的观点，有耶稣会的，多明我会的等等。具体争论的主题在这里并不重要。对于这位中国的官员来说，真正的困惑在于："诸位的想法我实在难以理解……你们三位不都是基督教徒吗？你们三位不都是在我们帝国传布基督教吗？因此你们不是应当有共同的教义吗？"而他的结论则是："归根结底，很可能你们三位都不正确。"他给予的劝告则是："如果现在你们要别人容忍你们的看法，首先你们自己就不要是不能容忍异己的人，也不能是让人无法容忍的人。"[①]最后，是这些争论者互不相容，终至大打出手，让这位中国官员关进了监狱，要到他们能够按照官员的劝说那样能够互相容忍才放出来。

这应该就是伏尔泰心目中对于不实行宗教宽容的人应该采取的办法。以理性的方式如果不能让他们放弃自己的偏见，他们如果就是喜欢争论，只要不超出话语的范畴，那么，他们的"言论自由"是不可剥夺的，让他们吵去就是了。但如果出现了暴力，则应该诉诸国家法律，按照妨碍治安的

---

① 伏尔泰：《论宽容》，140～141页，广州：花城出版社，2007。

法律进行制裁。

这里不是伏尔泰唯一建议这种对付宗教狂热者的争执的方法的地方。伏尔泰在其他一些地方也提出过同样的方法。正是基于这样一种看法，伏尔泰才认为，宗教活动应该在国家政权的管理之下，他对中国的皇帝同时是大主教又是政权首脑的做法表示赞赏——虽然他也看到，这种过分集权的方式是存在着危险的。言论自由是思想自由的一部分，因此，对于教义的争执，是不应该纯粹从消极的方面来理解的，但放任这种争论演变成内战，则是无论如何不能容忍的。对此，伏尔泰的方法就是让教会放弃自己的法庭或者说放弃宗教裁判所，而让宗教的争论只是一种话语方面的讨论，一旦争执超出了言论的范围，变成一种刑事方面的罪行，就诉诸国家法律。

如果做到了这一点，则文化活跃，而整个社会生活的秩序又不至于被破坏，在这种情况下，这种以宽容为原则的文化自身就会产生强大的力量，这种力量将会征服一切野蛮，使整个人类的社会不断进步。在伏尔泰看来，中国文明就是这样一种文化的典型状态。

第十一章　伏尔泰在中国

虽然这一章被冠以这样一个标题，我却并不打算系统地记录伏尔泰的思想和作品进入中国的历史轨迹，甚至根本就不打算做这样一种“全面”的回顾。这一方面是由于我的处境使得我做这样的工作有具体的困难，而且这样的工作也非我所长，更不是我的兴趣所在，同时，对这个问题有兴趣的读者完全可以在其他的有关作品中找到这样的介绍。另一方面，更重要的是，在我看来，虽然伏尔泰与其他西方著名人文学者的著作进入中国的时间差不多，就是说已经可以说有相当长的历史了，但是事实上，他对中国人的影响却可以说“甚微”，将各个时期的伏尔泰轨迹集中起来介绍给读者，也许反而会给人他在中国有相当大的影响的感觉。也许有些人听说过他的《老实人》(《天真汉》)和《哲学通信》(《英国通信》)，但是认真读过的人恐怕就很有限，读过而有些感想的，恐怕就更有限了。

我在这里只是说一说我——一个学习西方哲学的人——在中国感受到的伏尔泰，以及一些相关的感想——主要是后者。

第一节　我所感受到的伏尔泰

那是1973、1974年左右，我作为“知青”在乡下插队落户已经五六年了，林彪事件和张铁生的白卷事件，让我对通过正常途径离开农村不再抱有希望——我对这种生活方式已经不再能够认同了。但是，我不相信世界就这样不再改变了，也不相信这个世界从此就不再需要知识。于是，我开

始尝试进行一些个人的奋斗。我尝试过写小说，没有成功，别人说，听你讲故事那么好听，怎么写出来的故事那么难看。我彻底地放弃了这种努力。当时的我只有高中学历，虽然在知青中，我已经是学历最高的了，但我知道，这样一种知识只是最基础的。我开始自学。开始学英语，虽然没有多少成效，最终可以说也没有学成，我的发音大约只有我自己能够听懂，而别人说出的英语我是一句也不懂。但是努力也没有白费，为我以后的学习建立了一个比较合理的基础——中学时我学的是俄语，在“文革”时期已经全部还给老师了。外语只是工具，我必须要有一些专门的知识。学习科学技术，在当时是不具备条件的，但是在人文学科领域，以我当时的知识条件，我甚至不知道什么才能算是真正的学问。经我父亲的指点，我开始接触哲学——或者说“哲学史”。这是一种幸运，因为我对哲学的了解，不是通过艾思奇哲学，而是通过西方哲学开始的。父亲推荐给我的，首先就是笛卡尔的《形而上学的沉思》、贝克莱的《哲学对话三篇》、休谟的《人类理智研究》和伏尔泰的《哲学通信》——如果现在有学子问我什么书可以作为学习哲学的入门读物，我仍然会推荐他们读这几本书。老实说，虽然这些书的篇幅都不大，但我仍然读得非常艰难，而且，现在回想起来，其实什么也没弄懂。但是，在当时，这些书中讲述的闻所未闻的道理，仍然让人无比的兴奋，在胡思乱想的过程中终于有所领悟的时候，顿生天高海阔之感，那种情景至今仍然历历在目。虽然现在重新思考这些问题的时候，已经明白了当时的无知和幼稚，但是至少，我是闻到了正宗的哲学的味道。

回想当时，读得最津津有味的，就是伏尔泰的《哲学通信》。当然，其实并不是因为他的著作可以给人更多的感触，而只是因为“好读”，或者说“好看”。回想起来，真正看进去并且记住了的，不过就是他描述出来的各种奇风异俗，诸如英国公谊会信徒聚会时装神弄鬼的样子和中国人种牛痘的方式等等。但是，即使是以当时的水平，我也感觉到他的这些“哲学”与其他人的哲学相比差距是太大了。相比之下，贝克莱的“存在就是被感知”和笛卡尔的“我思故我在”，给人心灵的震撼就大多了。此后，在真正开始学习哲学之后，沉浸在形而上学的思辨当中，对于伏尔泰的这种平易近人的哲学，多少有些轻视，甚至认为根本就不是哲学，也没有再去认真读过什么伏尔泰的东西了。

这样一种学习哲学的经历，或者准确地说，学习“西方哲学史”的经历，多少反映出伏尔泰在中国现代学科中的地位——他是不怎么受重视的。

按照现代中国学校中的学科设置，伏尔泰的思想属于西方哲学史中近代哲学的范畴，再细一点分，属于18世纪法国哲学，而在这样的分类中，伏尔泰已经不由自主地被边缘化了。

由于历史的原因，中国人的西方哲学史体系受到苏联人哲学史体系的直接影响，而由于马克思主义在意识形态方面的主导地位，苏联人和中国人的西方哲学史体系都深受黑格尔的哲学史体系的影响——因为青年马克思曾经是青年黑格尔派左翼中的最重要的人物之一。

德国哲学以思辨见长，黑格尔哲学的这种特点尤其典型，其体系之宏大和行文之晦涩难懂，令人望而生畏。当哲学在历史中的发展如黑格尔设想的，按照“历史的和逻辑的是一致的”这样一个原则进行着的时候，整个哲学史就被构造为一个向着黑格尔哲学挺进的体系。这样，哲学在历史中所处的地位，就往往要由他们与黑格尔哲学的接近程度来判定了。

可以说，伏尔泰——当然还有其他许多“诗意的”哲学家——就是在这样一个编辑哲学史的过程中被边缘化的。因为伏尔泰他们的哲学离思辨实在是非常遥远的，而他对于思辨哲学的发展也真的几乎说不上有什么直接的贡献。

这次，为了写伏尔泰与中国，重读《哲学通信》，又读了许多伏尔泰的其他著作，真可以说感触良多。伏尔泰的确不是以那种思辨的方式进行他的哲学思考的——应该说，法国人的哲学就少有以这种方式进行的，虽然现代与古典时期相比已经都有些“进步”了。但是，如果以为这样的哲学是浅薄的，大约就只能说，有这样的看法的人才是浅薄的。道理的深刻程度，不是由表述道理的方式来决定的。他的说法都是浅显易懂的，道理是一目了然的，但他的讨论所设定的目标，仍然有着深刻的历史内涵，这种目的是用晦涩的语言和严密的逻辑来表达，还是用一种平实的语言来表达，并不影响这个目标自身的深刻程度。这只是一个方面的原因。对于读书的人来说，有一个同义反复式的真理，就是你所读懂的，只是你懂得的。如黑格尔所说，同样的概念，其内涵是“抽象”(空洞)还是“具体”(内涵丰富)是要受说出它的人自身的思想限制的。例如，一个60岁的人说“吃

一堑长一智”和一个6岁孩子学舌说出同样的话，意义是不可能相同的。伏尔泰《哲学通信》中的思想，是信仰自由和宗教宽容，对于我们这些刚刚在“文革”的狂热信仰中洗礼过的年轻人来说，总以为我们接受的一切思想都是绝对真理，因此，信仰自由和思想自由的要求都只是一种“过去时代”才有所谓“进步意义”的东西，与我们自己的处境无关，而这个概念在我们的教育中，在字面上完全没有任何新鲜感，因为这种说法一直是作为一种普遍真理被重复着的。在这样一种背景之下，对于伏尔泰的这种思想的意义当然就难以领会了。

换个说法，对于例如“我思故我在”或者“存在就是被感知”这样一些从概念到思考方式都与从小受到的教育全然不同的命题，虽然不懂得这些命题中包含的真理性，但由于其新奇，仍然容易产生心灵的震撼——即使认为这是一些奇谈怪论甚至是胡说八道，也总是会在人的头脑中留下深刻的印象。但是，伏尔泰的观点显得如此地平易，如果没有深刻的历史感，走马观花地读一读，自然是无法领会其深意的。

我还记得，在读马克思的时候，发现他早期的革命行动就是反对当时德国的书报检查制度。我当时感到非常困惑。因为我们自小受到的教育就是革命的根本问题是政权问题。作为无产阶级革命的祖师爷的马克思不去号召起义，不去“夺取政权”，而去搞什么反对书报检查制度，不是“舍本逐末”吗？其实，马克思所争取的，也正是思想自由、言论自由。与政权问题相比，对于人类的生存处境来说，究竟何者更重要，明白的人当然已经很明白了。

哲学思维的目标，是人的终极关切。随着年龄的增长和人生经验的增加，我对于人生和世事的感悟也越来越多，哲学开始逐渐超越形而上学的思辨，而变成了我生活的态度，哲学的关切也逐渐越来越脱离个人的人生目标而进入人的生存处境。或者说，哲学越来越脱离一种纯个人的精神关切而进入了人类存在的关切，哲学自身越来越脱离物质或者精神这样一些抽象的概念而变成“人本身”或者说“历史”的关切。正是在这样一种情况下，我才逐渐地理解，为什么如黑格尔这样以思辨见长的哲学家，到了晚年也进入历史哲学的领域。而回想起来，我们在开始学习哲学的时候，对于思辨方式的形而上学推崇备至，而对于这样一种哲学总是兴趣缺乏的。总之，随着年龄的增大，我越来越感到，哲学自身就应该是平易近“人”

的。哲学固然可以是思辨的，但并不一定非是思辨的不可。

但是，在我学习哲学史的过程中，“这种”黑格尔式的哲学原则，始终是不变的指导。因此，伏尔泰对于我来说始终只是一种边缘的存在。

按照“历史的和逻辑的是一致的”这样一个原则，按照黑格尔哲学是哲学史发展的顶峰的原则，在近代启蒙的西方哲学中，欧洲大陆的哲学本质被规定为“理性主义”的，与英国的“经验主义”哲学形成一种对峙。所谓理性主义哲学，虽然是由笛卡尔这位法国的哲学家开创的，但是，作为这种哲学的最经典的代表的，是斯宾诺莎的几何学方式的哲学体系。而就伏尔泰本人来说，他即使不说对于这种“理性主义”——狭义的理性主义，而不是作为启蒙精神的代表的广义的理性主义，按照广义的理性主义的概念来理解，无论是英国的经验主义还是大陆的狭义的理性主义都是属于广义的理性主义的范畴的——是深恶痛绝的，也是没有多少好感的。他自己推重的是英国人的哲学，是洛克的哲学，是经验主义的哲学。从这个意义上说，伏尔泰与18世纪法国哲学家们的主流一起被称为“18世纪法国唯物主义”。但是，在这里，伏尔泰又一次被边缘化了。18世纪的法国唯物主义是以无神论为号召的，伏尔泰却不是一个无神论者——虽然是一位经验论者。应该说，在整个西方哲学史中，这种以无神论为号召的唯物主义是十分罕见的现象。即使是在今天的法国，公然宣称自己是无神论者的人也很有限，虽然如中世纪那样的虔诚信徒也并不常见了。18世纪的无神论唯物主义以“战斗的唯物论”的面目出现，是有着深刻的时代背景的。这个问题不是我在这里所要讨论的问题。在这里我只是要指出，这种思潮的出现，其实与伏尔泰等比百科全书派的无神论唯物主义更早出现的启蒙思想家对英国经验主义的倡导有着直接的关系。

对于中国的学习西方哲学史的人来说，由于马克思主义有着在现实的土地上建立共产主义“天堂”的理想，而这种地上天堂的理想与对上帝的信仰严重对立，而只能建立在无神论的基础上。这样，法国的无神论唯物主义虽然在黑格尔的哲学史体系中地位并不高，在中国人写的西方哲学史中则获得了空前高的地位。我们很容易发现，这种崇高地位的获得，并不是由于这种思想本身的新奇或者高深——我们读他们的作品，尤其是我们这些几乎是天生的无神论者来读他们的作品，会觉得他们讲的道理是任何一个中学生都知道的——而是由于我们尊崇的一种“立场原则”，用通俗的话

来说，他们和我们是“一边”的，我们是“同一条战壕里的战友”。而伏尔泰虽然与以百科全书派的名字出现在历史上的法国无神论唯物主义者们来往密切，私交甚笃，对于他们的事业也是全力支持的，而且，作为他们的长辈人物，他的精神其实对他们有过深刻的影响，但是，在今人的哲学史中，他却仍然只是一个边缘性的人物，根本的原因仍然是立场问题。因为他不仅虔诚地相信上帝的存在，自己还通过经商而发点小财，又主张君主制，还对贵族有一种深入到骨子里的敬重，他被视为“代表第三等级中的大资产阶级”，是深具“资产阶级的妥协性”的人物，等等，总之是一系列的在抽象肯定的基础上的否定性概念。于是，我们看到的是，对于学习哲学史的人来说，伏尔泰的思想已经从哲学史的发展主流中被排斥出去，对于他的思想的介绍，往往只是一笔带过，而介绍出来的思想，也只是从哲学史的主流意识中的概念出发，即关于所谓世界观和认识论方面的看法，而伏尔泰本人对于这些问题虽然有自己的观点，但却没有自己的创见，从这些方面说，他事实上只是洛克的忠实追随者。以这种方式来归纳他的“哲学”，结果已经可想而知了。人们从他汗牛充栋的著作中信手拈来关于哲学问题的一些随意的说法，使得他怎么看也只是一个浅薄的哲学家。而同时，由于他自身的思想在这样做的过程中已经被抖乱，甚至他的思想本身究竟是什么也已经变得不甚了了了。

当然，这也不是说中国人对伏尔泰就一无所知。可以说，在口头上，人们不仅知道伏尔泰，也会承认他是一位“重要的哲学家”，但是，究竟如何个重要法，也就只是人云亦云而已了。

第一次在巴黎万圣殿看到伏尔泰赫然站立在大厅，与卢梭相对而立的时候，老实说我多少有些吃惊，也多少有些疑惑：他在中国人的心目中的地位和在法国人心目中的地位的差距居然如此遥远，这究竟是为什么呢?

第二节　什么是哲学

根本的原因在于大家对哲学和哲学家的理解都是不同的。

哲学和哲学家，在中国人和在西方人的心目中，有着非常不同的形象。这从根本上说是因为“哲学”这门学问在西方文化和在中国文化中，是完全不同的东西。

其实，中国人对于哲学的误解，从一个意义上说，是从中文的“哲学”这个词汇中产生的。哲学这个概念或者说词汇，是在近代启蒙时期从日文翻译西文的词汇转接过来的。但是，在我看来，这并不是一个好的翻译——我是指日文的翻译。哲学这个古希腊人发明的词汇，是一个由爱和智慧组合成的词汇，因此，意译的话，就应该翻译为爱智或者爱智之学。从这个概念自身中，我们可以直接发现，所谓“哲学”，就是以智慧——或者一般所说的人类的智力活动、精神活动、意识活动作为对象的一种学问。而哲学这个词中的“哲”，即“折辩”，至多只是说出了爱智之学一般比较多地采用的思辨方法，而不是直指这种学问的本质的。

当然，在哲学这个翻译已经成为一种习惯了的条件下，我无力、也无意去改变它。我仍然用哲学这个概念来指示爱智之学。

哲学是西方人的发明，现在我们称为“中国哲学”的学问，是按照西方文化中对于“哲学”的定义通过对照中国文化中的文本，将能够符合或者大体符合这种哲学的定义的学问重新诠释而出现的。当然，即使原本的古代思想自身不能说是哲学，既然我们现代人已经在以反省的方式对古人的思想进行再思考，这种再思考本身倒是的确可以被称为哲学了——如果它真正做到是一种纯理论的思考的话。

为了进一步讨论的方便，我们仍然将中国古人的那些思想称为哲学。

当我们按照发生学的原则来定义这样两种哲学的时候就会发现，在中国以这样一种方法所产生的哲学，与西方这种自发产生的哲学的社会角色自然会有巨大不同。

任何一种有着“民族特色”或者说特殊的文化意味的学科，其实都是一种文化结构中的一部分。哲学在西方社会中自发地产生，是因为在西方的社会生活中，有着对于哲学的需要，换言之，在西方文化中，之所以会产生出哲学这样一种学问，是因为各种社会关系和各种知识或者思考会指向这样一种思考方式。总之，哲学在西方文化这个整体的有机结构中是一个重要的组成部分，而且，它不是一个普通的部分，而是作为意识形态文化的最高端的存在之一，作为将整个文化自身作为反省对象的这样一种特殊的学问，它与这个文化中几乎所有的部分之间都存在着千丝万缕的联系。

任何进入文明的文化中，都存在着这种“高端文化”。在中国文化中，自然也存在着高雅文化与所谓俗文化的区别，也存在着对于文化自身的反

省，但是，这种反省却没有以“哲学”的方式出现，或者说，是以一种与西方的哲学不同的思考方式出现的，这种思考方式无论是关切的对象、思考的方式和表达的方式都非常不同。在三代时期，这种高端思想以“礼学”的方式出现，而到了帝国时代，则是儒学。即使我们仍然可以按照西方人的哲学传入中国后的方法将这些都称为哲学，这种哲学与西方的哲学也并不是一回事，不仅是说这些不同的哲学自身的对象、目标和表达的方式都与西方的不是一回事，更是说这些“哲学”在整体的社会文化结构中的地位，甚至是整个文化的结构，都是与西方文化不同的。

在人类文化的原始时代，作为人类的意识形态的文化几乎全部是以原始宗教的形态存在着的。我们现在往往将这种原始宗教称为“神话”，当做“故事”，当做“文学”来看待。其实，这些神话即使有着文学艺术的功能，在它的所有功能中也是排在最后的。神话是对于原始人类自身生活的反省的产物，是对于他们的生活本质的探索和说明，是他们对于人生困惑、社会生活中的困惑等终极问题的终极回答。就其功能来说，神话不仅与现代的宗教一致，还包含着现代意识形态文化中的科学和哲学的内涵。

在中国与西方社会历史的发展过程中，神话的走向发生了歧变，走上了不同的道路。

我们说过，中国是以“连续性”的方式进入文明的，在这个进入文明的过程中，不仅原始时代的氏族部落组织，即以血缘关系为根本纽带的社会组织基本保存了下来，社会公共权力也仍然保持了原始时代的那样一种“一体化存在”的状态，就是说，以“酋长”的身份，政权暴力、话语权力仍然一体性地存在着并且实施着对于社会财富的最终掌控。在这种情况下，中国文明时代的阶级划分不是依照人们对于物质占有的关系来确定的，而是直接通过人在暴力组织中的身份等级来确定的，虽然高等阶级的人在物质占有方面与低等阶级的人也会有差别，甚至是巨大的差别，但是，从根本上说，不是人们的经济身份决定人们的社会等级存在，而是相反，是政治等级的区别决定着人们的经济地位、决定着人们一般的社会地位。由于在这样一种权力结构中，话语权力始终是政权暴力的附庸，因此，作为话语权力的集中体现的宗教，也就没有从政权组织自身中分离出来。以“礼”的形式存在着的中国宗教——如果可以称作宗教的话——在极大程度上保留了原始时代的本质，不是说礼的内涵中有许多的原始文化的成分，而是说，礼不仅是宗教，也是政治学说，是解释世界的本质的学说，是解释人类的本质的学说，是社会生活中的所有的意识形态的集合，总之，它是一种与政权暴力紧密地结合在一起的话语权力。而由于它自身只是政治的附庸，或者自身就是政治，没有自身独立的单纯“话语”，它也就难以成为自身反省的对象。也就是说，它自身难以“哲学化”。

对比之下，我们会发现，西方进入文明的道路是完全不一样的。在西方进入文明的过程中，由于一种新型的生产方式的出现，西方人以断裂的方式改变了原始文化。在人类社会重组的过程中，出现了以宗教为代表的话语权力与政权暴力的分野。话语权力保持了以宗教作为自身的基本形态的特点，但是，虽然它仍然深深地渗入到社会的经济生活和政治生活中，由于在社会结构方面财富权力、政权暴力和宗教的基本分野已然存在，它们就有了独自发展自身本质的可能。在生产活动中，对于物质世界的本质的思考出现了，它逐渐发展为科学。而政权与宗教的关系则颇为微妙，一方面，由于宗教已经与政权相对脱离，形成了一种与政权对峙的社会公共权力，对政权的批评已然成为它的一种“天然的”态度；另一方面，政权需要宗教的认可以获得自身神圣性的证明。在这种矛盾的情况下，宗教自身也受到政权方面和经济生活方面的压力。哲学就是在这样一种情况下产生的。哲学是一种对于包括宗教本身在内的整个社会文化的再反省。总之，话语权力的独立出现才使得它有可能成为人们进行专门的反省的对象，这是“哲学”出现的前提条件之一。

在这样一种基本结构的观照之下，我们发现，哲学的本质，就在于重新统合分裂了的社会，造就一种新的价值以使整个社会的共同生活成为可能。

回顾一下西方的历史，我们可以清楚地看到，哲学的出现有过两个高潮时期，一个是古希腊文明时期，另一个就是近代启蒙时期。为什么如此？说到底就是对一个统一的话语的需要。在宗教或者神话能够造就统一的话语的时候，对哲学就缺乏强烈的需要，哲学自身也就相当沉寂，反之，哲学就兴盛。在古希腊时代，各种神话代表着各种不同的神秘崇拜，而不同的神话代表着这个融合而成的新文化中各个不同的部族或者不同的原初文化。作为古希腊文明的最典型代表的雅典，自身是一个地域并不宽阔而且土地非常贫瘠的地方，如果仍然保持着那个时代人类一般所处的农

业文明，那里是根本不可能出现如此规模巨大的聚落的。雅典作为典型的西方文明中的城市，是在工商业活动中产生和发展起来的。不同地方的、有着不同文化背景的人首先是在这里接触，然后变成在这里聚居，这些聚居在一起的人带来了各自的生活方式和自己的神秘存在。在这个融合过程中，首先出现的是“契约”式的法律，使得共同的物质生活成为可能，但宗教性的统一没有出现。这种共同的宗教不容易出现，是因为在这样的文化融合中，没有一个公认的“主体”。

我们可以通过与中国文化的比较来理解这个问题。在中国进入文明的过程中，始终存在着所谓“主客之势”。就是说，文明是在中原文化的地域内产生的，是四周不同文化的部族进入了中原地带，不仅迫使中原文化改变自身的传统以适应生存竞争带来的严峻挑战，也使得进入其中的部族改变自身的文化。但是，在这样的改变过程中，中原文化由于是在自身文化的基地上，有着更大的规模，这种文化与当时当地的自然条件和生产方式通常也更加适应，因此，这种改变总是会以中原文化作为主体来进行。因此，中国文明所表现出来的文化特征，在高端话语方面，就会表现出以中原文化为主体来进行融合这样一种特征，最终，就是中国文化的“礼学”文化，成为这个新的文明文化中的高端话语。这个过程，具体地就体现在帝颛顼的“绝地天通”的宗教改革中。各个部族原本都有自己的巫师与天地交通，所谓“人神杂糅”，而帝颛顼以自己部族的力量为依托，禁止其他部族的巫师与天地相通，而将交通天地的特权垄断到自己手中，这就是“绝地天通”，这样，一个以中原的神秘话语为主体的新的统一话语就建立起来了。

在雅典，不同的文化是在“异地”进行融合的，雅典自身没有出现过比城邦文明更早而规模又足够大的原始文化，这些不同文化在这里融合的时候，一种更强大的宗教话语压制住其他话语的态势没有出现。同时，因为城邦政治自身也有着强烈的分立状态，也没有一种物质暴力有能力将自己的神秘话语强行地推广到其他的城邦以形成一种整个希腊都能够接受的话语。而在希腊的物质文化越来越趋近一致的过程中，又出现了统一价值的需求，“哲学”就是在这种情况下作为宗教的一种替代物出现的。

此后，在中世纪时期，由于基督教的普及，哲学自然就相对沉寂下来，即使仍然存在，也只是作为宗教的一种附庸而已了。

在基督教思想由于自身的分裂而衰退的情况下，欧洲经济上和政治上的统一过程却进行得如火如荼，这种统一的过程需要一种统一的话语，而基督教却不仅不能提供这种需要，反而成为这种统一的阻碍。新教和各种异端已经使得基督教不再能称为一个统一的话语了。在这种背景下，哲学在西方的历史上再一次兴盛。

哲学与宗教的对象，有着几乎完全的同一性，而它们作为一个统一文化中的统一话语的本质也是相通的。

作为“爱智之学”，哲学中总是包含着对于神圣话语的反省——所谓世界观、对于历史的反省——政治学说，和对于科学的反省——认识论。它的出现，不仅因为当时的神话或者说神秘话语已经不再能够造就道德价值方面的统一，也由于人类的精神中出现了超越了神秘话语所能够包含的知识，关于自然和社会自身的知识——社会知识的改变是与人类社会生活的历史变化相关的。

而反观中国文明，由于这种公共权力的分裂始终没有出现，基本的农业生产方式也没有发生根本的改变，礼学作为统合整个文化精神的话语的地位始终没有动摇过，也就没有必要产生出一种反省它从而替代它的新话语。

当然，由于外延方面的相同，将中国的礼学“翻译”成“哲学”可以说也不是什么困难的事情，只是，这毕竟只是翻译，从意识形态的方面说，这种原本的哲学和翻译的哲学可以变得只有形式方面的区别，但放在不同的社会结构中，我们就会发现，哲学与礼学仍然是本质不同的。

这种本质的不同，很集中地体现在哲学家和儒士（礼学之士）在社会中的不同地位。简单地说，在西方，哲学家是“公共知识分子”，是人们的精神导师，而在中国，他们不仅是人们的精神导师，还是政权的实际掌控者，甚至是社会财富的实际掌控者——当然，由于角色的这种根本的不同，他们已经不再被当做“公共知识分子”了，他们只是有知识的人。

而作为哲学本身来说，在中国和西方文化里也自然表现得很不同。

对于西方人来说，什么是哲学呢？一种学说，只要它是对人类的某种精神在做反省的，是对历史、科学、文学艺术或者神进行反省的，就是哲学，至于这种反省采取什么样的形式，是逻辑式的还是“杂文”式的，是晦涩的还是平白的，是诗意的还是“散文”的，都没有什么关系，而一种哲学

自身的所谓“深刻程度”，也不体现在它的表述方式方面，而是体现在它对人类精神的洞悉程度方面，在整合社会生活的过程中所发挥的作用方面的。

对于中国人来说，什么是哲学呢？在从西方哲学概念的本质出发翻译中国礼学的过程中，礼学或者儒学自身被重新构造过，自身的逻辑已然被抖乱不说，这种新构成的“哲学”自身与中国文化之间还缺乏一种有机的联系，就是说大体不构成对自身文化、对中国人精神的一种反省——它是一种“纯粹的学问”。在哲学这样一种“自身发展”的过程中，自然容易产生重视逻辑性、体系性甚至仅仅是思辨性的特点。人们以对待“科学”的态度来对待“哲学”。一种哲学的深刻程度，是与它的逻辑严密程度、它的体系的完美程度一体的。当然，它也许也与对于人类“一般的”的精神的洞悉有关，但是，如果离开了民族文化的土壤，人们判定的这种“一般的人类精神”究竟是什么，已然是一个不容易弄清楚的问题。

在理解了这一点之后，我们就比较容易理解伏尔泰在中国和在法国为什么会有如此不同的地位了。在法国，没有人会否认伏尔泰的哲学之“深刻”，这种深刻不是建立在概念逻辑的判断上，而是建立在他对于法国文化的洞悉和影响上的。但是，按照中国人对哲学的理解，我们是无论如何也没有办法承认伏尔泰是一位深刻的哲学家的。

在中国人写的哲学史中，伏尔泰仍然始终没有被忘记。但是，他不是由于他自身的哲学被中国人理解从而进入中国人的西方哲学史，而是由于，虽然不能理解他，但仍然看到了他在西方历史上的地位，看到他生前身后的巨大影响，这种地位使得对他的无视变得不合适。应该说，他是作为一种“困惑”留在中国人的西方哲学史中的。

第三节　哲学或者哲学家的个性问题

在这里，我还有另外一种感慨，是关于我们对待哲学和哲学家的态度的。

当我们将哲学史看做黑格尔式的在历史中不断地进步着的“一个哲学”的时候，一个哲学家的个性，无论是他作为一个人的个性还是他的哲学的个性，就都无可避免地消失在这个哲学整体的历史长河中了。事实上，我们写哲学史的时候，会按照一种最终的哲学的概念来重组以往的哲学，正是出于这样一个原则。但是，历史上的哲学自身也应该是一些个性化的东西，对于伏尔泰这样的哲学家尤其如此。

在法国，人们在中学就开始开设哲学课。中国也是一样，只是，在中国，开设的是辩证唯物主义哲学，这个被认为是一切哲学中“唯一”够得上称作“真理”的哲学，而在法国，其实就是讲授历史上的“一些”哲学，事实上正是我们称作“哲学史”的东西。而且，法国的中学里并不是所谓“系统地”讲授哲学史，而就是选择一些哲学家的小作品或者节选的作品，由老师来进行一种“带读”而已。在这种方法中学习到的哲学，自然都是一些深具个性的“思想”，培养的也不过就是对智慧的爱。这里不仅没有绝对真理，由于不同的哲学家说着完全不同的世界观，表现着不同的智慧，带给学生的，恐怕更多的只是一些思考的视野吧？而对于我们这些从小就习惯了接受一系列的绝对真理的人来说，这种教授方法带来的恐怕就只是一大堆的困惑了。

哲学或者哲学家的个性问题，其实正是思想自由或者信仰自由当中一个相当重要的环节。

若干年前，就在我刚刚开始学习西方哲学史的时候，在一次学术讨论会上，我的好友陈家琪在会议上表达了这样一种意思，说一种哲学的产生，不仅是按照黑格尔所说的“历史的和逻辑的是一致的”原则而出现的，也是哲学家对于当时社会环境的感受的产物。

立即，他的想法被会议中的一些人解释为“历史唯物主义反映论”的想法。这让他极为苦恼，感到自己的意思没有被理解，但却一时找不到话语来与这种唯物反映论的说法区别开来。

这种说法当然可以说是忠于一般意义上的“唯物反映论”的说法，但是，它与我们习惯上所谓的唯物反映论却有着非常重要的不同，就是对个性的强调，这在所谓的唯物反映论中却是并不存在，至少是并不被强调的。

在当时的讨论会上，关于哲学史的本质，有着两种对立观点的争论。以所谓反映论为理论原则的一派所坚持的，其实是所谓对待西方哲学史中的唯物主义和唯心主义的“立场”问题，将哲学思想直接地与一种涉及阶级的意识挂钩，将这种哲学视为这个阶级的“代表思想”。在这种情况下，哲

学史自身的发展、哲学自身的特点和本质，都被淹没在“阶级分析”的话语中，哲学的历史自身不仅变得支离破碎，哲学本身也失去了自身独立的存在，而变成了阶级关系的附庸。从这个意义上说，在当时的会议上提出黑格尔的“历史的和逻辑的是一致的”原则，是为了哲学自身的独立，为了哲学史自身存在的理由做出努力。但是，无可否认的是，在这个过程中，由于黑格尔自身的整体性原则倾向，哲学史上不同的哲学的个性问题是被忽视的，哲学家的个性问题就更不可能被提出来考虑了。

事实上，陈家琪的意思是说，哲学固然有这一种在历史中作为整体的进步或者发展，但是，历史上出现的不同的哲学也是哲学家们个人对于他们的现实生活的感受的产物，因此，哲学是一种有着个性特征的东西。但是，这的确也可以说，一种哲学是人的主观对于“客观世界的反映”，而且，这种哲学家的主观意识，也可以按照反映论的公式说是受到他的阶级地位的影响的。如果是这样，他所强调的哲学的个性问题，就又会重新落入阶级分析的轨道中，而所谓哲学的个性问题，就又消失不见了。

这里真正的问题，是哲学家的历史地位的问题，如果将这种阶级分析的方法套用在哲学家的身上，应该说，从逻辑上说，这种唯物反映论的结果就是无法避免的。

但是，在我看来，哲学家是“公共知识分子”。他们在原则上说是以“个人”的身份出现在社会历史中的——至今，在西方世界仍然没有一种“统一的哲学”，从根本上说，就是因为哲学家作为公共知识分子是绝对不可以没有自己的个性的。如果一定要以阶级分析的方法将社会中所有的人无一例外地划归到某个阶级中，这样一些知识分子也是自己构成一个阶级的。在所谓资本主义社会中，除了资产阶级和无产阶级这个基本的阶级之外，仍然存在着一些其他的阶级，如农民，还有我们称之为“小资产阶级”的个体经营者。但是，将知识分子任意地划入某个阶级，如所谓小资产阶级之类，其实是过分轻率的。在西方历史上，我们说过，现代知识分子是从教士阶级中脱胎而来的，是代表着社会结构中的话语权力的，而所谓阶级，是以一个人在财富体系中的地位来确定的，由于西方社会公共权力三分的结构，将代表着话语权力的知识分子与代表着经济结构的阶级混为一谈，只会让我们对于社会本质的认识陷入混乱。总之，公共知识分子是以一种超越着这个社会的基本阶级的地位来说话的，或者说，他们自身是构成一个特殊的“阶级”——不如说是公共权力——的。

从原则上说，知识分子不仅应该是在经济利益之外的，也应该是“非政治的”或者说“超政治的”。例如，法国电视台曾经有一个很有名的女主持人，主持一个采访名人，尤其是政治名人的节目。作为一个新闻记者，她当然属于公共知识分子。而且她提出采访的题目和观点总是很尖锐。但是，后来，她结婚了，而她的丈夫正是一位政治家。于是，她就退出了电视台。因为，也许会有情感的因素进入她的节目，使她不能继续保持一种超然的政治立场——至少在这个问题上她也许会受到观众的质疑。

而且，从现实的社会生活中看，我们会发现，现代西方社会中的知识分子，几乎都属于“左派”，这是因为作为社会良心的体现，他们大都是以“社会公平”的价值作为自己的追求目标的，是同情着社会阶级中的弱势阶级或者说下层阶级的。如果具体地说，他们往往就总是同情着工人阶级和农民阶级等在社会结构中处在弱势地位上的阶级的。如果按照阶级分析的方法，我们应该说他们都已经是“无产阶级知识分子”了吗?

对于伏尔泰这样一种哲学，我们不必以通行的哲学概念硬性地规定他的归属，其实，他的作品都很“好看”，而且，对于我们来说，也许其知识多少有些是过时了的，但其精神，他的观点，仍然对现代的中国有着强烈的现实意义。而他的哲学表述方式，在我看来，也是值得我们的哲学家借鉴的。我们有什么必要将哲学弄得那么故作高深，拒人以千里之外呢？其实，故弄玄虚地表现自己的深刻，也许反而是一种心虚的表现，是没有真正懂得哲学，是对自己的道理没有多少信心吧？当然，我无意否认，哲学从总体上说是非常抽象的，有时会变得艰涩也是无可奈何的——折辩或者说思辨，总是哲学中常用的方法。我只是要说，我们不必以艰涩与否来评判一种哲学的价值，而应该从不同的哲学的个性出发，给不同的哲学以同等的地位，其实，正如伏尔泰所说的，我们应该以一种宽容的态度来对待不同的哲学。

对于哲学或者说哲学家的个性的问题，可以有广义的和狭义的两个方面的理解。从狭义的方面说，一种哲学，可以是一个哲学家比较特殊的个人境遇的产物，或者说，其哲学思考中，我们往往可以发现其个人遭遇带来的直接影响。就伏尔泰来说，他如此的热衷于思想自由和信仰自由的问题，显然与他个人的遭际有直接的关系。在他的时代，如他那样平民出身

的人如果想出人头地，只能从事两种职业，一个是从事法律工作，另一个是做教士。而伏尔泰自小就被送到大路易中学学习，那虽然是一个教会学校，受到的却是一种“贵族”式的教育，不仅充满各种新鲜的思想，在文艺方面的才华还特别受重视。伏尔泰又正是一个在文艺方面极有天赋的人。他正是在这里培养出了对戏剧等的高度兴趣。这种兴趣却与他希望出人头地的意愿构成了冲突。他最终服从父亲的意志去学习法律了，但是，他对这种枯燥的工作没有兴趣，更没有兴趣做一个教士。他欣赏贵族的生活方式，尊重贵族的做派，例如尊重妇女的那样一种优雅，在责任面前的那种勇敢，由于有着优裕的生活条件和足够的闲暇而可以从事自己喜欢的事业，在下等人面前的那样一种优越感，等等。他有着做到贵族做派的所有的能力，但却没有贵族的出身。对社会造成的这种不平等，他当然有足够的个人理由进行反抗。而当他力图展现自己的才华，得到的不仅不是社会和贵族的尊重，反而是迫害的时候，他的愤怒也就可想而知了。他对宽松的环境的要求，直接就成为对于信仰自由、思想自由的追求。

这的确可以说是哲学家的个性表达为一种个性的哲学的例证。但是，这种对哲学或者哲学家的个性化的理解还不是最重要的。更重要的哲学的个性，表现在一个哲学家对哲学的表述方式中。有的哲学家以格言的方式表述自己的哲学，有的以小说或者戏剧来表达自己的哲学观点，有的以杂文或者一些不以逻辑体系见长的方式来表达，当然也有的就是一些逻辑体系。其实，这种种的表述方式，与不同的哲学所要达到的目的是相适应的。对于黑格尔的哲学来说，因为要表达的是对于整个人类文明在历史长河中的来源和归宿的看法，不通过这种庞大体系的方式，就难以完整地表达自己的思想，而他是哲学教授，是面对着学习哲学的学生讲述自己的思想，在这种情况下，他似乎只能采取这种方式来表述。而对伏尔泰来说，他所要表达的，是思想自由在社会生活中的必要，而且，他希望有更多的人能够接受这样的看法，因为只有大多数人都持有这种看法的时候，思想自由才有可能实现。他有什么理由讲自己的思想时以一种教授的口吻，用一大堆晦涩难懂的概念来堆砌呢？

更进一步说，人类社会是无比复杂的，而人类的进步和发展，不仅有着不同的层次和不同的方面，而且，人类的历史进步，虽然有人相信，是沿着一种“必然规律”向着一个方向前进的，我却相信，人类的进步，其实是有着许多的偶然在其中的。现在世界文化的多元性已经清楚地证明了偶然性在历史发展过程中的决定性地位。在这种情况下，对任何“偶然”出现的思想或者其他的事物，我们都不应该轻视。如果我们像黑格尔那样将整个哲学的历史当做一个哲学的预备阶段，自然就会将这个所谓最高的哲学所没有包括的内容从哲学中清除出去。其实，又有哪个哲学能够包含人类如此丰富的生活的全部呢？结果，就是一些有价值的哲学因为其“个性化”的特征而被排除在哲学之外了。

第四节　伏尔泰对于中国的“现实意义”

在这里，我对伏尔泰在中国的地位做一个有着如此感慨的评说，是为了什么呢？

简单的一句话，就是伏尔泰的关于宗教宽容、思想自由的概念，在中国仍然没有能够获得足够的重视，作为现代精神的和谐概念之一的宽容精神，理当在现代化的中国获得更多的注意。我们的现代化，在最开始的时候，只是被简单地具体解释为四化，即现代工业、农业、国防和科技。究其实，这里的四化只是指现代物质生产方式上的“现代化”，只是中国人在洋务运动时期提出的自强口号的翻版而已。显然，如果我们的现代化仅仅局限在这样的四化上是不够的。于是，在改革开放之后，在接续着“文革”前提出的四化的基础上，我们进一步地提出了“物质文明建设和精神文明建设”的口号——也可以说，是以更具有包容性的“现代化”的概念取代了“四化”的概念。如果将这样两个文明的概念与四化的概念相比，我们可以很清楚地看到，我们的现代化努力，是在四化的基础上加上了一种现代的“文化”。现代的物质生产方式，是与现代的精神文化一体性地存在而不可分割的，就是说，我们无法以传统的礼教的文化来享受现代的物质生活，而只能以现代的精神、现代的价值、现代的道德来适应着现代化的物质生产方式。或者说，现代化的生活方式，是现代的生产力和现代的生产关系的统一体，是现代的经济基础与现代的上层建筑的统一体。

在这种现代的社会上层建筑中，不仅要有现代的政治和法律，还要有现代的精神。而这种现代的精神，不仅是我们习惯上经常说的“科学精神”，也不仅仅是现代的文学艺术，更重要的，是要有一种现代的道德。

这个意义上的现代精神是一种什么样的精神呢？现代道德是一种什么样的道德呢？它是不可能从中国传统的礼教道德中蜕变产生的，因为礼教的精神，从最根本的原则方面说，是一种等级主义的整体性精神，它所提倡的道德，从本质上说是一种身份道德，原则上是服务于整体性的全责组织社会的，而这种全责组织的社会结构与市场经济，与现代以工商业为基础的生产方式是不适应的。现代精神也不可能是理想中的共产主义精神，因为在这个"社会主义初级阶段"，我们不仅不能实现物质生产方面的共产主义生产方式，反而要提倡市场经济这种本质上说属于资本主义的生产方式。如果我们忠于马克思主义的历史唯物主义的原则，相信一种精神性的存在——作为社会上层建筑——是只能适应着物质生产方式的需要而存在的，是只能在现代物质生产的基础上孕育的，则与这种私有制经济相适应的，说到底，它就是一种人本主义的精神，一种尊重个体人格或者个人权利的精神，那么其实也就是说，是一种尊重个人自由的精神，一种宽容的精神。

伏尔泰理应作为这样一种精神的代表人物之一受到现代中国人的敬重。

对于中国人来说，无论是古老传统的精神还是马克思主义所带来的新的传统精神，都是以整体性作为最基本的原则的。在这样一种原则的观照之下，任何对于个体的尊重和提倡，都被自然地视为"恶"——因为个人主义被认为是"万恶之源"。那么，我们在这里所要提出的问题就是，一种个体主义如何可以是善？个体主义前提下什么样的行为才能被认为是善的，个体主义前提下的善的本质是什么，等等。

我以为，在借鉴西方知识分子的思想建立我们现实的新传统的时候，伏尔泰这位"古人"并不过时。我们现代的一些哲学家在一味求新，以"求新"来尽快"超英赶美"的心理暗示之下不断发掘西方的各种新哲学，这种所谓的新哲学还不如像伏尔泰这样的古人的思想更实际，也更符合当下中国的现实。

历史是人类最好的老师。人类就是在对历史的反省中学会如何推动自身社会的进步的。列宁说过一句很有名的话："忘记过去就意味着背叛。"如果我们不那么狭隘地理解这句话，将它简单地当做"忆苦思甜"的同义语，而是当做对于历史的反省的要求，我想，这句话还的确应该被视为一个相当重要的真理的。说一句多少带点儿幽默的话，我们与其不断地忆苦思甜，还不如反过来经常做做“忆甜思苦”的事更有“进步”意义，因为这可以让我们在不满足于现状的情况下推动自身不断地进步。

结　语

我整个的讨论，似乎就是在说伏尔泰对中国文化的误读。

什么是误读?

误读就是以自身的价值、自身的逻辑原则来解释他人的文化时阐发出他人文化中原本并不存在的意义。这种误读可以是过分解读，也可能是不充分解读，还有可能是望文生义的无中生有。

如果从解释学哲学的原则上说，人与人之间的交往，几乎可以说就是在“误读”中进行的。主体间的交往，其实可以说就是各自“自说自话”。但是，这当然不是说误读中出现的意义都是无中生有的。从积极的意义上说，一种“客观存在”就是在这种“误读”中产生出来的。而同时，即使主体间的交往无法使意义完整地传递，一些基本的原则总还是保留着的，哲学所谓基本原则，是建立在人们的语言交往中所使用的概念是“客观”的，或者不如说是“共同”的这样一个基础上的。

从这个意义上说，人与人之间的交流就是一系列的“误读”，但是，既然交流是存在着的，交流在人类的社会历史上始终进行着，我们就不应该将这样一种意义无谓地扩大，而将“误读”这个概念要真正表达的意义放在一边。换言之，这种所谓“误读”并不是我们在这里讨论伏尔泰对中国文化的“误读”所要说明的意思。

我们在这里所说的误读，是一种在基本原则上的偏离。

从中学西渐和西学东渐的过程看，中国人对西方的误读和西方人对中国的误读，始终存在着。但是，在我看来，这不仅是自然的，其意义也并不一定就是消极的。

无可否认，在有些情况下，误读会造成误会，会产生对交流和交往相当消极的影响。但是，有些时候，这种误读却正是一种新文化产生的契机，而且这种新文化，应该说正是一种“共同文化”。现在，整个世界的生活方式随着现代工业、商业文明的一体化的脚步开始向着越来越同一的方向发展的时候，这种通过误读产生的共同文化的积极意义应该说是更明显的。

我想，我们在讨论伏尔泰对中国文化的这种“误读”的意义的时候，也应该采取这样一种态度。就是说，对于伏尔泰对中国文化的误读，我其实也并不单纯是从消极的意义上来理解的。这种误读不如说是积极的。

避开误读的“误”字因为带有“错误”的意味而往往含有的贬义，其实误读也可以理解为“重新解读”。

让我们从一般的和积极的两个方面来看看伏尔泰误读中国文化的意义。

中国人与西方人在思维方式方面存在着巨大的差别。因此，在交往中，误读是无法避免的。

中西思维方式巨大差异存在的最直接的原因，就是中西语言的巨大差别。从语言学的角度看，从确立一种“语系”所依据的原则来看中文和西方语言当然属于距离非常遥远的语系。但我在这里所要强调的是它们表现在“语言逻辑”、“话语”方面的更深刻的区别。当然，这种逻辑的不同，归根结底与语言学所确定的语系区别也是密切相关的。我在这里不打算讨论这个问题本身，而只是要借此指出，一个文化中的语言或者通常我们所说的所谓思维方式，其实是植根在人们的社会生活方式中的，是植根在文明发展的历史过程中的。

由于存在着这种巨大的语言区别，中国人在理解西方文化、西方思想时和西方人在理解中国文化、中国思想时一样存在着巨大的困难，是非常容易产生误解，而且往往是非常深刻的误解的。

中国文明是一种连续性的文明，中国人的语言本身在历史中的变化，也清晰地存在着这样一种连续性发展的过程。就是说，在历史的演变中，不仅这种语言自身的逻辑没有根本性的改变，其所表达的基本价值，也是始终存在着的。只是在历史的发展中，语言所表达的内容变得越来越丰富，越来越复杂，其表达的方式，也变得越来越丰富而已。简单地说，在千万年的发展过程中，中国人始终仍然在说中文，虽然这种语言自身仍然有着巨大的变化。

而我们在西方文明的变迁中看到的，则是每一次文明的“断裂”，直接地都是一种新语言的出现。从美索不达米亚的苏美尔人开始，西方文明的主体，从操一种单音单义的苏美尔语到闪米特系的阿尔卡德语，巴比伦文明时期的亚述人是印欧人，希腊语与印欧语系中的斯拉夫语系比较接近，而罗马人则属于拉丁语系民族。现代的西方语言，仍然存在一些拉丁语系的国家，而属于条顿语系的英语成为最主流的语言。

我们仍然能够将操如此不同的语言的文明归入“西方文明”这样一个单一的概念之下，是因为在这样一种破裂式的发展过程中，作为一种不变的基础的“时间逻辑”的思维方式始终保持着。就是说，虽然作为基本价值的概念，在不同的时代，总是在发生着改变，但是，以“逻辑的方式”进行思维，以亚里士多德归纳出来的逻辑原则作为语言真理性和话语的说服力的原则的方式，则始终没有改变。而不是如中国人的思维方式中，占据着主导的地位的，是一种我称之为“空间逻辑”或者“联系逻辑”的思维方式。

西方的古人类学家注意到现代人的思维逻辑与古代人类有着巨大的差别。他们将古人的这种思维称为“原始思维”或者“野蛮思维”，他们的语言遵循着与现代人不同的法则。现代人的语言，是在古人语言的基础上发展演变而成的。但是，这种发展演变的道路，不是唯一的。在我看来，与中国文明和西方文明走着不同的道路一致的是，中国人的语言逻辑与西方人的语言逻辑，就是在这个共同的原始思维的基础上在不同的道路上发展着的。

逻辑，是人们通过语言交往时必要的语言法则，在这种共同的法则之下，人们才能够建立共同的语言和思维方式，准确地表达自己，在有不同意见的情况下也能够通过共同的语言进入共同的价值。通俗地说，语言之所以能够通向“真理”，能够让大家信服，语言能够说服他人，就因为有共同的语言法则，或者说，有“逻辑性”。西方人的逻辑，就是同一律、矛盾律和排中律等逻辑法则。而对于中国人来说，并不是语言中没有逻辑，而是这种逻辑与西方人的很不同。例如，圣人说，流水不腐，户枢不蠹，因此，我们应该“吾日三省吾身”。在河流、门框和人的思想或者道德修养之间，如果从同一律等逻辑原则上说，既然是没有“逻辑关系”的，这样的圣人教诲中，前提与结论之间就是不存在因果关系的，因此是不具有说服力的。但是，对于中国人来说，有谁会因此而怀疑圣人的这种教诲的真理性吗？

我在这里不打算具体深入地讨论这个语言哲学的问题。我只是满足于指出，中国人与西方人的语言之间存在着巨大的差别。

当然，更具体的区别，存在于两种文明社会的不同结构之间。作为连续性的文明，中国始终处在全责组织社会，由于整个社会原则上只存在一个唯一的组织，因此，所有人都“属于”这个组织，个体自然地以一种身份存在于社会文明的结构当中；而西方社会则处在不断发育着的功能组织社会形态中，在功能组织社会的结构之下，个体不属于任何一个组织，个体人格的存在因此而彰显出来。西方近代的个体主义的价值能够最终成熟，是这种长期的文化熏陶的结果。这可以说构成了中国和西方文明在基本价值方面的最根本的区别。

中国人与西方人在文化方面的巨大差别，在生活方式方面的巨大差别，是中国和西方在文化交流的过程中互相之间产生误读的根本原因。换言之，这样两个文明之间开始接触，文化开始交流的时候，互相之间存在着误读，是再自然不过的事情。

但是，误读并不一定意味着误会，意味着无法交流。即使这种误读在开始的时候是无意的，是消极的，是单纯由于无法理解，是由于没有正确地理解，但是，我们仍然可能将这样一种误读变成一种积极的过程。

例如，在西方文明的断裂式的发展过程中，新事物的出现，并不是凭空的，而往往就是在旧结构中处在边缘的，或者说非主流状态中的东西“扶正”的过程。语言和思想也是如此。在西方的启蒙时代，我们知道，是中世纪文明发生断裂，现代文明孕育和产生的时期。启蒙所提倡的思想和价值，正是现在西方社会的主流思想和价值。我们也知道，启蒙事实上是对于旧传统的一种反省，而在这样一种反省的过程中，其核心的概念就是人道主义和理性主义这样两个本质相关的概念。这样两个概念，其实都在作为传统的基督教文明自身中隐含地存在着。中世纪的经院哲学长期争论着的关于人的自由意志的问题中，就包含着关于人道主义的原则的内涵，只是在正统教义看来，有着类似人道主义主张的人是属于“异端”的。而理性主义的精神，也事实上存在于经院哲学的逻辑方式当中，只是，这种方法虽然始终被运用着，却只是用来为信仰服务的。马克思将这种状况称为理性是信仰的“婢女”。但是，如果从本质上说，当启蒙将人道主义和理性主义当做最基本的价值提出来，并最终成为现代西方社会的基本价值之后，其意义事实上是全新的。

换言之，我们其实可以将西方启蒙对基督教思想的这种“重新解读”说成是一种“有意的误读”，一种“积极的误读”的。

当中国现代启蒙从西方人那里将人道主义和理性主义的旗帜接过来的时候，开始时由于对这种思想价值的本质并不了解，因此，只是将其解读为“科学和民主”——德先生和赛先生。之所以将其简单地解读为科学和民主，是因为在中国自身文化的基础上，我们只能理解到这些，而在当时救亡压倒一切的态势之下，几乎也只需要这些。在历史上，我们已经知道“格物致知”，我们也知道“民贵君轻”。所谓科学和民主，只是在中国自身传统的基础上走得更远而已。但是，对于作为人道主义精神的本质的个体主义或者说个人主义，在中国的传统文化中就很难与一种积极的价值相结合，因为中国文化的基本价值是以整体性为原则的，个体的突显被自然地当做恶。而在中国的救亡启蒙中，“自强”成为核心的原则，这个自强的自，所指的其实是中华民族这个整体，因此，人道主义的个人主义价值在那种情况下也很难站立。于是，在解读西方启蒙思想的时候，这种价值就被中国文化的基础和现实给过滤掉了。理性主义也是如此。理性主义的核心是自我意识的问题，是人对于自身的存在和处境的反省的问题，而不仅仅是作为人类精神对对象的探索的结果的知识之一的科学。但是，中国文化中的整体性氛围使得个体极少发生所谓“自由的焦虑”，因此，中国人对于个人精神的那种深度挖掘，从来就很陌生，对于“自省”，只是作为一种道德修养的方式来理解，而作为道德修养的基本步骤的“修身、齐家、治国、平天下”的过程，非常清晰地就是一个将个体融入到整体中的过程。就是说，道德或者修养的根本目的，就是让个体如何消融或者说消解在整体中，而所谓自省所依据的原则，也是从整体的价值出发来观照自身。简言之，中国人的自省不是作为对人的——尤其是个人的——存在和根本处境、对人的生存方式的理解出现。在这种情况下，理性主义的这种最原则的内容——自我意识，或者说我思故我在的原则——也被过滤掉了。

但是，随着交往的不断深入，这种误读是不会永远存在下去的。只要这种交往不停止，一种新的共同文化的建立，总是可能的。

中学西渐的过程其实也是如此。

如伏尔泰对于中国文化、对于儒学、对于孔子的解读，有着相当大的误读成分，不仅是自然的，其实也不妨说是“积极”的——我在这里不仅是说对于西方人了解中国文化来说是积极的，因为虽然是误读，虽然是一种“美好的误读”或者说美化了的误读，但作为一种开始，这种美化了的误读是会促使西方人更深入地解读中国文化的——而且，对于中国人自身解读自己的文化，也可以是有着积极的意义的。我们又何妨在这种误读的基础上来重新解读自己的传统呢？如果我们真的能够将传统中的这些概念注入现代的内容，自然会更容易被现代的中国人所接受，而这种改变了的传统，就如西方启蒙中人道主义和理性主义从基督教的传统中脱胎出来一样，是会有本质的改变的。

附录　思维的本质

关于中国人以西方文化作为自身批判的理论参照系和西方文化中中国作为一种自我批判的参照系出现的不同问题，涉及思维的本质这样一个相当哲学、相当理论化的问题。由于本书并不是讨论这种理论问题的地方，而在我看来，为了理解中国和西方文化之间的误读的问题，这样一种理论又显得很重要，我将对这个理论问题的一个简略说明作为附录放在关于误读问题的讨论之后，有兴趣的读者可以一读，而对这样的理论问题没有兴趣的读者，也不至于因此而打断自己阅读本书的逻辑。

所谓思维，人们往往将其定义为人脑的一种活动。这样一种说法至多有着生物学或者心理学方面的真理性。作为“人类”的行为，思维绝对不是封闭在某种被称作“高级灵长类”的动物头颅中的一种秘密活动。我们在世界上看到的一切，都是人类思维作用的产物，而人类的思维活动，也渗透到这个世界上所有的行为当中。而作为所谓“思维本身”的东西，也不是隐藏在头盖骨内部黑暗中的隐秘行动，而是人类的交往本身，尤其是精神性、意识性的交往本身，或者更直接地说，就是语言本身。

人类之成为人类，并不是某一个灵长类发生了奇特的变异，突然拥有了思维或者劳动的能力，然后就把这样一种能力遗传给了自己的后代。人类是通过人的“类活动”成为人类的，就是说，人类是在集体的、社会性的活动中成为人类的。即使按照劳动使人成为人的说法，劳动也并不是指个别人的肢体动作，而是人们在协调合作中的目的性行为。简言之，劳动是一种有意识的集体活动。人类的各种特殊的天赋无不来自于这种集体性、社会性的活动，人类的思维能力更是如此。总之，思想不是一个人的“冥想”，思想是在交流中产生，也是在交流中发展，在交流或者说语言活动中存在的。

我们往往习惯说人是“使用”语言概念来思维的，也往往爱说语言是交流的“工具”。这样一种说法，与前面所说的，将思维视为头颅内的隐秘行为其实是一样的，因为“使用”的说法设定了一个隐秘的“使用者”，一个隐秘的主体，似乎是这个主体在操纵着语言概念这个工具完成自己的意愿。事实上，人们只是没有找到合适的概念来表达思维与语言、思维与交流之间的这种无法分离的关系。离开了语言就没有所谓思维活动，也就是说，没有语言，也不存在所谓的思维主体。如果说在这种情况下人们仍然设想存在着“意识活动”，那也不是“人类”的意识活动，而只是动物的意识反应。人类的思维就是语言活动本身。因此，应该说，思维就是语言，语言就是人类的交流本身。或者说，人类“在语言中”思维。这样，当我们改变思考这个问题的方向，不是从思维这样一个人类现象出发向着“头脑”之类的“实体”的方向寻找思维的本质，而是直接肯定思维本身的时候，我们立即发现，人类的思维，并不是隐藏在头颅的黑暗中的秘密行为，而就是“在外面”的，在人们的生活中间的，在人类的交往中的，或者，更直接地说，就是在语言中的。语言虽然要通过个别人的声音或者文字、符号等手段表达出来，给人一种个人可以“自由地”支配的印象，但是，语言对于任何个人来说。都是不折不扣的“客观的”(主体间的)存在，是任何人也无法按照自己个人的自由意志来控制或者支配的。相反，个人的一切思维活动，都是由语言所规定的、所决定的。(顺便说一句，这种说法与所谓“思想自由”的概念没有多少直接的关系，也并不冲突。思想自由的问题涉及的是人们表达自己的意愿的权利问题，这里所说的思想要受语言的支配指的是思想内容的内在规定性问题。)

在一个民族的文化中，作为“传统”的最核心的内容和最深层的基础的，就是语言。一个民族的语言如果没有发生根本的改变，它的传统也就自然地还在那里。也许，概念和概念的内涵本身已经发生了巨大的改变，但是，语言自身的“逻辑”，或者说，思维方式本身，仍然在那里，仍然没有根本的改变。

古希腊人对于人类的最伟大的贡献之一，就是他们对于语言本身的思考，对于思维本身的思考，对于人类的意识行为的思考。古希腊的哲学，就是直接地发生在这样一个思考的领域中的。作为古希腊哲学的集大成者的亚里士多德的《形而上学》，尤其是他的《逻辑学》，从根本上奠定了西方思维方式的原则。

我们往往会认为，人类的思维，都是“自然地”按照逻辑的方式进行的，亚里士多德至多只是将这样一种经验中的存在“总结归纳”起来而已。这是一种深刻的误解。我们知道，已经有许多的古人类学家发现了“原始思维”或者说“野蛮思维”中的“逻辑”与现代人的不同。事实上，我们用不着到远古时代或者说一些仍然生活在氏族部落制度中的人们的思维方式中去寻找不符合亚里士多德的“逻辑学”的另类“逻辑”，事实上，在很大的程度上，中国人的思维逻辑，与这样一种逻辑学的原理就并不一致。

例如，我们的圣人教导说，因为“流水不腐，户枢不蠹”，所以应该“吾日三省吾身”。从句式上说，前句与后句之间是一种前提与结论之间的关系，前句为后句的结论提供理由，因此，这是一个从前提出发的推理过程。但是，从逻辑学的原则上看，从水和木头的本性中推导出人类精神方面的结论，是完全不合逻辑的。但是，这样一种句式对于中国人来说，是有着完全的说服力的。而逻辑的最终依据，就是要能够说服人。我们不能简单地说中国人说话和思考问题没有逻辑，说中国古人的各种教诲都“不合逻辑”，都是没有道理的梦呓。只能说，在中国人的交往中，的确是存在着亚里士多德的逻辑学之外的另外一种逻辑的。（也许我们可以将其称为“联想逻辑”。在我看来，这里存在着的是人类思维方式中的另外一个方向。如果说，逻辑学的方向是一种“时间逻辑”的方向，则中国人的逻辑是一种“空间逻辑”的方向。这是一个过分复杂的哲学问题，恕我不在这里展开讨论。）

其实，在古希腊的时代，在诡辩学派中，也存在着各种不合逻辑的理论。如，有诡辩者做这样一个推理：

大前提：这只公狗是你的。

小前提：这只公狗是爸爸。

结论：这只公狗是你的爸爸，你是小狗的兄弟。

就是说，人们通过混淆概念等级，将一些荒谬的结论以完全符合逻辑的形式的方式推导出来。事实上，这种不合逻辑的做法，在历史上、在社会生活中比比皆是，只是它们的表现不像上面说的那么明显而已。反过来说，如果人们的思维能够“自然地”符合逻辑，那会省却多少争论和误解呀。但是，也许，人们的生活也就会因此而失去许多的色彩。总之，人们在生活中，在学习中，几乎不可能不犯逻辑方面的错误，因为思维活动——人们的社会活动——实在是太复杂了。也许，也应该反过来说，社会生活中也存在着太多单纯用逻辑解决不了的问题。

但是，这也并不是说，人们的思维就是存在于一团混乱当中的，并不是说，逻辑在人类的思维中就是无用的。事实上，我们会发现，在语言自身中，逻辑是一种不能违背，也并没有被违背的东西。而既然语言就是文化中最基础的存在，人类社会生活中的最基本的原则，也无一不是以清晰的语言表述出来的，这种支配语言表达本身的逻辑，就成为“传统”中最少变化的基础性存在。

那么，西方语言的“逻辑”，或者更直接地说，西方人思维中的这样一种“理性主义”的原则中最核心的，或者说最基础的概念是什么呢?

我以为，那就是在设定一个不可讨论的前提的基础上按照概念逻辑自身的法则的推演。具体到哲学思考的领域，我们会发现，西方哲学的一个不变的本质，就是在设定一个不可讨论的理想参照系的前提下对现实生活的批判——这种批判虽然也含有我们现在说批判或者批评一词时的那种谴责或者指责的意味，但主要是说，为现实的存在提供一个理由，一种说明。具体地说，如果一位哲学家提出一套世界观体系，他事实上是在为现实的世界找到一个世界为什么是这样而不是那样的说明，并在此基础上指出，这个世界最终是会向着他所指明的理想世界“进步”的——虽然对于这个理想世界的具体设想，不同的哲学家，尤其是不同时代的哲学家，是可以有很大的不同的。

既然说到理想世界，而且，这样的理想世界可以是不同的，则也许有人会说，在中国人对自己世界本质的思考中，其实也是有着对于理想世界的设定的，例如，我们都知道中国人对“大同世界”的设想，而且，我们也可以说，这样一个设想的提出，就是为了对现实的世界进行批评（谴责）的。

但是，我们也应该注意到一个事实，那就是中国人的这个理想世界其

实是在“过去”的。中国人设想的这个大同世界是在三皇五帝的时代。

表面看来，这里的区别只是一种“时间”方向上的区别，只是说法不同，在自省批判的意义上，似乎并不会造成原则上的区别。但其实不然，这里的区别是根本性的。

从时间的意义上说，过去和未来都“不存在”。但是，过去是“不再存在”，而未来则是“尚未存在”，这是非常不同的。这样的区别使得人们的自省式批判的态度变得根本不同。对西方人来说，理想状态是未来的，因此，它给人的现实生活带来了一种“信念”，一种“信仰”，给了现代的人们一种生活的勇气，鼓励现在的人们为“进步”而努力。而对中国人来说，由于大同世界已经不再存在了，因此，这样的理想就变成了空想或者说幻想，因为过去总是一去不复返的。人不会愚蠢到为了一种不现实的存在去努力，而是明智地享受现在。所谓“对酒当歌，人生几何，譬如朝露，去日苦多”，这不仅仅是曹操个人对于自己人生的慨叹，其实也是中国文化的传统精神的一种非常生动的写照。

同时，从未来开始的批判，是指向现在的，同时也是指向过去的。而从过去开始的批判，则只是指向现在的。这会造成一种什么样的不同局面呢?

当我们从理想的未来出发批判现实的时候，过去就成为现实的不合理的原因，改造现实就成为走出不合理的现实的道路。而如果批判是从过去出发的，现实的不合理就只能被认为是一种宿命。

从表面上看，西方理性主义的思维方式设立一种不可讨论的前提，既是武断的，也是无谓的。例如在上帝创造世界这样一种世界观的说法中，说上帝创造世界，与说世界本来就这样存在着，从它们所要说明的问题上说，并没有根本的区别。说上帝创造世界并没有比说世界本来就这样存在说出更多的东西，甚至可以说，这种说法只是将需要说明的东西又增加了一倍。说世界本来就这样存在着，和说世界是上帝创造的，都只是一种武断的说法。既然如此，又有什么必要设想上帝的存在呢?

这让我们想起先有鸡还是先有蛋的有名悖论。

是鸡生蛋，还是蛋生鸡呢?说上帝创造世界，上帝又是哪里来的呢?作为无神论者，标准的答案是上帝是人创造(虚构——即从“无”中创造)出来的。到底是上帝造人还是人造上帝呢?

但是，正如一位科学家指出的，这个鸡与蛋的问题其实是一个虚假的问题，因为在这里的“生”虽然在中文中是同一个字，意义却是根本不相同的。鸡生蛋，鸡生了蛋之后鸡还在，这里的生，其实际的意义是“创造”、是“创生”，而所谓蛋生鸡，蛋在生了鸡之后不再存在，因此，是“化生”，是演化。

对于持创造说的人来说，并不是不懂得，在追问终极存在的问题的时候，一个原因的前面仍然可以追问更前一个原因。但是，创造说正是要说明，既然这样一个追问是可以“无限”地追问下去的，这个“无限”本身就会成为最终的起点。但是，我们却不能如中国人想象的那样，说世界“本来”就是这样，因为如果是如此，我们的追问本身就会失去意义。

简单地比较这样两种说法的“对错”或者“优劣”，也许本身是没有多少意义的事情。我在这里所要指出的是，中国与西方的思维方式之间，存在着巨大的鸿沟，它们是非常不同的。也许我们正好可以用上面所说的两个不同的“生”的意义来说明中国和西方关于终极存在的不同理解。西方人相信是先有鸡，而中国人则相信先有蛋。

在追寻终极存在的时候，人们普遍的问题是人类的起源，或者说文明的起源问题。在中国文明中，在中国人描述式的思维方式中，这样的追寻是沿着“祖先”的足迹进行的。当三皇五帝这样的传说人物出现了的时候，他们半人半神的身份说明中国人认定他们是神“化身”而成的。他们究竟是神还是人的问题已经变得不重要了。作为人，他们肯定是一种有限的存在，即使他们的寿命被想象得非常长，也仍然是有限的，但是，如果作为神，他们其实是始终存在着的。看起来，中国人在这个问题上似乎缺乏“穷根问底”的精神，但是，我们其实也知道，任何的追问，也不可能在事实上比这样一种追问更前进一步了，中国人对于终极存在的回答事实上是说，世界“本来就存在”。从时间的意义上追问这样一种原因是没有意义的。在世界的“本源”问题上，中国人只说“天圆地方”——以一种空间结构的描述来概括世界的终极存在。而在西方人那里，世界被认为是“创造”出来的。虽然只是在基督教文明中，这种创造的概念才被非常清楚地表达出来，但其实，在古希腊人的神话和理性的思维中，这样一种以超越性作为最基本特征的终极存在已经清楚地存在了——如柏拉图的理念世界，亚里士多德的终极形式因等等。首先是神的世界和现实的世界的二分已经相当

清晰地存在，而不是如在中国神话中那样，祖神究竟是人还是神始终不清楚，以至于伏尔泰相信中国古人的传说是信史。其次，在理性的思维中，一种“逻辑”的思维模式已经被当做思维的原则确定下来，就是说，人们肯定，作为思维的起点的原则，是人自身的能力所无法达到的。虽然表面上看，这种“停止追问”的终点与中国人的“本来如此”并无巨大的差别，但事实上意义却是根本不同的。虽然本来如此也是停止追问，但这是一种“肯定了终点自身的存在”的停止追问。而在西方式的停止追问中，是止于“超越性的存在”，就是说，在西方人的世界观中，始终存在着两个世界，一个现实的世界，一个超越性的世界，而在中国人的思维中，只有一个世界，天界和人间之间，不存在不可逾越的鸿沟。

这样两种不同的设想，直接影响到的，是对现实世界的本质的理解。创造者的设想虽然表面看是给予现实的世界一个时间上的起点，就是说，似乎是将现实世界设想为有限的，但是，由于超越性的世界与现实世界之间的鸿沟是无法逾越的，而现实世界又是一个向着这个超越性的世界不断前进的过程，现实世界在时间方面就变成了一个事实上的无限过程。而在设想世界本来就存在的时候，现实世界反而只能落入天圆地方这样一个有限结构之中。

换言之，中国文明虽然有着世界上最长久的连续的历史，中国人的思维却是最缺乏“历史感”的，其思维方式也不是“时间性”的，而恰恰是“空间性”的，“联想”式的。因为当终极的存在被认定为“本来就是如此”的时候，现实世界的一切本质，就变成由已经发生过的事情规定下来的了。形象地说，现实不过是历史的一个重复。是从有到有的过程。

相反，西方人的思维方式才是“时间性”的、“逻辑性”的。因为，虽然按照极端的说法，如在黑格尔那里，现实的世界也只不过是绝对精神的一种“展现”，似乎也不是就是已然规定好的东西的现象化，但是毕竟，现实的世界出现的过程，现象世界出现的过程，仍然是一种创造的过程，是从无到有的过程。更重要的是，现实被规定为向着未来的理想世界的进步，既是这个理想的世界尚未存在，而且由于是超越性的存在，这个未来也许是一个永恒的未来，就是说事实上永远也不会成为现实的存在，但是向着这样的未来的进步仍然作为原则被肯定下来。

所谓“时间”，我们知道有三维：“过去”、“现在”和“将来”。从“存在”

的意义上说，只有现在才是存在着的。由于现在是瞬时的，是无法捕捉到的，是在不停的流逝中的，因此，我们只能说，时间是一种在变化中的存在。那么，时间的流动方向是什么样的呢?

我们习惯于按照物理学的方式，或者更精确地说，牛顿物理学的方式将时间理解为一个框架，通过从过去到未来的流，将物体的运动规律展现在意识面前。

简言之，时间是从过去向着未来的流动。世界作为一个历史过程，就是按照这样一个程式进行着的。

但是，如我们刚才所说的西方人的批判式思考的模式，显然，在思维中，首先设立的理想状态是一种“未来”的状态。就是说，从思维自身的存在来说，未来才是时间的起点。

就是说，思维与历史，虽然都是时间性的存在，但是它们的方向是正相反的。

我们都知道一个非常有名的说法，说历史是一个任人打扮的小姑娘，即历史总是由现代的人来写的。或者，更确切地说，历史，作为过去，已经“不再存在”了，历史只“存在”于现代人的思维中。换言之，人类的思维才是历史的“实体”或者说载体。如果没有思维，也就没有历史。地球的、宇宙的“历史”，动物的“历史”，等等，都只是由于人类的思考才出现，才存在的。否则，世界只是简单地在那里，虽然生生灭灭，但是并不显出“秩序”，因此，并不构成“历史”。历史是作为“思维的结果”存在着的。思维自身的起点是未来。历史只是“描述出来的思维”。

在这样一个前提下，我们再来看待中国传统思维中关于理想在三代的说法，就能够理解，我为什么说中国的传统思维“缺乏历史感”。当思维的方向与描述的方向一致的时候，在活跃中生存的思维就被“历史”的死尸固着在过去了。中国人不再是历史的主人，而是历史的奴隶。

参考文献

(一)中文部分

1. 伏尔泰．哲学通信．上海：上海人民出版社，2005.

2. 伏尔泰．哲学辞典．北京：商务印书馆，2005.

3. 伏尔泰．风俗论．北京：商务印书馆，1994.

4. 伏尔泰．路易十四时代．北京：商务印书馆，1982.

5. 伏尔泰．论宽容．广州：花城出版社，2007.

6. 孟华．伏尔泰与孔子．北京：新华出版社，1993.

7. [荷]伊恩・布鲁玛(Ian Buruma). 伏尔泰的椰子．刘雪岚，萧萍译．北京：生活・读书・新知三联书店，2007.

8. 林芊．历史理性与理性史学——伏尔泰史学思想研究．贵阳：贵州人民出版社，2005.

9. [苏]C. 阿尔塔莫诺夫．伏尔泰传．北京：商务印书馆，2007.

10. [美]梯利(Frank Thilly). 西方哲学史．北京：商务印书馆，1995.

11. [英]罗素(Bertrand Arthur William Russell). 西方哲学史．北京：商务印书馆，1982.

12. [美]撒穆尔・伊诺克・斯通普夫(Samuel Enoch Stumpf)，[美]詹姆斯・菲泽(James Fieser). 西方哲学史．北京：中华书局，2005.

13. 陈修斋主编．欧洲哲学史上的经验主义和理性主义．北京：人民出版社，1986.

14. 赵林．西方哲学史讲演录．北京：高等教育出版社，2009.

15. [英]霍布斯．利维坦．北京：商务印书馆，1985.

16. [英]罗素．宗教与科学．北京：商务印书馆，1982.

17.[英]培根．新工具．北京：商务印书馆，1984.

18.[英]培根．培根论说文集．北京：商务印书馆，1984.

19.[荷兰]斯宾诺莎．知性改进论．北京：商务印书馆，1960.

20.[法]笛卡尔．方法谈．北京：商务印书馆，1960.

21.[法]笛卡尔．形而上学的沉思．北京：商务印书馆，1960.

22.[法]伽桑狄．对笛卡尔《沉思》的诘难．北京：商务印书馆，1981.

23.[英]贝克莱．哲学对话三篇．北京：商务印书馆，1960.

24.[英]洛克．论宗教宽容．北京：商务印书馆，1982.

25.[法]卢梭．社会契约论．北京：商务印书馆，2003.

26.[美]房龙(Hendrik Willem Van Loon)．宽容．北京：生活·读书·新知三联书店，2007.

27.[美]费正清(John K. Fairbank)主编．张玉法主译．剑桥中国史·晚清篇．台北：南天书局，1990.

28. 李治亭．清史．上海：上海人民出版社，2002.

29. 钱乘旦，许洁明．英国通史．上海：上海社会科学院出版社，2002.

30. 吕一民．法国通史．上海：上海社会科学院出版社，2002.

31.[英]汤因比(Arnold J. Toynbee)．历史研究．台湾：远流出版公司，1987.

32. 张光直．美术、神话与祭祀．沈阳：辽宁教育出版社，2002.

33. 黄仁宇．赫逊河畔谈中国历史．北京：生活·读书·新知三联书店，2002.

34. 黄仁宇．中国大历史．北京：生活·读书·新知三联书店，1992.

35. 黄仁宇．资本主义与二十一世纪．北京：生活·读书·新知三联书店，2002.

36. 容闳．西学东渐记．郑州：中州古籍出版社，1998.

37. 孙小礼．莱布尼兹与中国文化．北京：首都师范大学出版社，2006.

38. 段怀清．白璧德与中国文化．北京：首都师范大学出版社，2006.

39. 钟玲．史耐德与中国文化．北京：首都师范大学出版社，2006.

40. 曾艳兵．卡夫卡与中国文化．北京：首都师范大学出版社，2006.

41. 陶乃侃．庞德与中国文化．北京：首都师范大学出版社，2006.

42. 张祥龙．海德格尔思想与中国天道．北京：生活·读书·新知三联书店，2007.

43.[美]安东尼·J. 卡斯卡迪(Anthony J. Cascardi)．启蒙的结果．北京：商务印书馆，2006.

44. 梁工主编．西方圣经批评引论．北京：商务印书馆，2006.

45. 新·旧约

46. [美]房龙(Hendrik Willem Van Loon)．圣经的故事．北京：人民文学出版社，

2006.

47. 庞景仁．马勒伯朗士的“神”的观念和朱熹的“理”的观念．北京：商务印书馆，2005.

48. [法]欧内斯特·勒南(Ernest Renan). 耶稣的一生．北京：商务印书馆，1999.

49. [日]幸德秋水．基督何许人也．北京：商务印书馆，1986.

(二)外文部分

1. Voltaire Lettres philosophiques (1734). France Paris Garnier-Flammarion, 1964.

2. Voltaire Traité sur la tolérance (1763). France Paris Flammarion, 1989.

3. Voltaire Dictionnaire philosophique (1764). A. A. Renouard, 1822, USA Université de Princeton.

4. Voltaire La Henriade (1728). A. A. Renouard, 1822, USA Université de Princeton.

5. Voltaire L'histoire de Charles Ⅻ (1731). A. A. Renouard, 1822, USA Université de Princeton.

6. Voltaire Le sciècle de Louis ⅩⅣ (1751). A. A. Renouard, 1822, USA Université de Princeton.

7. Voltaire Essai sur les moeurs (1741). A. A. Renouard, 1822, USA Université de Princeton.

8. Voltaire Zadig (1747). A. A. Renouard, 1822, USA Université de Princeton.

9. Voltaire Candide (1759). A. A. Renouard, 1822, USA Université de Princeton.

10. Voltaire Micromégas (1752). A. A. Renouard, 1822, USA Université de Princeton.

11. Voltaire L'ingénu (1767). A. A. Renouard, 1822, USA Université de Princeton.

12. Voltaire Oedipe (1718). A. A. Renouard, 1822, USA Université de Princeton.

13. Voltaire Zaïre (1732). A. A. Renouard, 1822, USA Université de Princeton.

14. Voltaire Mahomet (1742). A. A. Renouard, 1822, USA Université de Princeton.

15. Voltaire Poèmes philosophiques et poèmes satiriques. A. A. Renouard, 1822, USA Université de Princeton.

16. Voltaire Poème sur le désastre de Lisbonne (1756). A. A. Renouard, 1822, USA Université de Princeton.

17. Voltaire L'Orphelin de la Chine. A. A. Renouard, 1822, USA Université de

Princeton.

18. Gabriel Dominique Bonno, La culture et la civilisation britanniques devant l'opinion française de la paix d'Utrecht aux Lettres philosophiques (1713～1734). American philosophical society, 1948.

19. Léon Vernier. Étude sur Voltaire grammairien et la grammaire au XVIIIe siècle, Genève Slatkine Reprints, 1970.

20. Sébastian G. Longchamp, Jean L. Wagnilere. Mémoires sur Voltaire et sur ses ouvrages, Paris André, 1826.

21. Gustave Flaubert. Le théâtre de Voltaire. Genève Institut et musée Voltaire, 1967.

22. André Billaz. Les écrivains romantiques et Voltaire: essai sur Voltaire et le romantisme en France, 1795～1830, Paris IV., 1974. l'Université du Michigan.

23. Jürgen Siess. Perspectives sur Voltaire, Aux Amateurs de Livres International, 2002, USA l'Université du Michigan.

24. Olivier Bloch, Geneviève Artigas-Menant. Voltaire et les manuscrits philosophiques clandestins, Presses Paris Sorbonne, 2008.

25. Shun-Ching Song. Voltaire et la Chine. USA Université de Provence, 1989, l'Université du Michigan.

26. Hua Meng. Voltaire et la Chine. France A. N. R. T. Université de Lille III, 1988.

27. Young Hai Park. L'"Orphelin de la Chine" de Voltaire: Etude d'ensemble. Brussel S. N., 1971.